歎異抄の真実

曽我量深に聴く親鸞の教え

小林光麿

法藏館

まえがき

『歎異抄』は日本の宗教史上まれにみる卓越した書である。『歎異抄』に親鸞の思想と教えの端的な表現を見出して、自己の歩むべき信の道を切り開いたのは明治期の清沢満之とその弟子たちであるが、なかでも清沢の感化を深く身に受けて親鸞の思想に奥深く入り込み、その言葉に籠もる生命を摑んで、親鸞の思想を現代のわれわれのもとに創造的に蘇らせたのは曽我量深師である。その意味で、師は、現代における浄土真宗の稀有な教家であることは改めていうを俟たない。

本書は、その題名が示しているように、青年期に曽我のもとでその謦咳に触れつつ教えを受けた著者が、師の思想の底に直観した光明に導かれて『歎異抄』を読解したものである。そこには宗教的生命の伝達ともいうべきものが感得される。親鸞は、弥陀の本願のまことが釈尊から善導、法然を通して自分にまで届いてきたことに深く思いを致したが、そのまことはまた、清沢や曽我を通して著者にも届いている。本書が「曽我量深に聴く」と題されているのは、著者が、特にそのことに思いを致しているからである。『歎異抄』において親鸞から唯円に感伝した信の火花は、本書において、曽我と著者との間にも飛び火しているのである。『歎異抄』について書かれた数多くの書のなかにあって、本書の独自性を示すものがここにある。

唯円が『歎異抄』で記述しているのは親鸞の口伝の「真信」であるが、曽我が清沢のうちに捉え、生涯をかけて追究したものもその真信以外にはない。ただ、その追究は、曽我にあっては徹底した思索に貫かれており、そのことを曽我は、「自分は一番愚かなものであるかどうか、それは判りませぬ。私よりもっと愚かなものが世のなかにあるかもしれませぬ。けれども兎に角、自分が愚かな点は自分に一番よく解って居るのだからして、この愚かな自分が、なるほどそれに間違いない、お前のいう言葉にごまかしがないので、なる程それに間違いない、つまり愚かな自分がうなづくまで自分に話してきかせて、そうして愚かな自分がなるほどと受け取ってくれるまで話したい」（『選集』第五巻一五五頁）と語っている。本書を貫いているのもまたそのような思索であって、著者は言葉を変え見方を変えて、繰り返し念を押しながら、確かめつつ、納得するという仕方で叙述を進めて、信の深みに入り込んでいる。それが本書に確かさと深さを与えている。

『歎異抄』に記された親鸞の法語の多くは、聖人の晩年、おそらく八十歳すぎてからの言葉であることはよく知られている。しかし、本書は、そこに語られている言葉を漫然とした親鸞の語録ではなく、善鸞事件を背景としているという状況のなかで一貫して読み解くことで、善鸞事件を契機として親鸞がそれまでの他力の信になお残っていた「自見の覚悟」（自力執心）を抉り出し、それを乗り超えて一段と深められた信の境地に入ったことを照らし出している。「回心ということ、ただひとたびあるべし」と親鸞は語っている。法然との出遇いで決った親鸞の信は、しかしこのような反省を介して無限に掘り下げられ、独特の深みをたたえるに至った。唯円との対話において、親鸞が「よくよく案じみれば」と語っている信の世界にそれが示されている。著者はその信の深みを「法蔵菩薩の願心」を知ることを通して追究しており、そこに本書の眼目がある。

「正覚の弥陀を通して因位法蔵菩薩の精神を知らなければならない、でなければ真宗は滅亡する」（『選集』第六巻一七九頁）と曽我は述べているが、著者はその法蔵菩薩の精神を「自己となってくださった仏様」として捉え、苦悩の自己の底に降りてきてはたらいている「如来の本願」を、煩悩の苦悩において感得し、苦悩のなかで受け取り直してゆくことで、煩悩と苦悩が転じられてゆく様を「他力の信」の要、もしくは道理として明らかにしている。『歎異抄』第九条において語られている「他力の信」の究極を、逆説としてではなく、自己の心の深みにおける法蔵菩薩の精神の展開として捉えるところに本書の核心があり、そこに本書が「曽我量深に聴く」と題されている所以がある。著者は、煩悩の苦悩が滅したところではなく、煩悩と苦悩の奥深くにはたらく如来の願心を感得するところに、「在家仏教」の要としての「法蔵菩薩の精神」を捉えている。『歎異抄』の比類なく透徹した読解がここに示されている。

平成二十三年一月十日

京都大学名誉教授　長谷正當

歎異抄の真実―曽我量深に聴く親鸞の教え―　目次

第一章……35

凡例

一、引用文献、および本文の漢字は、常用体のあるものは、常用体を使用した。
二、引用文献の本文中にも、意味を補う註をつけ、それらは（　）で示した。
三、引用文献は、以下のように略記した。
『真宗聖典』（東本願寺出版部刊）――――聖典
『真宗聖教全書』――――真聖全
『曽我量深選集』――――『選集』
『曽我量深講義集』――――『講義集』

歎異抄の真実——曽我量深に聴く親鸞の教え——

『歎異抄』を読むにあたって―『歎異抄』と善鸞事件―

一、『歎異抄』の背景

本文に入るに先だって、『歎異抄』全般についていくつか申してみたいことがあります。まずはじめに思うことは、『歎異抄』の背景には親鸞聖人が実子である慈信房善鸞《じしんぼうぜんらん》を義絶された、いわゆる「善鸞事件」があるのではないか、ということです。そのことは断定できませんが、『歎異抄』を読むたびごとに善鸞事件が背景にあって、その時に親鸞聖人が唯円を前にして語られたのが『歎異抄』ではないか、という思いが次第に募ってきました。とくに第二章には、「おのおの十余か国のさかいをこえて、身命をかえりみずして、たずねきたらしめたもう……」と語られています。これは関東から京都まで訪ねてこられたことを記されたものですが、何のために訪ねてこられたのか、そのことは一言も記されていません。推測するに、善鸞事件について尋ねにこられたものと思われます。そしてその中に唯円もいたと思われます。そうでなければ『歎異抄』をこのように生々しく書けないからです。

『歎異抄』の背景には善鸞事件がある、このようにみれば『歎異抄』がよりリアルになってきます。以下はこういう読み方もできるのではないか、ということを前提にして、『歎異抄』を読んでいきたいと思っています。

「善鸞事件」とは、親鸞聖人の実子、慈信房善鸞が関東の念仏教団（関東教団）の人びとに、「自分は父親（親鸞聖人）から秘かに念仏以外にたすかる道を聞いたのである」、「父親が申していることは虚言で無駄なことである」（「善鸞義絶状」の意訳、聖典六一一頁）と放言したために、関東教団が大混乱になり、聖人のお若い時からの念願であった在家仏教の教団が崩壊しようとした事件です。そしてついに建長八（康元元、一二五六）年五月二十九日、親鸞聖人は善鸞を義絶されます。それは親鸞聖人、八十四歳の時でした。

善鸞を義絶される約半年前の、建長七年九月二日の御消息を読めば、そのころより親鸞聖人は善鸞にやや疑問を感じておられた様子がうかがわれます（『親鸞聖人御消息集』第九通参照）。

それから約二か月後の建長七年十一月九日の御消息には、大部《おおぶ》の中太郎を中心に集まっておられた九十何人かの念仏者が、中太郎を捨てて善鸞の方へ行ったことが記されています（『親鸞聖人御消息集』第十二通参照）。そして翌、建長八年一月九日の御消息（『親鸞聖人御消息集』第十二通）を読めば、善鸞事件はピークに達します。

関東教団の混乱を収拾するために関東へくだっていた唯円は、その建長八年一月以降、いつのころかわかりませんが、関東教団の人びとと一緒に、京都におられる親鸞聖人のところへ上洛したものと思われます。そして唯円が上洛した時に、親鸞聖人が語られたことを、二十数年の後に唯円が編集したものが、第一章から第九章までの「師訓編」ではないか、そういう読み方もできます。

そうすれば、『歎異抄』に語られている親鸞聖人の言葉は、たんなる親鸞聖人の二十数年前の語録ではなくて、善鸞事件を「縁」として親鸞聖人が自らの信念を語られたことを、後に唯円が編集したものである、ともいえるでしょう。

「善鸞事件」は親鸞聖人が在家の生活をされたが故に起こった事件でした。そのために親鸞聖人はことのほか我が子善鸞について、言語に絶する苦悩をされたことはいうまでもありません。その苦悩は、善鸞に対してというよりは、善鸞の親としての苦悩と、善鸞事件によって揺れ動く関東教団の苦悩を背負った、ご自身の内面の苦悩であったように思われます。

そのことを親鸞聖人は『教行信証』「信巻」に、前者の親としての苦悩を「愛欲の広海」といわれ、後者の関東教団の苦悩を「名利の太山」と記されたのでしょう。すなわち親鸞聖人は自らを悲歎述懐されて、

誠に知りぬ。悲しきかな、愚禿鸞、愛欲の広海に沈没し、名利《みょうり》の太山に迷惑して、定聚《じょうじゅ》の数に入ることを喜ばず、真証の証に近づくことを快しまざることを、恥ずべし、傷むべし、と。（聖典二五一頁）

と記しておられますが、これは親鸞聖人が「愛欲」と「名利」の煩悩に対して、いかに深く悲歎述懐されたかを記されたものです。

この愛欲と名利の生活の中にあって、どうしたら愛欲と名利を超えることができるのか、この問題を生涯の課題として追求されたのが、在家仏教の求道者、親鸞聖人でした。

親鸞聖人は生涯、在家の求道者でした。そこが法然上人をはじめとする七高僧と大いに異なるところです。しかしまた、それ故に愛欲と名利の問題に当面されたのでした。それは在家の生活をする者において当面する必然的な問題です。すなわち在家の生活は愛欲と名利の生活です。愛欲がなければ家庭生活は成りたたないし、名利がなければ社会生活は成りたちません。親鸞聖人は家庭を持つが故に「善鸞」に苦悩し、社会とのかかわりにおいて「関東教団」に苦悩されたのでした。

その愛欲と名利の在家生活の中にあって愛欲と名利をいかにして超えて「出家の精神」を得ることができるのか、これが「在家仏教」の根本的な課題です。この愛欲と名利の中にあって愛欲と名利を超えるには、阿弥陀仏の因位、

法蔵菩薩による以外にありません。法蔵菩薩は、在家の生活をする者の愛欲と名利の煩悩の底の底まで同化して、そしてその愛欲と名利の煩悩を根底的に転じて、出家の精神を感得する菩薩です。この「法蔵菩薩の精神」を、在家の生活をするもののうえに明らかにしてゆくのが「在家仏教」です。

親鸞聖人の生涯の畢生《ひっせい》の課題は、この「在家仏教」を身をもって証明することにありました。そのために、あえて恵信尼と結婚されて在家の生活をされたのでした。

また「在家仏教」を立証するために、在家仏教の教団を具体的にこの地上に建立《こんりゅう》することが、親鸞聖人の生涯を懸けた夢だったと思われます。その在家仏教の教団が関東の常陸国《ひたちのくに》（現、茨城県）、「稲田」を中心として立教開《りっきょうかい》宗《しゅう》されました。そのことは親鸞聖人の長年の本懐でした。そのことを覚如上人（本願寺第三代）は、「仏法弘通《ぐづう》の本懐ここ（稲田）に成就し、衆生利益《りやく》の宿念たちまちに満足す」（『御伝鈔』下巻、聖典七三三頁）と記しておられます。それは在家の仏教教団が具体的に「関東教団」として建立されたことを記したものです。このことは親鸞聖人の本懐が成就したことのみならず、仏教の歴史上、かつてなかったことが成就されたのでした。

その関東教団が、はからずも我が子善鸞によって混乱して、関東教団全体がぐらつきました。それとともに親鸞聖人の信心がぐらつきました。信心がぐらついたということは、親鸞聖人の日ごろの信心が自力の信心であったことが、改めて明らかになったことです。もしここで心機一転して信心が新たにならなければ、生涯の課題であった「在家仏教」は失敗に終わり、関東教団も形だけが残ったことでしょう。

この時、親鸞聖人は、『観無量寿経』（『観経』）を読まれたに違いありません。『観経』は仏の反逆者、提婆達多《だいばだった》を眷属（従兄弟）とする釈尊が求道されたことを説かれた経典である。すなわち「『観経』は提婆達多を浄《じょう》玻璃《はり》の鏡として求道された釈尊の深奥なる自叙伝である」（『選集』第三巻四五頁取意）と、曽我先生は教えられています。

「浄玻璃の鏡」とは地獄の閻魔大王が持つ鏡で、その鏡の前に立てば、自分の地獄の姿がはっきりと映しだされて、自分の罪悪を自覚せざるを得ない智慧の鏡です。

親鸞聖人は善鸞事件に当面されてどうすることもできなくなった時、改めて『観経』を読まれたことは間違いありません。そして『観経』の釈尊を憶念しつつ、唯円に語られたのが『歎異抄』一部です。明らかに『歎異抄』の背景には『観経』があります。曽我先生は「『歎異抄』は『観経』の縮図である」（『選集』第一巻九〇頁取意）と記されています。それはいいかえれば、『観経』は『歎異抄』の序分である、といえるでしょう。

『歎異抄』を読むにあたって、以下は、『歎異抄』には善鸞事件があること、またその善鸞事件を縁として親鸞聖人が『観経』を読まれて大悲の本願を感得されたこと、そのことが『歎異抄』の背景にあることを前提として読んでいきたいと思っています。

二、『歎異抄』の編者

次に、『歎異抄』の編者について考えてみることにします。

『歎異抄』には編者の名前が見あたりません。そのことを考えてみるに、『歎異抄』は自分が著《あらわ》すのではない、先師親鸞聖人の「口伝」を記《しる》すのであるから、これは「私」が書いたものではない、ということが唯円にははっきりしているので、あえて著者の名前を記さなかったのでしょう。したがって以下は、「著者」ではなくて「編者」ということにします。

さて『歎異抄』の編者について、江戸時代の講者である妙音院了祥《みょうおんいんりょうしょう》師が何度も『歎異抄』を読みかえしているうちに、編者は『歎異抄』の文中にでてくる「唯円」自身である、そうでなければこのような生々《なまなま》しい文章を書くことができないと見極めて、編者は「唯円」である、という説をとなえました。以来『歎異抄』の編者は「唯円」である、という説が定説となりました。

しかし親鸞聖人の門弟の中には、「唯円」と名のつく人が二、三人おられて、どの唯円であろうか、いろいろといわれてきました。しかし、今日《こんにち》では「常陸《ひたち》国（現、茨城県）河和田《かわだ》の唯円」が『歎異抄』の編者に違いないといわれています。

その「常陸国河和田の唯円」とはどういう人でしょうか。『慕帰絵詞《ぼきえし》』（本願寺第三代覚如《かくにょ》の次男、従覚《じゅうかく》が記した覚如の伝記）には、この「唯円」について次のように記されています。

> 正応元年（一二八八年、親鸞滅後二十六年。覚如の十八歳）冬のころ、常陸国《ひたちのくに》河和田《かわだ》唯円房《ゆいえんぼう》と号せし法侶《ほうりょ》上洛しけるとき、（覚如に）対面して、日来不審の法文にをいて、善悪二業（善悪ともに宿業であること）を決し、今《この》度《たび》あまたの問題をあげて、自他数遍の談（対談）にをよびけり。かの唯円大徳は鸞聖人（親鸞聖人）の面授なり。
>
> （真聖全三、七八〇頁）

若干の説明を加えながら意訳すれば、正応元（一二八八）年の冬のころ、その年は親鸞聖人が亡くなられて二十六年目であるが、父の覚如が十八歳の時、常陸国の河和田の唯円房という僧が上洛して、覚如に出会われた。その時、覚如が日ごろよりわからなかった親鸞聖人の法文を唯円に尋ねて、その時、覚如は唯円から「宿業」について教えられた。ことに善も悪もすべて宿業でないものはないと教えられて、信心を得ることができたのである。この「常陸国河和田の唯円房」という人は、親鸞聖人に直接面授して親鸞聖人から法文を口伝された人であった。この頃《ころ》、親鸞聖人と直接に面授した人は唯円しか存命していないので、『慕帰絵詞』の著者、従覚は「唯円大徳は親鸞聖人の面授の人なり」と記したのでしょう。この『慕帰絵詞』が、「常陸国河和田の唯円房」について記された最初の文献です。

この『慕帰絵詞』に記されている「常陸国河和田の唯円房」とはいかなる人であろうか。

従来より「河和田の唯円房」とは常陸国の人で、親鸞聖人の高弟であった大部《おおぶ》平太郎の弟、平次郎が出家して「唯円」となった、と伝えられてきました。その伝説の詳細は割愛します。

しかし、『大谷《おおたに》遺跡録《いせきろく》』という親鸞伝によれば、「河和田の唯円房」はもともと常陸国の人ではなくて、京都で生まれた人です。『大谷遺跡録』の著者は先啓了雅《せんけいりょうが》という人ですが、了雅は親鸞聖人の遺跡をくまなく自分の足で歩いて、その結果、「唯円房」は京都の生まれで、小野宮禅念《ぜんねん》という貴族の息子であったと『大谷遺跡録』に記しています。

> 唯円房、俗姓は小野宮《おのみや》少将入道具親朝臣《ともちかあそん》の子息に、始は少将阿闍梨《あじゃり》（失名）と申しける人の世を遁《のが》れて禅念坊《ぜんねん》（小野宮禅念）となん号《ごう》せし人の真弟なり、と云云。高祖帰洛の後（親鸞聖人が京都へ帰られた後）仁治元（一二四〇）年、十九歳にして高祖（親鸞聖人のこと。時に六十八歳）の御弟子となり、真宗の奥義《おうぎ》に達せり。大部《おおぶ》平太郎（大部の中太郎と同じか）の達請により、（また親鸞聖人の）師命も亦重ければ、常陸国に下り、河和田に弘興《ぐきょう》の基趾をひらいて、これを泉慶寺《せんけいじ》と云。盛に専修念仏の法を弘通《ぐづう》す。

少し説明を加えながら要旨を意訳すれば、「唯円房」は小野宮禅念の子息である。親鸞聖人が関東から京都へ帰られてから後、仁治元（一二四〇）年、唯円が十九歳の時に親鸞聖人のお弟子となった。時に親鸞聖人は六十八歳であった。したがって唯円は親鸞聖人と年齢が四十九歳離れていたことになります。それ以後、およそ十五年にわたって直接に親鸞聖人のご指導を得て、真宗の奥義を究めた人である。唯円が三十四歳のころ、「善鸞事件」が起

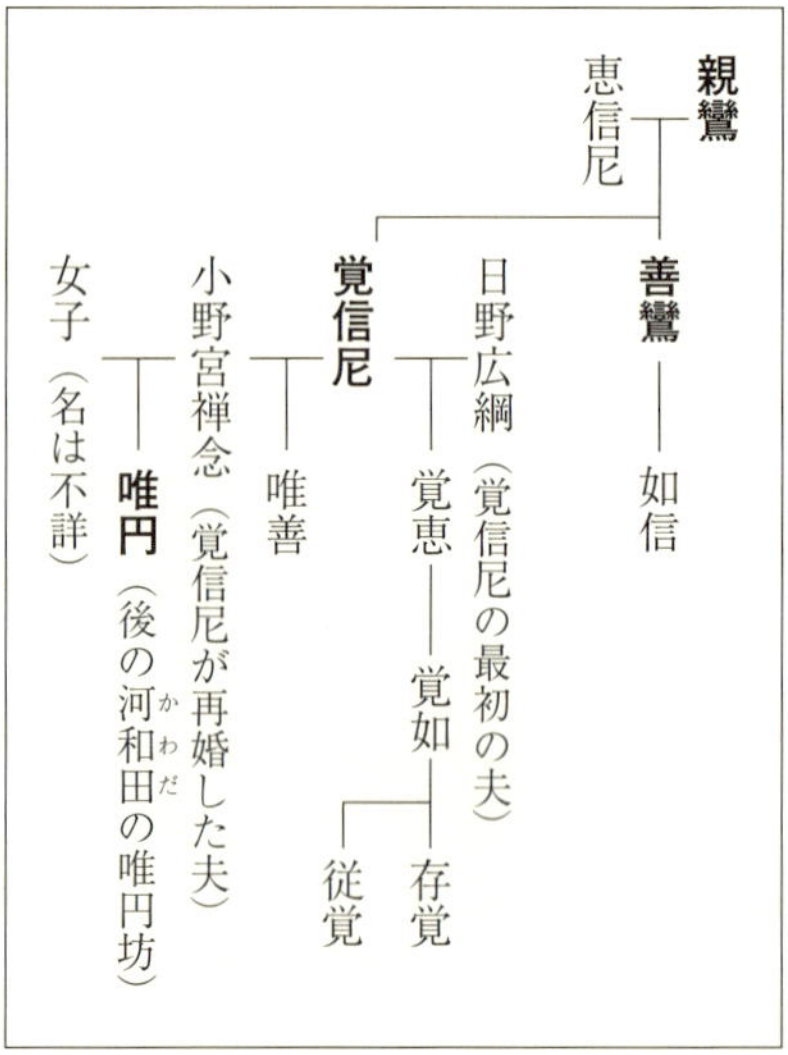

こります。そのために関東教団は大変混乱します。唯円はその混乱を収拾するために、「大部平太郎」の要請と、親鸞聖人の「師命」によって常陸の国に下っています。現在の茨城県水戸市河和田町に「道場池跡」が今も残っていますが、唯円はこの「道場」を拠点として、善鸞事件の混乱を収拾しつつ、盛んに親鸞聖人から伝え聞いた念仏を弘めた、こう伝えられています。

もう少し詳しく「唯円」について考えてみると、貴族である小野宮禅念の子息が「唯円」です。しかし小野宮禅念は先妻が早世したために、仁治元（一二四〇）年、「唯円」を連れ子として、親鸞聖人の末娘であった覚信尼（一二二三～一二八三）と再婚します。

一方、覚信尼《かくしんに》は京都に帰られた親鸞聖人のお世話をしています。覚信尼は、最初は日野広綱《ひのひろつな》と結婚して覚恵《かくえ》（覚如の父）が生まれますが、夫が早世したため、小野宮禅念と再婚して、唯円を我が子として育てます。したがって親鸞聖人からみれば、唯円は血がつながっていないが孫に当たり、唯円からみれば親鸞聖人は祖父になります。

以来、唯円は親鸞聖人の「真弟」（弟子）となり、自然に親鸞聖人と日常生活を共にするうちに、「真宗の奥義に達せり」と記されています。そして唯円が三十四歳のころ、「善鸞事件」が起こった時、「大部平太郎」の要請と、親鸞聖人の「師命」によって、常陸国河和田に下っています。以後、長く河和田にとどまった唯円は、後に「河和田の唯円房」と呼ばれるようになった、といわれています。

その後、親鸞聖人がご入滅された時も、関東教団は大変混乱していたようで、唯円は京都に帰らずに関東にとどまっていたようです。『大谷遺跡録』によれば、親鸞聖人の滅後十二年を経《へ》た文永十一（一二七四）年、唯円は五十三歳の時、帰京します。帰京後の唯円について、『大谷遺跡録』には次のように記されています。

> 文永十一年（一二七四年、親鸞没後十二年の後、唯円が）、五十三歳にて上洛し、河州（現在の大阪府）安福郡（安福郡安福村に高祖門弟、真岡慶西《けいさい》（が）居住せり）に至り慶西に謁す。慶西云く、和州（現在の奈良県）の群品《ぐんぴん》（人びと）、聞法の志深く、請ずること厚し。然るに、我、老朽にして其の請《しょう》に応ぜず。足下《そっか》、慈愍《じみん》を以てかの国（大和の国）を化《け》せよと。唯円、竟《つい》に和州に移り、吉野郡下市《しもいち》秋野川の辺に一宇を営構して教導す。後、（唯円は）関東に下り、（その後再び）又正応元年（一二八八）、上都し、覚上人（覚如上人）に謁し奉り、同二年（一二八九）二月六日、六十八歳にして下市《しもいち》（現、奈良県吉野郡下市町）に化す。今の下市立興寺《りゅうこうじ》は彼師（唯円）弘法《ぐほう》の古跡也。

要旨を意訳すれば、文永十一（一二七四）年に五十三歳で上洛して、河内（現、大阪府）の安福郡で親鸞聖人の弟子、慶西《けいさい》に会い、大和に親鸞聖人の教えを弘めてほしいと要請されて、ついに奈良県吉野郡下市の秋野川のほとりに一宇（一寺）を建立して、そこで親鸞聖人の教えを弘めました。

その後、彼はいったん関東に下った後、再び正応元年（一二八八年、親鸞滅後二十六年、唯円は六十七歳）に京都へ帰って、親鸞のひ孫の覚如上人（当時十八歳）に面会しています。

その時に覚如上人は唯円から「宿業」を教えられて、はじめて信心を確立することができました。そのことが『慕帰絵詞』には「正応元年冬のころ」と記されていますが、それは前に申したことですから以下は割愛します。

そしてその翌正応二（一二八九）年、唯円は六十八歳にして現在の奈良県吉野郡下市で逝去された、と『大谷遺跡録』には記されています。

以上、前の『慕帰絵詞』の唯円と、今の『大谷遺跡録』の唯円とを総合してみれば、『慕帰絵詞』の「常陸国河和田の唯円房」と、『大谷遺跡録』の「唯円房」とは同一人物であって、年代や内容が一致するところから、『歎異抄』の編者は「常陸国河和田の唯円房」である。その「唯円」とは、大部の平太郎の弟の「唯円」ではなくて、京都の貴族に生まれた小野宮禅念の子息の「唯円」である、といえます。

さらにこれまで申したことを裏づける内容が、覚如の『口伝抄』四（聖典六五二頁）に処々記されていますが、今は割愛することにします。

以上、『慕帰絵詞』と『大谷遺跡録』とを照応しながら、『歎異抄』の編者について考えてみました。

三、『歎異抄』の造意―異なるを歎く―

一、異なるのは自分自身であった

次に、どうして唯円は『歎異抄』を書かなければならなかったのか、そのことを編者の唯円は「前序」に切々と記しています。

竊《ひそ》かに愚案を回《めぐ》らして、ほぼ古今を勘《かんが》うるに、先師口伝の真信に異なることを歎き（中略）、故親鸞聖人の御物語の趣、耳の底に留まるところ、いささかこれをしるす。ひとえに同心の行者の不審を散ぜんがためなり。

意訳すれば、

竊《ひそ》かに自分自身の愚かな思いをふりかえってみると、先師、親鸞聖人がご在世の古《いにしえ》と、亡くなられて二十数年を経た今日《こんにち》のすがたを思いあわせてみると、親鸞聖人から口伝された真実信心とあまりにも異なっていることを歎いております。（中略）そこで、故親鸞聖人がかつてお話くださって、今も耳の底に生き生きとひびいて忘れることができない言葉のいくつかを、ここに書き記すことにします。これはひとえに、同じく念仏の道を求める人びとの不審を明らかにしたい、と念じてのことであります。

と、やむにやまれない思いで筆をとったのであると記しています。とくに「先師の口伝の真信に異なることを歎」いてこの『歎異抄』を書き残すのである。

ここで大事なことは、まず「先師（親鸞）口伝の真信（真実信心）に異なる」のは誰か、という問題です。このことについて曽我先生は、『歎異抄』を講じられた昭和十七年の安居《あんご》の冒頭において、「編者の唯円も異《ことなる》は自分にあることを痛感していたと私は思う」と述べておられます。

信心異ることを歎く精神、誰が異るかというと自分が異っている。異るのは自分である。『歎異抄』を一寸みると異っているのは他人であるようにみえるが、それだけではないと私は思う。その異《ことなる》は自分であるというのが、開山聖人（親鸞聖人）の御物語十ケ条を拝読してみると異は自分にあることを痛切に知らして頂くのであって、即ち編者の唯円も異は自分にあることを痛感していたと私は思う。それが最も明かに顕れているのは第九条である。（『選集』第六巻二四頁）

唯円は、親鸞聖人と「信心が異なっているのは自分自身であった」と歎異したのである。それはすなわち唯円の信心が「自力の信心」であったことがはじめて明らかになったことです。そのことを唯円は「先師口伝の真信に異なることを歎き」と記したのである。そのことによって唯円は「自力の信心」であったことがようやく明らかになって、「歎異の精神」を感得したのであった。この「歎異の精神」を感得したことが、『歎異抄』を著《あらわ》さなければならなかった動機です。

二、真宗再興の精神

「歎異の精神」とは「信心が異なるのは自分自身であった」ことを懺悔《さんげ》する心です。曽我先生は、この歎異の精神が「真宗再興の精神」である、歎異の精神以外に「真宗再興の精神」はない、と明言しておられます。

私思いまするに、今抄（『歎異抄』）の題目なる「先師口伝の真信に異ることを歎く」、この歎異精神、歎異感情というものこそ、これは浄土真宗再興の精神なりと深く感じられる次第であります。これこそ浄土真宗再興の精神である。

故あるかな蓮如上人におかれては、「右この聖教は、当流大事の聖教なり。無宿善の機においては、左右《さう》なくこれを許すべからざるものなり」と示されている。これ恐らくは蓮如上人が真宗を再興された御精神がこの歎異の精神に外ならないのであると、私は深く頂いているものであります。この歎異の精神なるものは古今内外を通じて一味の安心《あんじん》（信心）、如来回向の大信心に裏付けられて成立しているものであると頂く次第であります。

（『選集』第六巻一九頁）

「真宗再興の精神」とは、外なる浄土真宗という宗派を復興することではありません。「信心が異なっているのは自分自身であった」と歎異する精神です。この「歎異の精神」を感得することによってのみ、はじめて内に「浄土の真宗」を再興することができます。

真宗を再興された蓮如上人は、『歎異抄』を書写された時、何度も繰り返して読まれて、歎異の精神を感得して、「真宗再興の精神」を感得されたのでしょう。そのことを蓮如上人は『歎異抄』の最後に、

右この聖教は、当流大事の聖教なり。

無宿善の機においては、左右《さう》なくこれを許すべからざるものなり。（聖典六四二頁）

と書き加えられました。この短い言葉を「奥書」といいます。

この「奥書」に、まず『歎異抄』は「当流大事の聖教なり」と記されたが、それは蓮如上人が『歎異抄』を読まれて、「異なっているのは自分自身であった」と、「歎異の精神」を感得されたからそう記されたのでしょう。

次に「無宿善の機においては、左右なくこれを許すべからざるものなり」と記しておられますが、「無宿善の機」とは誰のことだろうか。「無宿善の機」とは、文字だけを読めば「宿善の無い者」で、一般には「信心の無い者」と了解されています。そこで蓮如上人は『歎異抄』を「無宿善の機」すなわち信心の無い者に見せてはならないと「奥書」に記して『歎異抄』を禁書にされた、といわれてきました。

一体「無宿善の機」とは誰のことだろうか。「無宿善の機」とは、宿善を感得した人においてはじめていえることです。したがって「無宿善の機」とは蓮如上人ご自身の自覚である、これが「機」を感得したことである。こういわなければならないでしょう。すなわち蓮如上人が『歎異抄』を書写して、何度も繰り返して読まれて、はじめて日ごろの信心が「自力の信心」であった、すなわち「無宿善の機」であった、という「機」を感得されて、「無宿善の機においては、左右なくこれを許すべからざるものなり」と記されたのでしょう。

第二の真宗再興の時を迎えている今日《こんにち》、最も大事なことは、「異なっているのは自分自身であった」という「歎異の精神」を感得することである、といわねばならない。

前序

本文

竊回愚案、粗勘古今、歎異先師口伝之真信、思有後学相続之疑惑、幸不依有縁知識者、争得入易行一門哉。全以自見之覚悟、莫乱他力之宗旨。仍、故親鸞聖人御物語之趣、所留耳底、聊注之。偏為散同心行者之不審也、云々。

（竊《ひそ》かに愚案を回《めぐ》らして、ほぼ古今を勘《かんが》うるに、先師口伝《くでん》の真信に異なることを歎き、後学相続の疑惑あることを思うに、幸いに有縁《うえん》の知識によらずば、いかでか易行《いぎょう》の一門に入ることを得んや。まったく自見の覚悟をもって他力の宗旨を乱ることなかれ。よって故親鸞聖人の御物語の趣《おもむき》、耳の底に留まるところ、いささかこれをしるす。ひとえに同心の行者の不審を散ぜんがためなり、と云々。）

意訳

竊《ひそ》かに自分の愚かな思いをかえりみて、（先師、親鸞聖人がご在世の）古《いにしえ》と、（亡くなられて二十数年を経《へ》た）今を思いあわせてみると、先師親鸞聖人から口伝《くでん》された真実信心（二種深信）と異なっているのは自分自身であったことが明らかになって歎異するのである。それとともに、このようなことでは、（自分と同じく）これからも聖人の教えを受け承《つ》いでゆこうとする後進の人が疑惑を生ずることになるのではないかと思うと、黙過しておれないものを感ずるのである。幸いにも、（身をもって二種深信を教えてくださった）有縁《うえん》の善知識に遇わなかったならば、どうして他力易行《いぎょう》の法門を感得することができただろうか（ということを思わずにおれないのである）。まったく自力の心（人間を立場とした心）で、本願他力の教えを了解しては混乱することになるのである。そこで、故親鸞聖人がかつてお話くださって、今も耳の底に生き生きとひびいて忘れることができない言葉のいくつかをここに書き記《しる》すことにした。これはひとえに（現在の人びとだけでなく、未来の人びとも含めて）同じく念仏の道を求める人びとの不審を明らかにしたい、と念じてのことである。

一、ほぼ古今を勘うる

「前序」はまず、「竊《ひそ》かに愚案をめぐらして」というところから始まります。「竊かに」とは発端の言葉です。「愚案」とは「自分の愚かな考え」ということですが、一読すれば卑謙された言葉のように思われます。しかし唯円は卑謙したのではなくて、自分がいつのまにか「先師口伝の真信（真実信心）」を忘れて「自見の覚悟（自力の信心）」に陥《おちい》っていたことを、二十数年を経てようやく知ることができて、自見の覚悟を懺悔《さんげ》されたのだった、その自覚の言葉が「愚案」です。

次に、「ほぼ古今を勘《かんが》うるに、先師口伝の真信（真実信心）に異なることを歎き」と記されているが、「古今を勘うる」とは、親鸞聖人のご在世の「古《いにしえ》」と、ご入滅になって二十数年を経た「今」を勘えてみれば、ということです。そのことが『歎異抄』の「中序」に具体的に記されています。「中序」に、

そもそも親鸞聖人がまだご在世のころ（の「古」をふりかえりみれば）、同じこころざしをもって（関東からはる

ばる）遼遠《りょうおん》の（遠い道のりを経て）洛陽《らくよう》（京の都）まで歩みをはこび、ともどもに信心をひとつにして、必ず当《とう》来《らい》の報土（本願の浄土）に生まれるのだと思い立った人びとは、みな一緒になって、親鸞聖人から本願他力のご意趣を聴聞してうけたまわったのであった。（意訳）

と記されているところが、親鸞聖人ご在世の「古」です。次に、

けれども聖人ご入滅から二十数年を経た「今」は、それらの人びと（直接に親鸞聖人からご意趣をうけたまわった人びと）に、ただつき従って念仏申される人びと（孫弟子にあたる人びと）が数多くおられる中に、親鸞聖人の仰せではない異義（自力の信心）をいっておられる方がある、と伝え聞いている。（意訳）

これが、親鸞聖人のご入滅されて二十数年を経た「今」のことです。

「中序」には、親鸞聖人のご在世の「古」と、二十数年を経た「今」のことが記されています。この「中序」に記されていることをとおして「前序」をみれば、「竊かに愚案を回らして、ほぼ古今を勘うるに、先師口伝の真信（真実信心）に異なることを歎き」と記された具体的なことがわかります。「前序」は「中序」と互いに照応することができます。

二、口　伝

次に、「先師口伝の真信に異なることを歎き、後学相続の疑惑あることを思うに」と記されています。「先師」とは二十数年前にご入滅された親鸞聖人です。

「口伝」とはどういうことだろうか。唯円は、先師親鸞聖人に直接面授して聞くことができたのであるが、その

ままが「口伝」ではありません。口伝とは先師から以心伝心《いしんでんしん》されたものであるが、その伝えられたものが、親鸞聖人ご入滅後、二十数年を経た今、かつて聞いた親鸞聖人のお言葉が次第に精錬純化されて、今は金塊のようなものとなって残っているのでしょう。その一々の言葉は極めて短いが、その一言一言には親鸞聖人の御意《おこころ》の全体が尽くされています。そのエキスのように凝縮され、純化されたそれらの言葉を集めたものを、唯円は「口伝の真信」と記したのでしょう。

「真信」とは真実信心です。

『歎異抄』は親鸞聖人がご在世のころにおっしゃっておられたそのままの言葉を記録したものではなくて、二十数年間にわたって唯円の体験をとおして純化された金言《きんげん》（仏さまの言葉）を「口伝」として編集したものです。

唯円は親鸞聖人がご入滅されて二十数年の後、ようやく「先師口伝の真信」を得ることができて、この『歎異抄』を著《あらわ》したのでした。そのことを次に、「幸いに有縁《うえん》の知識によらずば、いかでか易行の一門に入ることを得んや」と記しています。「有縁の知識」とは「有縁の善知識」で、唯円においては故親鸞聖人です。唯円は「有縁の知識によらずば、いかでか易行《いぎょう》の一門に入ることを得んや」といわずにおれないものを感得したのでしょう。

では故親鸞聖人から伝えられた「口伝の真信」、すなわち真実信心とは何か。それは善導大師から法然上人へ、法然上人から親鸞聖人へ、親鸞聖人から唯円へと口伝された「機の深信」「法の深信」の「二種深信」です。この二種深信が『歎異抄』の始めから終わりまで一貫しています。この二種深信が『歎異抄』の信心です。

三、「自見の覚悟」と「他力の宗旨」

次に、「まったく自見の覚悟をもって他力の宗旨を乱ることなかれ」。

「自見の覚悟」とは、一応、文字のうえからいえば「自分の独断的な見解」「ひとりよがりの了解」ということですが、単にそれだけの意味ではなくて、「自見の覚悟」とは、「他力の宗旨」に対して自力の信心を「自見の覚悟」といわれていることに留意せしめられます。自力の信心とは、我われが「私」という人間を立場として、つねに自分を立場として他力の教えを了解しようとする信心です。それが自力の信心であり、「自見の覚悟」です。したがって「自見の覚悟をもって他力の宗旨を乱ることなかれ」とは、「私」を立場とした自分の心（自力の信心）で「他力の宗旨」を了解すると、「他力の宗旨」が混乱することになる、ということです。

その「自見の覚悟」を具体的に取りあげたのが『歎異抄』の後編の異義八か条です。それらを一読すれば、いかにも「誤った解釈」が記されているように思われますが、異義八か条をよく読んでその本質をよく見極めてみれば、それらはみな我われ人間を立場とした自力の信心で解釈した事柄が記されていることがわかります。

その「自見の覚悟」（自力の信心）を転じたところを説かれたのが「他力の宗旨」すなわち「師訓編」です。

したがって、「まったく自見の覚悟をもって他力の宗旨を乱ることなかれ」とは、「自見の覚悟」（自力の信心）で「他力の宗旨」（他力の法門）を混乱させてはならない、ということであるが、その行間から、唯円の「自見の覚悟」をひるがえして（転じて）「他力の宗旨」を感得して欲しい、という切なる願いが伝わってきます。なぜなら、「自見の覚悟」で親鸞聖人の「他力の宗旨」を了解して悩んだのは唯円自身であったからです。

しかし今もなお、自分自身（唯円）と同様に自力の信心で「他力の宗旨」を了解しようとして、もがき苦しんでおられる人が沢山おられるに違いない。また将来においても、自分と同じく自力の信心でもがき苦しみながら念仏の道を求める人びとが沢山おられるに違いない。だから唯円は、長い間、自力の信心で苦しんできた体験をとおして、「後学相続の疑惑あることを思う」て、それらの人びとの「不審」を無くしたいという思いを込めて、「前序」の最後に、

よって故親鸞聖人の御物語の趣、耳の底に留まるところ、いささかこれをしるす。ひとえに同心の行者の不審を散ぜんがためなり。

と記したのでしょう。そのことが「同心の行者の不審」という一句から伝わってきます。

「同心の行者」とは、唯円にとっては自分も含めて関東教団の人びとを指すのでしょう。しかし、単にそれだけではない。これからも「他力の宗旨」を自力の心で受けとめて、もがき苦しむ人が尽きないことだろう。そしてまた在家の生活をする今日《こんにち》の我われも含めて、未来の一切衆生も見据《す》えて「同心の行者」と記されたのでしょう。それら「同心の行者の不審を散ぜんがため」にこの『歎異抄』を記《しる》すのである、こう記されています。

前の「『歎異抄』を読むにあたって」において、唯円は親鸞聖人の信心と「異なっているのは自分自身であった」という「歎異の精神」を感得したと申しましたが、そのことをここでは「同心の行者の不審」と記したのでしょう。

「不審」とは、今まで何が審《つまび》らかでなかったのか解《わか》らなかったが、それは「自力の心」であった。しかもその自力の心が永遠に尽きないのである。そのことが審《つまび》らかになったことです。結句、「行者の不審を散ぜんがためなり」とは「行者の自力の心を転ぜんがためなり」、ということです。

唯円は長い間「他力の宗旨」を自力の心で受けとめてきたのだった。しかもそのことが長い間解らなかったが、ようやくそのことが審《あき》らかになった今（『歎異抄』を書こうと思いたった今）、「行者の不審（自力の心）」を転じて「他力の宗旨」を感得して欲しい。だから「同心の行者の不審を散ぜんがため」に、「故親鸞聖人の御物語の趣、耳の底に留まるところ、いささかこれをしるす」のである、と記しています。これが、唯円が『歎異抄』を書き残さなければならなかった動機です。

四、二種深信

一、辞書に見る機法二種深信

以上、『歎異抄』の「前序」について、粗々《あらあら》聞いていただきました。意訳などを参照していただければ、とくに難しいことはないと思います。

さて、前には先師親鸞聖人から伝えられた「口伝の真信」とは「機の深信」「法の深信」の二種深信である、この二種深信が『歎異抄』全体を一貫していると申しましたが、この二種深信が『歎異抄』の信心です。したがって二種深信がわからなければ『歎異抄』はわからないといっても過言ではありませんから、以下は二種深信について考えていくことにします。二種深信の中でもとくに「機の深信」が中心です。その「機」を感得するとはどういうことだろうか。以下は二種深信、とくに「機の深信」に重点をおいて考えていくことにします。

二種深信とは、「法の深信」と「機の深信」です。

一応、文字のうえからいえば、「法」とは「いつでも」「どこでも」「だれにおいても」普遍なるものです。それは「仏さま」です。その仏さまを、浄土教では「如来」といわれ、一般の仏教では「真如」といわれています。「法」は我われの言葉や思いをはるかに超えた「真実なるもの」です。しかし「法」は抽象的なものです。その「法」が縁によって我われの意識のうえにあらわになって具体化したものを「機」といいます。

次に、「機」について考えてみることにします。「機」についてはいろいろの意味がありますが、一般には「法」は仏さまであるのに対して、「機」は我われ人間のことである、こう了解されています。しかし「機」とはただ単に我われ人間のことではありません。「機」についてはいろいろの意味があるので、はじめに辞書で調べたところをまとめて引用します。

まず一般的な「機」については、

㈠　心のはたらき。「機能」

㈡　物事のおこるきっかけ。「機縁」「機を逸せず」「機が熟す」「機会」「動機」「心機一転」「機転」「機動」

㈢　大事なところ。かなめ。「機密」「枢機」「機微」（以上は岩波書店刊『広辞苑』より）

と説明されています。他の辞書を調べてみると、これ以外に、

㈣　本来は自分の心にありながら、自らは働かず、縁を得て教法により働く性能。（小学館刊『日本国語大辞典』）

㈤　仏の教えに出遇うと触発されて発動する衆生のもつ宗教上の潜在的能力。（三省堂刊『辞林』）

と記されています。後の二つは、仏教における「機」について、よく説明されていると思われます。

その他に、徳川時代中期の『真宗相伝義書』には、

「機は可発《かほつ》を義とす」（「正信念仏偈科文意得」『真宗相伝義書』第三巻二五六頁）

と記されていることも「機」について的《まと》を射《い》た説明でしょう。「可発」とはスパークすることで、「縁」に触れたら「法」が「機」として可発（スパーク）する、という意味です。

これらの辞書を総合すれば、「機」とは自分の心の中にあって、みずからは発動することはないが、「縁」に触れたら「法」の潜在的能力が我われの意識のうえに可発したのが「機」である、といえるでしょう。だから「法」と「機」は、本来一体のものです。

以上は、辞書に「機」について説明されているところをまとめたものです。

二、唯円の「機の深信」

次に「機」について、具体的な観点から考えていくことにします。

「機」を感得することを唯円のうえに観《み》てゆけば、唯円は『歎異抄』を書こうとしている今、親鸞聖人のご信心と「異なるのは自分自身であった」と自覚したのであるが、そのことが「機」を感得することです。

「機」を感得することができた唯円は、ふりかえってみれば、親鸞聖人がご生前中つねにおっしゃっておられた言葉が憶《おも》いおこされてきた、と「後序」に記しています。「後序」は唯円が体験したことを記したものです。親鸞聖人がつねにおっしゃっておられたこととは何だったのか、そのことを今になって案じてみれば、聖人がつねにおっしゃっておられたことは機法の「二種深信」であった、と記しています。

そのことを唯円は「後序」に「聖人のおおせ」として二つ出して記しています。その二つの「聖人のおおせ」とは、二種深信を語られたものです。

第一の「聖人のおおせ」を、唯円は「聖人のつねのおおせ」と記しています。その「聖人のつねのおおせ」とは、

聖人のつねのおおせには、弥陀の五劫思惟の願をよくよく案ずれば、ひとえに親鸞一人《いちにん》がためなりけり。されば、そくばくの業をもちける身にてありけるを、たすけんとおぼしめしたちける本願のかたじけなさよ。(『歎異抄』「後序」)

と、つねにご述懐しておられたと記しています。これは聖人が「親鸞一人《いちにん》がためなり」と、衆生の立場に立って、何度も繰り返して二種深信、とくに機の深信をご述懐してくださっていたのだった。それは、仏さまが親鸞聖人の罪を我が罪と引き受けて、「五劫」の長い間ご思案してくださっていたのであった。それは何をご思案してくださっていたのかというに、親鸞聖人が長い間仏さまを疑謗しつづけてきたことを、仏さまはご思案してくださっていたのだった。その仏さまを悲痛せしめてきたことを、善鸞事件のときに自力に行き詰まって、ようやく感得されたのであった。それでそのことを「弥陀の五劫思惟の願をよくよく案ずれば、ひとえに親鸞一人がためなりけり」と懺悔《さんげ》されたのであった。それは「聖人のつねのおおせ」であると記しているから、親鸞聖人はご生前中に、何度も繰り返して機の深信をご述懐されていたのでしょう。しかも親鸞聖人は、それを誰かに語るのではなくて、つねにご自身にご述懐されていたのでしょう。

一方、親鸞聖人のご述懐を聞いていた唯円は、どうしてこれが二種深信、とくに機の深信をご述懐されたものか、その当時はよくわからなかったのであるが、今ようやく「時」を得て、そのことをはっきりと知ることができたの

である。

この「聖人のつねのおおせ」は、機の深信をつねにご述懐しておられたのである、と唯円が身に頷くことができたことは、唯円が「機」を感得することができたからです。だから親鸞聖人の「つねのおおせ」は機の深信をご述懐しておられたのであった、ということがわかるのです。

それで唯円は、機の深信をご述懐された「聖人のつねのおおせ」は、歴史をさかのぼってみれば、善導大師の「機の深信」と少しも違《たが》わないものである、と記しています。そのことを、

いま（『歎異抄』を書こうと思いたった今）また案ずるに、善導《ぜんどう》の「自身はこれ現に罪悪生死の凡夫、曠劫《こうごう》よりこのかた、つねにしずみ、つねに流転して、出離の縁あることなき身としれ」という金言《きんげん》に、すこしもたがわせおわしまさず。（『歎異抄』「後序」）

と記しています。

しかも唯円は善導大師の機の深信を「金言」と記しています。「金言」とは仏さまの言葉、という意味です。唯円は、「聖人のつねのおおせ」は善導大師の「金言にすこしもたがわせおわしまさず」と記していますから、「聖人のつねのおおせ」も「金言」、仏さまの言葉になります。

唯円は親鸞聖人とお別れして五、六年、そして親鸞聖人が亡くなられて二十数年。数えてみれば三十余年も経《へ》ているのであるが、ふりかえってみれば、親鸞聖人がご生前中に何度も何度も、繰り返して「機の深信」を語っておられたのであった。それは唯円にとってみれば、

かたじけなく、わが御身《おんみ》にひきかけて、われらが身の罪悪のふかきほどをもしらず、如来の御恩のたかきことをもしらずしてまよえるを、おもいしらせんがため……（『歎異抄』「後序」）

につねにご述懐してくださっていたのであった、と記しています。

親鸞聖人は唯円に語られたのではなくて、誰に語るともなく独りでつぶやくように、つねに「わが御身にひきかけて」二種深信をご述懐されていたのであった。しかし唯円にとってみれば、聖人のご述懐は、二種深信もわからない「われらが身の罪悪のふかきほどをもしらず、如来の御恩のたかきことをもしらずしてまよえるを、おもいしらせんがため」に、つねにご述懐してくださっていたのだった、そのことがようやく頷けてきた、と記しています。

これはすなわち唯円の「機の深信」を述べた言葉です。それは「われらが身の罪悪のふかきほど」を知り、「如来の御恩のたかきこと」をはじめて知って、信心を得ることができた唯円の言葉です。

もし我われが「機」を自覚せしめられることがなかったならば、「われらが身の罪悪のふかきほど」もわからないし、したがって「如来の御恩のたかきこと」もわかりません。それほどに「機」を自覚すること、すなわち信心を得ることが最も大事なことです。だから蓮如上人は、「機」を感得して信を得ることが「後生の一大事」である、と教えられたのでしょう。

唯円は『歎異抄』の「後序」に、もう一つ、第二の「聖人のおおせ」を記しています。それは、

聖人のおおせには（中略）煩悩具足の凡夫、火宅無常の世界は、よろずのこと、みなもって、そらごとたわごと、まことあることなきに、ただ念仏のみぞまことにておわします。（『歎異抄』「後序」）

という仰せです。これも機法の「二種深信」を語られたものであるが、そのことは最後に考えてみることにします。

三、大切の証文

なぜ唯円は『歎異抄』「後序」に「聖人のおおせ」を二つ記したのであろうか。「聖人のおおせ」を記す前に、

大切の証文ども、少々ぬきいでまいらせそうろうて、目やすにして、この書にそえまいらせてそうろうなり。

と記して、次に「聖人のつねのおおせには」と、「聖人のおおせ」を二文記しています。いったい、「大切の証文」とは何であろうか。古来より「大切の証文」とは、昔は添えられていたが今は失われているという説、あるいは師訓十か条であるという説など、いろいろといわれています。しかし改めて今、「大切の証文」とは何かと考えてみるに、それは直ちにこの二つの「聖人のおおせ」でないか、と思われます。それは聖人の「二種深信」が記されたものだからです。唯円は『歎異抄』を書こうとしている今、聖人はいったい何を言い残してくだされたのだろうか。そのことを「竊《ひそ》かに愚案を回《めぐ》らして、ほぼ古今を勘《かんが》うるに」、聖人はただ「二種深信」ひとつを身をもって教えてくだされたのだった、それに間違いない。そのことを今、はっきりと知ることができたので、唯円は「後序」に、「聖人のおおせ」として二種深信をご述懐された言葉を二文、「大切の証文」として記したのでしょう。だから「大切の証文」とは、すなわち二種深信を記した「聖人のおおせ」に間違いありません。

そして唯円は、親鸞聖人から口伝された二種深信を自分の胸だけに止めておくことは忍びない。この二種深信がわからなければ、自分だけではなく、他の人も、あるいは「後学相続」といわれる未来の人も、自力の心で悩み続けるに違いない。だからどうしても二種深信、とくに機の深信を他の人や未来の人に伝えなければならない、と思って、

㈠　まず最初の「前序」において、「先師口伝の真信」に異なるのは自分であったこと、「先師口伝の真信」とは善導大師以来、法然上人、親鸞聖人へと口伝された二種深信であったことを記し、

㈡　次に、親鸞聖人が生《なま》の対話によって教えてくださった口伝は二種深信であったことを憶いおこして、それら二種深信の「御物語の趣、耳の底に留まるところ、いささかこれをしる」（前序）して、これを前編の師訓十か条（「師訓編」）にまとめ、

㈢　二種深信にあらざる異義八か条（すなわち自力の信心）を後編に記し、

㈣　最後の「後序」に、唯円が機の深信を体験することができたことを記し、

それらをまとめて『歎異抄』に記したのである。

このようにみれば、『歎異抄』の「前序」から「後序」まで、最初から最後まで一貫するものは二種深信である。したがって『歎異抄』を記す動機も二種深信を明らかにするためであった、と読むことができます。

㈤　そうすれば『歎異抄』は、唯円が二種深信、とくに機の深信を感得体験することができたことを記したものであるが、しかしこれは唯円の個人的な体験を記したものではない。今日《こんにち》の我われにとってみれば、我われを代表して唯円法師が感得体験された二種深信を記したものである、それはいわば「唯円一人《いちにん》がため」の二種深信、とくに機の深信を記してくださったものが『歎異抄』である、といえるでしょう。

四、法の深信・機の深信

さて、唯円は「聖人のおおせ」を二つ記しているが、はじめの「聖人のつねのおおせ」は、

弥陀の五劫思惟の願をよくよく案ずれば、ひとえに親鸞一人がためなりけり。

と、「親鸞一人」という衆生の立場に立ってご述懐されたことを記されたものです。これは「親鸞一人がためなり」という「機」を感得されたことをご述懐されたものです。

更にその「機」を感得されたことをとおして、そのよって来たるところを内に求めて、

されば、そくばくの業をもちける身にてありけるを、たすけんとおぼしめしたちける本願のかたじけなさよ。

と、本願の「法」を見出して「かたじけなさよ」と謝念の意《こころ》を述べておられます。これは「機」を感得することをとおして「法」を見出したことをご述懐されたものです。大事なことは「機」を感得することです。その「機」は本願の法が具体化した「機」です。だから我われは、「機」を感得せしめられたことをとおして、はじめて「法」を感得せしめられます。すなわち仏さまの御意《おこころ》を感得せしめられます。

「機」とは、仏さまと我われとの接点です。その「機」が明らかにならなければ、我われは仏さまに接することもできず、また仏さまも「衆生」を体験されて仏であることを自証される（自らを自覚して証する）こともできません。仏さまと我われの間は永遠に平行線で、永遠に仏さまと我われが接することができません。だから「機」を感得することは、宗教における枢機です。

曽我先生は、「法」と「機」の関係を次のように述べておられます。

善導の二種深信（法の深信・機の深信）建立《こんりゅう》の御意趣は仏願（本願）の生起《しょうき》本末《ほんまつ》を明かにする。法の深信から機の深信を開いて、その機の深信の中に法の深信を摂めた。二種深信と言っても二つ並べるものではなく、もとは法より機を開き、機の中に法を摂めた。（中略）二種深信というが、機の深信に法の深信を摂める。法の深信がもとで、そこより機の深信を開顕するものであるが、一度《ひとたび》法より機を開けば、機中に法あり。

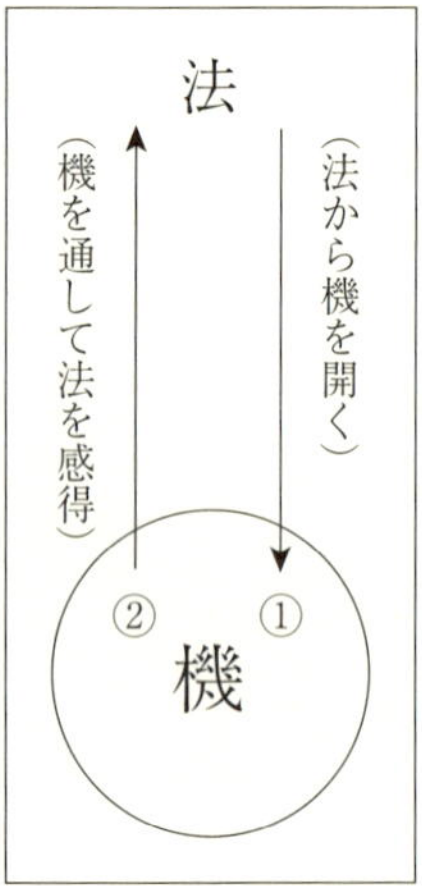

なるほど機の深信は法の深信のためであるという言葉が法然上人の御言葉の中にあるが、二種深信の開顕に於ては機の深信が眼目であるということを、我々は明かにしておく必要がある。

こんなことを言うと、（一般には）機の深信のみでは地獄一定《いちじょう》ということになって救われぬのではないかというが、その機の深信は法の深信より開いた機の深信である。機の深信は法の深信が根元で、法から機を開くに就いて二種深信が出来《いで》る。故に二種深信としては機の深信が主なるものである。（『選集』第六巻三九頁～四〇頁）

今の文中に「（一般には）機の深信のみでは地獄一定《いちじょう》ということになって救われぬのではないか」といわれているが、それは、機といえば我われ人間のことであると思って、機とは法に裏づけられた「機」であることが明らかになっていないからです。すなわち「法の深信から機の深信を開いて、その機の深信の中に法の深信を摂めた」という、二種深信の関係が明らかになっていないからです。この二種深信の関係が明らかにならないために、「機の深信のみでは地獄一定ということになって救われぬのではないか」と恐れます。

これまで「機の深信」と「法の深信」は別のものではないと知りつつも、その関係が明らかでなかったために、「機の深信」といえば我われ人間が自らを自覚することである、と思われているようです。

しかし「機」は、我われ人間が自覚できるものではありません。我われに体《たい》を同じくされた（同体された）仏さまが感得されたものです。そのことを今の文中には、「機の深信」は「法」より開かれた「機の深信」であると、二種深信の関係を簡潔明瞭に教えられています。

我われは「機」を感得することはできないが、仏さまが「われらが身の罪悪のふかきほどをもしらず、如来の御恩のたかきことをもしらずしてまよえる」我われに体《たい》を同じくして（同体して）、まず我われの罪を我が罪と引き受けて「機」を自覚してくださったのである。そのことはそのまま我われが「機」を自覚せしめられたことである。だから「機」を深信《じんしん》することは仏さまの大慈悲心である、といわなければならない。我われはそのことが長い間わからなかったのであるが、法蔵菩薩が「機」を感得して信心を発起されたことによって、我われは「機」を感得せしめられるのである。そのことによって我われは「我が身」を真に深信することができます。

五、仏さまの「機の深信」

『歎異抄』「後序」に記されている「聖人のつねのおおせ」をとおして、二種深信について考えてきました。この「聖人のつねのおおせ」は親鸞聖人が「親鸞一人がためなり」と、衆生の立場に立って語られた二種深信です。これは親鸞聖人が「機の深信」をご述懐された「つねのおおせ」であるが、その「機の深信」は「法の深信」から開けてきた「機の深信」です。その「機の深信」は、仏さまの立場からいえば、仏さまが一切衆生の中に自分を投げ込んで、仏さまが現実の「衆生」を自覚されたことです。

　そのことが第二の「聖人のおおせ」で、

　煩悩具足の凡夫、火宅無常の世界は、よろずのこと、みなもって、そらごとたわごと、まことあることなきに、ただ念仏のみぞまことにておわします。（『歎異抄』「後序」）

と語られています。これは仏さまが「煩悩具足の凡夫、火宅無常の世界は」と、「機」を深信されたのである。すなわち仏さまが、一切衆生が救われるために衆生全体の罪を引き受けて、自分は永遠に救われない、と自覚されたのであった。その仏さまの自覚が「煩悩具足の凡夫、火宅無常の世界は」という自覚です。そういう広大無辺な自覚が仏さまの「機の深信」です。

その仏さまが「機の深信」を感得されたその御意《おこころ》を、聖人は「ただ念仏のみぞまことにておわします」とおっしゃったのでしょう。それが「法の深信」です。それ以外に「念仏」はありません。

「後序」には二つの「聖人のおおせ」が記されていますが、はじめの「聖人のつねのおおせ」は、「親鸞一人がためなり」という衆生の立場からご述懐された二種深信です。後の「聖人のおおせ」は、仏さまの立場からご述懐された二種深信です。

二種深信は決してこれでいい尽くされたわけではありませんが、『歎異抄』全体に一貫していますから、処々で二種深信、とくに「機の深信」について考えていくことにします。

第一章

本文

（第一段）弥陀の誓願不思議にたすけられまいらせて往生をばとぐるなり、と信じて念仏もうさんとおもいたつこころのおこるとき、すなわち摂取《せっしゅ》不捨《ふしゃ》の利益にあずけしめたもうなり。（第二段）弥陀の本願には老少善悪のひとをえらばれず、ただ信心を要《よう》とす、としるべし。（第三段）そのゆえは、罪悪深重《じんじゅう》、煩悩熾盛《しじょう》の衆生をたすけんがための願にてまします。（第四段）しかれば本願を信ぜんには、他の善も要にあらず、念仏にまさるべき善なきゆえに。悪をもおそるべからず、弥陀の本願をさまたぐるほどの悪なきがゆえに、と云々。

意訳

（第一段）「（念仏する衆生は誰もが）阿弥陀さまの不思議な誓願（本願）にたすけられて、往生をとぐることができるのだ」（という法然上人の仰せ）を信じて、念仏申さんと思いたつ心の起こる時、直ちに我われは（阿弥陀さまに）摂取不捨のご利益を得るのである。（第二段）（法然上人は）阿弥陀さまの本願には、年老いた人も若い人も、特に善人も悪人も選ばない（すべての凡夫が平等に救われるのであると説かれたが、親鸞聖人は）唯《ただ》、信心ひとつが要《かなめ》である（信心の人のみが救われる）、と知らなければならない（と仰せられました）。（第三段）そのゆえは、（阿弥陀さまの本願は殊《こと》に）罪深く悪重く、煩悩の興盛《こうじょう》な衆生（煩悩が興り盛んな衆生）を助けずばおかない、という本願であるからである。（第四段）それ故に本願が成就した者においては、（念仏以外の）他の（どのような勝れた自力の）善も必要がないのである、（なぜならば）念仏ほどの善はないからである。また（地獄に堕ちるような）悪をも恐れる必要がないのである、（なぜならば）弥陀の本願を妨げるほどの悪はない（五逆や謗法のような悪を救うのが弥陀の本願である）からである。このように故親鸞聖人は仰せられました。

一、はじめに

一、本願の成就

「われは已《すで》に信を得た、われは已に『教行信証』や『浄土』（『浄土和讃』）『高僧』（『高僧和讃』）の二帖の和讃やをつくりて、三経、師釈の幽意を開演し終つた、わが生涯の事業は全く終つた、われは静かに念仏して余生を全うし、御親の浄国を冥想しやう」、かゝる隠遁的の思念が御老齢の祖聖の御胸に起つたのではないか。茲《ここ》に厳然たる夢告「汝、如来の本願を信ずべし」と云ふ宣言に驚かせられたのであらう。（『選集』第三巻七六頁）

これは親鸞聖人が八十五歳の時、聖徳太子から、

康元二歳丁巳二月九日夜寅時　夢告云
弥陀の本願信ずべし　本願信ずるひとはみな
摂取不捨の利益にて　無上覚をばさとるなり
正像末浄土和讃　愚禿善信集（『正像末和讃』聖典五〇〇頁）

という夢告をこうむられたことを記されたものです。

親鸞聖人はご苦労の多かったご一生において、ほとんど成すべき事をなし終えて、後は余生を楽しもうとされておられたのかもしれません。しかるに八十余歳になって、思いがけなくも関東教団が崩壊するかもしれない「善鸞事件」が起こりました。それが我が子善鸞によって引き起こされた事件であっただけに、どれほど苦悩されたことか、言語を絶するものがあります。

この善鸞事件によって関東教団全体がぐらついたのであるが、何よりも親鸞聖人の日ごろの信心がまにあわないことが明らかになって、思いがけなくもご自身の信心がぐらついたのであった。そのことが『御消息』（『親鸞聖人御消息集』第十二通、聖典五七七頁参照）から読みとれます。信心がぐらついたことは、親鸞聖人においては、今まで確かであったと思っていた信心が「自力の信心」であったことが明らかになったことです。

そのような時に「汝、如来の本願を信ずべし」という聖徳太子の厳然たる夢告を蒙られたのでしょう。親鸞聖人はすでに二十九歳の時、「雑行を棄《す》てて、本願に帰す」と宣言しておられたにもかかわらず、改めて八十五歳の時に「弥陀の本願信ずべし」という夢告を蒙られたことになります。それは「康元二年二月九日夜寅時（午前四時）」であったと『正像末和讃』の冒頭に記しておられます。その夢告を蒙った「時」が親鸞聖人にとって非常に大切な時で、何年、何月、何日、何時とまで克明に記しておられます。

しかもそのことがよほど嬉しかったようで、それから二十日ほど後の「三月一日」に再び、

ゆめにおおせをこうむりて、うれしさにかきつけまいらせたるなり。（『正像末法和讃』真宗高田派専修寺蔵）

と記しておられます。

なぜこの時に聖徳太子の夢告を蒙ったことが嬉しかったのか、なぜその夢告を何年、何月、何日、何時とまで克明に記さなければならなかったのか、と考えてみるに、親鸞聖人はそれほどまでに善鸞事件に苦悩しておられたこ

とをとおして、新たな「時」を得られたからでしょう。

親鸞聖人は二十九歳の時、法然上人の吉水門下に入って以来、在家仏教の行者として八十余歳まで求道されてきたのである。その間、在家生活の愛欲と名利の中におられたからこそ、煩悩妄念は尽きなかったことでしょう。しかるにご一生において、その煩悩妄念の最大なる事件が「善鸞事件」であったに違いありません。そしてこの善鸞事件をいかにして超えていくことができるのか。在家仏教の求道者としての親鸞聖人は、この問題にいのちを懸けられたことはいうまでもありません。なぜなら善鸞事件を超えることがなければ、在家仏教は成りたたないからです。

このような最大の問題に直面した時に、親鸞聖人は八十五歳の「康元二年二月九日夜寅時」に、改めて「弥陀の本願信ずべし」という夢告を蒙られたのであった。この時が、本願に遇うことができた時です。親鸞聖人は『教行信証』を書かれた時、

遇いがたくして今遇うことを得たり。聞きがたくしてすでに聞くことを得たり。（「総序」聖典一五〇頁）

と記しておられます。『教行信証』は親鸞聖人の六十余歳以後に執筆されたものと思われるが、改めて八十五歳になって「遇いがたくして今」、本願に遇うことができたことの無上の慶びを『正像末和讃』に記されたのでしょう。

二、親鸞一人がためなりけり

以来、親鸞聖人は聖徳太子から「弥陀の本願信ずべし」という夢告を蒙って、改めて「弥陀の本願」を再認識されたのでしょう。そのことを親鸞聖人はつねに、

弥陀の五劫思惟の願をよくよく案ずれば、ひとえに親鸞一人《いちにん》がためなりけり。されば、そくばくの業をもちける身にてありけるを、たすけんとおぼしめしたちける本願のかたじけなさよ。

とご述懐されていた、と唯円は「後序」に記されています。

『歎異抄』第一章では、「ひとえに親鸞一人がためなりけり」とご述懐されたことについて、まずはじめに親鸞聖人が「五劫思惟の願」を感得された「時」を記して、

㈠　念仏もうさんとおもいたつこころのおこるとき、

といわれています。その具体的な「時」は、聖徳太子から「汝、如来の本願を信ずべし」という夢告を蒙った時でしょう。そしてそのことを何度も繰り返して身に領かれて、「弥陀の五劫思惟の願をよくよく案ずれば、ひとえに親鸞一人がためなりけり」と、つねにご述懐されておられたのであった、それが「聖人のつねのおおせ」であった、と唯円は記しています。

そしてその弥陀の本願を「親鸞一人がためなり」と感得されたことを、

㈡　ただ信心を要とす、

といわれ、その「信心」とは、

㈢　罪悪深重《じんじゅう》、煩悩熾盛《しじょう》の衆生、

と自覚されたことをいわれたのでしょう。

「親鸞一人がためなり」と「後序」に記された内容を、第一章には、

㈠　「念仏もうさんとおもいたつこころのおこるとき」であり、

と記されています。この三つは一念同時です。

(二)「ただ信心を要とす」といわれたことであり、

(三)「罪悪深重、煩悩熾盛の衆生」と自覚されたことである。

このことは「後序」から「前序」へと逆読して、そして改めて「前序」「第一章」「第二章」と順読することによって、はじめてわかることです。すなわち「後序」は「あとがき」のように唯円が体験したことを記したものです。その体験とは、「聖人のつねのおおせ」は二種深信を述べられたものであった、そのことを唯円は『歎異抄』を記す今、ようやく見極めることができたのである。その体験を「後序」に記し、そしてこの聖人の二種深信を「前序」では「先師口伝の真信」と記し、その内容を第一章以下の「師訓編」に詳説したのでしょう。したがって「後序」で「弥陀の五劫思惟の願をよくよく案ずれば、ひとえに親鸞一人がためなりけり」とご述懐された二種深信が『歎異抄』の大意であり、『歎異抄』全体を一貫している、といえるでしょう。

三、『歎異抄』第一章の文段

さて曽我先生は、第一章の文段を次の四段に分けることができる、と述べられています。

第一条は、念持《ねんじ》の大道、念仏の大道、或は本願念仏の仏道――念持の大道を明かしているのである。それが此の文章の段落を見ると、大体四段になるかと思ふ。

第一段は「弥陀の誓願不思議にたすけられまいらせて、往生をばとぐるなり、と信じて、念仏もうさんとおもいたつこころのおこるとき、すなわち摂取不捨の利益にあずけしめたまうなり」まで、これは「略して念持の

法を標す」。（中略）

そして其の次は「弥陀の本願には老少善悪のひとをえらばれず。ただ信心を要《よう》とすとしるべし」まで、第二段は科文《かもん》の適当な言葉は見出せませんが、第二段は「信心為本を標す」。

其の次は、「そのゆえは、罪悪深重・煩悩熾盛の衆生をたすけんがための願にてまします」までは第三段で、「悪人正機《しょうき》の信相を顕す」。

「しかれば本願を信ぜんには、他の善も要にあらず、念仏にまさるべき善なきゆえに。悪をもおそるべからず、弥陀の本願をさまたぐるほどの悪なきがゆえに、と云々」までは第四段で「現生不退《げんしょうふたい》を結す」。（『選集』第六巻六七頁）

このように第一章を四段に分けて、親鸞聖人が本願成就の法をいただかれた、と読まれています。

二、第一段

一、本願成就の法を明かす

第一段は、

弥陀の誓願不思議にたすけられまいらせて往生をばとぐるなり、と信じて念仏もうさんとおもいたつこころのおこるとき、すなわち摂取不捨《せっしゅふしゃ》の利益《りやく》にあずけしめたまうなり。

と記されているところです。

親鸞聖人が「弥陀の五劫思惟の願」をよくよく案じみられて、それは「ひとえに親鸞一人がため」であったと感得された時、改めて本願成就の法をもって『観経』を読まれています。そのなかでもとくに「第九真身観」を読まれたのでしょう。「第九真身観」は、

光明遍く十方世界を照らす。念仏の衆生を摂取して捨てたまわず。（聖典一〇五頁）

と説かれているところです。その「第九真身観」を読まれた聖人は、「念仏もうさんとおもいたつこころのおこるとき、すなわち摂取不捨の利益にあずけしめたもうなり」とおっしゃっておられます。

そのことを述べておられる、曽我先生の講述の一端を引用します。

『歎異抄』の第一章の話をしておる訳であるが、あの聖人の御物語の第一章の、「弥陀の誓願不思議にたすけられ参らせて往生を遂ぐるなりと信じて念仏申さんと思いたつ心のおこる時、すなはち摂取不捨の利益にあづけしめたまふなり」。これを親鸞の言葉というが、よく拝読しているとどうも親鸞の言葉であるが法然の言葉のまゝを仰せられている。親鸞の言葉に違いないが、もう一つおしすゝめてゆくと、これはそのまゝ法然の言葉ではなかろうか。然らばあのとほりに多くの（法然上人の）弟子がそのまゝ了解しておったかどうかは多少疑問である訳である。（中略）

私思いますに「弥陀の誓願不思議にたすけられ参らせて往生を遂ぐるなり」とは、念仏する衆生を阿弥陀は摂取不捨の光明のなかにおさめとって命あらんかぎり捨てぬ、光りのなかに摂めとって浄土につれて行って下さると『観経』に書いてある。「念仏する衆生を、摂取して捨てぬ」と『観経』に書いてある。（そこを）親鸞は、「念仏申さんとおもい立つ心のおこる時」という。（『観経』で「念仏する衆生を、摂取して捨てぬ」と説かれていることを）衆生が本願を信じて念仏を称えるなら、必ず光明のなかに摂めとって浄土に連れ

て行って下さる、と皆が読む。それを親鸞は「念仏申さんとおもいたつ心のおこる時、即ち摂取不捨の利益にあづけしめたまうなり」と読む。これは本願成就の法、本願成就の法を以て『観経』の言葉を改めていただいたのである。（『環境と心境』一六頁）

「本願成就の法を以て『観経』の言葉を改めていただいた」とは、『観経』「第九真身観」に「念仏の衆生を摂取して捨てたまわず」と説かれていることを、「念仏もうさんとおもいたつこころのおこるとき、すなわち摂取不捨の利益にあずけしめたまうなり」と「改めていただいた」ということです。そのことが「後序」で「親鸞一人がためなり」とつねにご述懐されていた内容であり、それが本願成就の法をもって改めて『観経』をいただいた、ということでしょう。

二、念仏する衆生は誰もが摂取される（法然上人）

さて第一段の「弥陀の誓願不思議にたすけられまいらせて往生をばとぐるなり」とは、法然上人の言葉であるが、これは親鸞聖人が法然上人とお別れして、およそ五十年を経た今、「念仏もうさんとおもいたつこころのおこるとき」に感得された法然上人の言葉です。

この法然上人の教えを歴史的に考えてみれば、法然上人以前の仏教は誰もが往生極楽の道（救いを得る道）を求めていました。往生極楽の道といえば、現在では浄土教だけの専売特許であるように思われているが、法然上人以前は南都《なんと》・北嶺《ほくれい》（奈良や比叡山）のお寺でも往生極楽の道を求めていました。しかしどうしたら往生極楽をとぐることができるのか、釈尊以降、誰も明らかでなかったときに、法然上人がはじめて「ただ念仏する衆生は、誰もが往生をとぐる（救いを得る）ことができる」と説かれたのであった。法然上人はそのことを「弥陀の誓願」に根拠をおいて、念仏は弥陀の誓願に裏づけられている念仏である（彼《か》の仏願に順ずる念仏であるが故に）。だから「（念仏する衆生は誰もが）弥陀の誓願不思議にたすけられまいらせて、往生をばとぐるなり」、「念仏する衆生は誰もが往生することができる」と教えられたのであった。これが法然上人の教えの要です。

そしてその教えに基づいて、仏教の歴史においてはじめて「浄土宗」という教団を立教開宗されました。これははじめて「在家仏教の精神」に基づいて開かれた教団でした。法然上人の畢生《ひっせい》の課題は、ただこのこと一つ（念仏する衆生は誰もが往生することができること）を「片州」の日本に弘めることにあった（「真宗の教証、片州に興す。選択本願、悪世に弘む」の取意）と、親鸞聖人は『正信偈』に記しておられます。

その法然上人が「浄土宗」を立教開宗された時に、親鸞聖人が法然門下に入って「在家仏教の精神」を感得されたのであるが、その御意《おこころ》を、五十年を経た今、親鸞聖人は善鸞事件で関東教団が崩壊しようとしている時、改めて感得されたのでしょう。

三、念仏もうさんとおもいたつこころのおこるとき（親鸞聖人）

法然上人は「念仏する衆生は誰もが摂取される」と教えられたが、親鸞聖人はその法然上人の教えを、

念仏もうさんとおもいたつこころのおこるとき、すなわち摂取不捨の利益にあずけしめたもうなり。

と感得されたのである。すなわち法然上人は「念仏する衆生は、誰もが摂取される」と説かれたが、親鸞聖人はいつ摂取されるのか、その「時」を求めておられたのでしょう。「源信僧都は静かに《時》を待った人であった。法

然上人は《時》をつくった人であった」（『選集』第三巻一〇五頁の取意）と曽我先生はいわれるが、親鸞聖人は「時」の至らざることを待っておれずに「時」を求められたのであった。「時」は時の中にあって「時」をつかむことがなければ、「時」は来たることはありません。

親鸞聖人はじっと隠忍《おんにん》して「時」を求められたのであるが、ようやく善鸞事件に当面して、煩悩に鬱結《うつけつ》せられて何ともならなくなった時（自力無効を自覚した時）、思いがけず「時」を得て「念仏もうさんとおもいたつこころのおこるとき」を得られたのであった。

その「時」とは、親鸞聖人が「善鸞事件」において、家庭の問題としては善鸞を義絶された時であり、社会的には関東教団が崩壊しようとした時であり、個人的にはこれまでの日ごろの信心が自力の信心であることが明らかになって行き詰まった「時」です。すなわち親鸞聖人は自力無効を知って「いずれの行もおよびがたき身」（第二章）を感じられたのであるが、この「時」が他力の始まりであり、「念仏もうさんとおもいたつこころのおこるとき」です。

この「念仏もうさんとおもいたつこころのおこるとき」に、はじめて「弥陀の誓願不思議にたすけられまいらせて往生をばとぐるなり」という法然上人の告命《ごうみょう》を聞くことができて、法然上人に念持《ねんじ》されていたことを感得されたのでしょう。

この「念仏もうさんとおもいたつこころのおこるとき」は、親鸞聖人にとってみれば、自力の無効なることを知った時に思わず感得することができた「とき」であるが、よくよく案ずれば、その「とき」は如来が「そくばくの業をもちける」親鸞一人に体《たい》を同じくされて「衆生」（親鸞聖人）となって、「たすけんとおぼしめしたちける本

願」（後序）を発起された時です。如来が親鸞聖人と「体を同じくされる」とは、如来が衆生と同体されることであるが、それは如来が衆生の「念仏もうさんとおもいたつこころ」となることです。

すなわち「念仏もうさんとおもいたつこころのおこるとき」とは、仏さまからいえば、仏さまが長い間、親鸞聖人（衆生）の自力の心が廃《すた》る「時」を待っておられたのである。そしてようやくその「時」が到来して、仏さまが「たすけんとおぼしめしたちける本願」を発起されて、親鸞聖人（衆生）の全我をふるい動かして、親鸞聖人を心機一転せしめたのであった。それが親鸞聖人（衆生）の「念仏もうさんとおもいたつこころのおこるとき」です。

如来はいつでも衆生（親鸞聖人）の自力無効の「時」を待ちつつあります。一切の準備はすべて整っているのである。しかしそれには「縁」が熟して、法が「機」として可発する（スパークする）ことがなければ、「時」は具体化しません。「縁」を得る（縁が熟する）ことは、我われ人間にとっては偶然の出来事のように思われるが、如来は久遠《くおん》の昔からその千載一遇の「時」を隠忍《おんにん》して待ち続けてくださっていたのであった。そして如来は、ようやく善鸞事件を「縁」として、親鸞聖人（衆生）が自力無効を自覚する「時」を得て、はじめて如来が「衆生」を自覚されたのであった。それが親鸞聖人の「念仏もうさんとおもいたつこころのおこるとき」です。その「時」に、如来ははじめて衆生（親鸞聖人）の宿業を感得体験することができるとともに、衆生（親鸞聖人）は如来の「たすけんとおぼしめしたちける本願」を感得することができます。親鸞聖人がその本願を感得されたとき、つねに「弥陀の五劫思惟の願をよくよく案ずれば、ひとえに親鸞一人がためなりけり」とご述懐されていたのでしょう。

その時が「本願成就」の時です。

それ故に「念仏もうさんとおもいたつこころ」は、衆生（親鸞聖人）が思い起ったのではなくて、衆生（親鸞聖人）の全我を奮い起こした如来の「たすけんとおぼしめしたちける本願」そのものです。

すなわち㈠「念仏もうさんとおもいたつこころのおこるとき」とは、親鸞聖人（衆生）が自力の無効を自覚した時であるが、その時に㈡「弥陀の誓願不思議にたすけられまいらせて往生をばとぐるなり」という法然上人の声を聞くことができ、㈢如来の「たすけんとおぼしめしたちける本願」を感得することができます。これら三つは一念同時であるが、最も中核となるのは㈠「念仏もうさんとおもいたつこころのおこるとき」です。

四、摂取不捨の利益

この「念仏もうさんとおもいたつこころ」が親鸞聖人の身に起こった時、その一念の信の味わいを「摂取不捨《せっしゅふしゃ》の利益《りやく》にあずけしめたもうなり」と語られています。

まず「摂取不捨の利益」にあずかる「時」について、第一段には「念仏もうさんとおもいたつこころのおこる時、すなわち摂取不捨の利益にあずけしめたもうなり」と記されています。これは「念仏もうさんとおもいたつこころのおこる時」、その時、即時に「すなわち摂取不捨の利益」にあずかるのである。「念仏もうさんとおもいたつこころ」が起こってから「摂取不捨の利益」にあずかるのではなくて、「念仏もうさんとおもいたつこころ」が起こった時が「摂取不捨の利益」にあずかる時です。

では「摂取不捨」とはどういうことでしょうか。

如来の救済とは、理想的に又客観的に云へば「弥陀の誓願不思議にたすけられて往生をとぐる」にあるけれども、現実の心証の上にて求むれば「摂取不捨の利益」の外にはない。此「摂取不捨」が如来救済の真面目である。摂取不捨とは如来と我々人間との人格的一致である。（『選集』第二巻四〇五〜四〇六頁）

「如来と我々人間との人格的一致」とは、それを具体的に親鸞聖人のうえでみれば、「法然上人の仰せ」を聞くことができた親鸞聖人と法然上人との「人格的一致」です。その「如来と我々人間との人格的一致」は、親鸞聖人の「念仏もうさんとおもいたつこころのおこる時」、その一刹那に成就します。その一刹那の信味が「摂取不捨」であり、それが救済の成就です。

救済が成就するとは「善鸞事件」が解決したことではありません。親鸞聖人は善鸞を義絶されて環境はそのままで変わらないが、心境が転換されます。すなわちただ自己の内に、親鸞聖人の悲しみを悲しみのまま「それでよい」と悲しみを引き受けてくださる如来の大悲を感得することができます。そのことが救済の成就であり、摂取不捨です。摂取とは、すでに久遠劫《くおんごう》より如来が寝てもさめても憶念してくださっていることを身に感ずることです。

それによって親鸞聖人の環境はそのままであるが、心境が変わります。

しかし心境が変われば、環境も自《おの》ずから変わります。そのことを仏教では「浄土を荘厳《しょうごん》する」と説かれていますが、詳細は割愛します。

その「如来と我々人間との人格的一致」する一刹那の信味が「摂取不捨」ですが、「摂取不捨」を善導大師が次のように釈しておられます。曽我先生の講述をとおして引用します。

これはご承知の通り善導大師の『観経疏《かんぎょうしょ》』の「念仏衆生、摂取不捨（念仏の衆生を摂取して、捨てたまわず）」のお釈のところに、

衆生、起行《きぎょう》して、
口に常に仏を称すれば、仏即ち之《これ》を聞きたもう。
身に常に仏を礼敬《らいきょう》すれば、仏即ち之を見たもう。
心に常に仏を念ずれば、仏即ち之を知りたもう。
衆生、仏を憶念すれば、仏も亦衆生を憶念したもう。（「摂取」の意）
彼此《ひし》の三業（衆生の身・口・意の三業と仏の身・口・意の三業と）相い捨離せず。（「不捨」の意）

とある。

「摂取」は即ち（仏の）憶念である。

「不捨」というのは、「彼此の三業相い捨離せず」。これはまあ親縁の上に就いて解釈してある。「捨」は捨離、如来の三業と衆生の三業と相ひ離れず。

（「摂取」について）「衆生、仏を憶念すれば、仏も亦衆生を憶念し給ふ」。我々は念仏をとおして如来の憶念を感ず。念仏とは憶念。我々は名号に於て、名号即称名に於て如来の憶念を感ずる。感ずることは即ち如来を憶念することである。即ち、「衆生、仏を憶念すれば、仏も亦衆生を憶念したもう」ということである。即ち、「念仏まうさんとおもひたつこゝろのをこるとき」即ちの時に摂取不捨の利益にあづけしめて下さる。

【衆生の三業】		【仏の三業】
口に常に仏を称すれば（称）、	←	仏即ち之を聞きたもう（聞）。
身に常に仏を礼敬すれば（礼）、	←	仏即ち之を見たもう（見）。
心に常に仏を念ずれば（念）、	←	仏即ち之を知りたもう（知）。
衆生、仏を憶念すれば、		仏も亦衆生を憶念したもう。

かくして総じて念持《ねんじ》の大道を示された。（『選集』第六巻八八頁）

今読んだ善導大師の釈は、「摂取」と「不捨」と分けて註釈されています。

まず「摂取」についてです。「衆生、起行《きぎょう》して（行を起こして）」とは、親鸞聖人のうえに「念仏もうさんとおもいたつこころ」が起こったことが、衆生の起行です。その衆生の起行とは、衆生が「口に常に仏を称す」「身に常に仏を礼敬《らいきょう》す」「心に常に仏を念ず」ることです。衆生が口で念仏を称し、身で礼拝し、意《こころ》で仏を念ずることによって衆生の行業《ぎょうごう》となることが「起行する（行を起こす）」ことで、それはすなわち如来が「名号する」ことであり、「念仏申す」ことです。ただ口で「南無阿弥陀仏」と唱えることだけが「念仏申す」ことではありません。口だけならば田圃で鳴いている蛙の鳴き声と変わりません。口で念仏を称し、身で礼拝し、意《こころ》で仏を念ずるその衆生を、法然上人は「念仏の衆生」といわれたのであるが、その「念仏の衆生」を、親鸞聖人は「念仏もうさんとおもいたつこころのおこるとき」に自覚されたのである。

我われは「念仏もうさんとおもいたつこころのおこるとき」、すなわち「念仏する」時（衆生を自覚した時）、はじめて如来に憶念されていたことを身に感ずることができるのである。そこを今の文中には、「我々は念仏をとおして如来の憶念を感ず。念仏とは憶念。我々は名号に於て、名号即称名に於て如来の憶念を感ずる。感ずることは即ち如来を憶念することである」と述べられています。

それ故に善導大師は「衆生、仏を憶念すれば、仏も亦衆生を憶念したもう」、これが「念仏の衆生を摂取する」ことである、と註釈されています。

親鸞聖人は八十四歳にしてはじめて「念仏もうさんとおもいたつこころのおこるとき」、久遠の昔から如来に憶念されていたことを感得されたのであった。すなわち親鸞聖人は「念仏もうさんとおもいたつこころのおこるとき」、如来が称《しょう》・礼《らい》・念《ねん》する親鸞聖人を聞《もん》・見《けん》・知《ち》してくださっていたことを身に感じられたのであった。感じるとは、衆生が仏を憶念することです。

「衆生が仏を憶念すれば、仏も亦衆生を憶念したもう」。このことを前の引用文では「如来と我々人間との人格的一致」と記されたのであるが、それが「摂取」です。

次に「不捨」についてです。「不捨」、「念仏の衆生を捨てず」と説かれていることを善導大師は、

彼此《ひし》の三業（衆生の身・口・意の三業と仏の身・口・意の三業と）相い捨離せず。（「定善義」真聖全五二一頁）

と註釈されています。「彼此の三業」とは、如来（彼）の身・口・意の三業と、衆生（此）の身・口・意の三業です。その「彼此の三業」が「相い捨離せず」とは、「衆生が口で仏を称すれば仏は之を聞きたもう。衆生が身に仏を礼すれば仏は之を見たもう。衆生が心で仏を念ずれば仏は之を知りたもう」、かくて衆生と仏が「相い捨離せず」です。衆生の三業と仏の三業とが「相い捨離せず」、相い離れないことが如来の「不捨」「（念仏の衆生を）捨てず」である、こう善導大師は註釈されています。

この善導大師の意《こころ》を押さえて、蓮如上人は、

仏心と凡心とひとつになるところをさして、信心獲得の行者とはいうなり。（『御文』二帖目第九通、聖典七八七頁）

と記しておられます。仏心と凡心とひとつになることが「念仏の衆生」です。仏の三業と衆生の三業と、「如来と我々人間との人格的一致」する一刹那に「念仏の衆生」が生まれます。

次に、「摂取不捨の利益にあずけしめたもうなり」と記されていることですが、ここに摂取不捨を「利益《りやく》」とおっしゃっておられることに留意せしめられます。これは何でもないように思われますが、『観経』にも、善導大師や法然上人の教えにも、摂取不捨を「利益」とは説かれていません。しかし親鸞聖人は「摂取不捨の利益にあずかった」といわれています。これは本願成就の「時」を感得してこういわれたのでしょう。したがって「摂取不捨の利益にあずかった」とは、親鸞聖人のご己証《こしょう》を述べられたものでしょう。

三、第二段

一、弥陀の本願には老少善悪のひとをえらばれず（法然上人）

第二段は、

弥陀の本願には老少善悪のひとをえらばれず、ただ信心を要《よう》とす、としるべし。

と記されているところです。

まず、「弥陀の本願には老少善悪のひとをえらばれず」とは誰の言葉かというに、これは法然上人の言葉です。法然上人が、念仏を称えるものは誰もが救われる、「老少善悪のひとをえらばれず」といわれたのであるが、ここでは「老少」よりも「善悪のひとをえらばれず」といわれたことに重点がかかっています。「善悪のひと」とは、聖者に対して「凡夫」をいわれた言葉です。善人も悪人も凡夫です。

法然上人以前の聖道門仏教は聖者のための仏教であって、凡夫の救済は全く問題になっていなかったのであるが、その時に法然上人がはじめて、弥陀の本願は「老少善悪のひとをえらばれず」、善人も悪人もみな凡夫である、その凡夫をみな平等に助けてくださるのが「弥陀の本願」である、と教えられたのだから、法然上人が当時の民衆に与えた衝撃ははかり知れないものがあります。

二、ただ信心を要とす（親鸞聖人）

しかるに親鸞聖人は第二段で、「ただ信心を要《よう》とす、としるべし」とおっしゃっておられます。それは疑心自力の人に対して、如来回向の信心を要とす、と感得されて、こうおっしゃったのでしょう。その信心とは何か、それは「弥陀の五劫思惟の願をよくよく案ずれば、ひとえに親鸞一人がためなりけり」と、「真の主体」が明らかになることが信心です。これが如来回向の信心です。

その信心を、次の第三段では「罪悪深重、煩悩熾盛の衆生」とおっしゃっておられるが、それは「機」を感得されたことである。その「機」は本願の法から開かれてきた機であるから、「本願の正機」といいます。その「機」を深信《じんしん》することを、「ただ」といわれたのでしょう。「ただ」は深信をあらわす言葉で、深く信ずる信心をもって要とす、といわれたのでしょう。

そこで如来回向の信心とは何か、ということであるが、そのことを明らかにするためには「如来の本願」とは何か、ということを明らかにしなければなりません。

「如来の本願」とは、単に如来が衆生を救済することではありません。「如来はどこまでも如来でありたい」という願いが如来の本願です。しかし如来が如来であるためには、衆生を救済しなくてはならない。そのために如来は御自《みずか》らが流転されて、「衆生」を自覚して「衆生」を体験されたのである。それがすなわち親鸞聖人が「罪悪深重、煩悩熾盛の衆生」と自覚されたことです。それが如来回向の信心です。

そのことによって我われは信心を発起せしめられるのであるが、我われは如来回向の信心を、自分が起こした信心である、と無意識的な我執を起こして、いつのまにか自力の信心と堕して、宗教生活を陳腐ならしめます。我われにはその我執が付いて離れません。

しかしこの悩みは我われの悩みであるが、我われに同体された如来も同じ悩みを持っておられるが故に、如来はその自力の信心を限りなく反省して転じられることによって、信心が真実信心であることを自証（自らを証明）されるのである。純粋宗教の信心というものは、それ自身を反省することによって、信心が無限なものであり円満であることを証明し、円満完全ならしめるところの力を備えているのである。それが、如来が発起された信心です。

それはたとえば、渓流の水が水自《みずか》らの重み（性質）で高いところから低いところへ流れて（流転して）、一瞬たりともとどまらないで流れるが故にいつも澄《す》み浄《きよ》らかであるように、如来はつねに限りなく自らの汚れた心（自力の信心）を転じて尽きるときがありません。それは我われの自力の心が尽きないからです。

それ故に「衆生」を自覚して「衆生」となられた如来は、衆生（如来ご自身）の我執の信心（自力の信心）を限りなく自覚して、その心を転じて、信心自身を澄み浄らかにされます。それで「信心」の原語はパッサーダ（pasāda）といいますが、「浄信」と漢訳されています。その意味は「信を浄化する」という動詞で、「澄浄《ちょうじょう》を義とす」、「自らを澄《す》み浄《きよ》らかにする」ことが「信心」ということの定義です。

我われは如来が信心を新たに発起されたことによって、信心を発起せしめられます。それが親鸞聖人（衆生）の「念仏もうさんとおもいたつこころ」です。

三、「善鸞義絶状」にみる五逆と謗法

以上、「信心」について考えてきましたが、このことを「善鸞事件」における親鸞聖人のうえに観《み》ていくことにします。

弥陀の第十八の本願を凋《しぼ》んだ花にたとえて、それを聞いて人びとがみな本願を捨てられたと聞くことは、誠に謗法《ほうぼう》の大罪を犯すもの（誹謗正法《ひほうしょうぼう》の罪）であり、また五逆の罪を進んで犯して人の心を惑わすことは悲しきことなり。ことに僧伽《さんが》（関東の念仏教団）を破る罪は五逆罪のその一つである。また親鸞に虚言《きょごん》を申しつけたことは父を殺すものであり、また五逆の中の一つである。これらのことを伝え聞くこと、その浅ましさはいうに及ぶところではない。だから今は親ということあるべからず、子とおもうことおもいきりたり。三宝（仏・法・僧）と神々に誓って父子の関係を絶つことをきっぱりと申し終わった。悲しきことなり。（後略）

（建長八年）五月二十九日　（在判）

これは親鸞聖人が八十四歳の時、善鸞を義絶されたときの「善鸞義絶状」（聖典六一一～六一二頁）の一端を意訳したものです。この「善鸞義絶状」で、善鸞は「謗法《ほうぼう》の大罪」と「五逆の罪」を犯している罪人である、と記されています。

「謗法の罪」とは「法を謗《そし》る罪」であるが、それを今の御消息でいえば、善鸞が「弥陀の第十八の本願を凋んだ花にたとえて、それを聞いて人びとがみな本願を捨てられた」と記されていることです。これは出世間の罪です。それに対して世間の罪を「五逆の罪」といいます。「五逆の罪」とは、「一つには父を殺す、二つには母を殺す、三つには阿羅漢《あらかん》を殺す、四つには和合僧《わごうそう》を破す、五つには悪心をもって仏身より血を出だす」（「信巻」聖典二七七頁

参照）、この五つの罪を「五逆の罪」といいます。和合僧とは、インドの言葉では僧伽《さんが》といいますが、教団のことです。具体的には関東の念仏教団です。善鸞はこの念仏教団を破壊する罪人であるから、五逆の罪人です。

親鸞聖人は、善鸞が「謗法の大罪」と「五逆の罪」を犯す罪人である、だから「これらのことを伝え聞くこと、その浅ましさはいうに及ぶところではない。だから今は親ということあるべからず、子とおもうことおもいきりたり」と書いて、善鸞を義絶されました。最後に「三宝（仏・法・僧）と神々に誓って父子の関係を絶つことをきっぱりと申し終わった。悲しきことなり」と結ばれています。「悲しきことなり」とは、親鸞聖人が我が子を義絶したので悲しまれたこともあったのでしょうが、単に我が子のことで「悲しきことなり」ではなくて、「謗法の大罪」と「五逆の罪」とは自らのことであると信受されて、「愛欲の広海に沈没し、名利《みょうり》の太山《たいせん》に迷惑して」（「信巻」聖典二五一頁）いる御自らを悲歎述懐されて、「悲しきことなり」と記されたのでしょう。

四、五逆と正法を誹謗するものは除く

この「謗法の大罪」と「五逆の罪」について、本願の第十八願には、

たとい我、仏を得んに、十方衆生、心を至し信楽《しんぎょう》して我が国に生まれんと欲《おも》うて、乃至十念せん。もし生まれずは、正覚を取らじ。唯《ただ》、五逆と正法《しょうぼう》を誹謗《ひほう》せんをば除く。（『無量寿経』聖典一八頁）

と説かれています。第十八願は「十方衆生」（あらゆる衆生）が助からなかったら我《われ》は仏にならないと誓われた本願です。

しかし「唯《ただ》、五逆と正法を誹謗せんをば除く」と、救済から除外されるものが説かれています。古来よりこの一

句を「唯除《ゆいじょ》の文」といっています。救済から除外されるものとは、それを「善鸞義絶状」でいえば、「謗法の大罪」と「五逆の罪」を犯す悪人です。それは具体的には「善鸞」です。しかし親鸞聖人は本願の十八願を読まれて、それはご自身であると自覚されたのである。

親鸞聖人は「五逆と正法を誹謗する」悪人である、自分は本願の「十方衆生」の救済から除外された悪人である、と自覚されたのであるが、それは親鸞聖人に体《たい》を同じくして（同体して）、親鸞の罪業は我が罪業であると引き受けてくださった法蔵菩薩がそう自覚されたのである。すなわち法蔵菩薩が善鸞を「浄玻璃《じょうはり》の鏡」として浅ましい「地獄の姿」を見出されて、「五逆と正法を誹謗する」衆生を自覚されたのである。

「浄玻璃の鏡」とは地獄の閻魔大王が持つ鏡で、我が身の「地獄の姿」を映しだす鏡です。それは我が身の「地獄の姿」を自覚させる鏡で、すなわち智慧の鏡です。法蔵菩薩が浄玻璃の鏡の前に立って、我が身の「五逆と正法を誹謗する」姿を自覚されたのである。

その「五逆と正法を誹謗する」姿を観《み》られた法蔵菩薩は、いかに深大《じんだい》な声を叫んだことであろうか。「悲しきことなり」。ここに法蔵菩薩の大いなる悲しみがあります。第十八願の「唯除の文」は「出離《しゅつり》の縁有ること無き」法蔵菩薩の大いなる悲しみである。その法蔵菩薩が「五逆と正法を誹謗する」罪悪を転じて信心を発起されたのであった。それはすなわち法蔵菩薩が信心の智慧を感得されたことです。

親鸞聖人は、法蔵菩薩が自らの罪悪を自覚して信心を発起されたことによって、信心を発起せしめられたのです。つまり法蔵菩薩は、親鸞聖人の罪悪を我が罪悪と自覚して全責任を引き受けることによって、親鸞聖人に信心を回《え》施《せ》されたのであった。親鸞聖人はその信心を感得することによって、「念仏もうさんとおもいたつこころ」を発起せしめられたのであった。だからそのことを親鸞聖人は「ただ信心を要とす」とおっしゃったのでしょう。

しかるに親鸞聖人は、第十八願に「唯除の文」をおかれた御意《おこころ》を感得して、信心を得ることができた時、はじめて法然上人が「弥陀の本願には老少善悪のひとをえらばれず」、「悪人でも救われるのだ」と教えられた第十八願の御意《おこころ》、すなわち「弥陀の本願」の御意をはじめてはっきりと感得されたのでしょう。だから「ただ信心を要とす、としるべし」、信心がなければ救われない、とおっしゃったのでしょう。

とくに「としるべし」とは、如来の「唯除の文」の御意《おこころ》がわからなければ「いかなるものも救われないのだ」という勅命を感得して、「〜としるべし」とおっしゃったのでしょう。

このことによって親鸞聖人の塞《ふさが》っている心が開かれ、今まで煩悩妄念のために鬱結《うつけつ》していた心が切り開かれて、阿弥陀さまが因位の法蔵菩薩となって本願を発《おこ》してくだされた御意《おこころ》を憶念する道が開かれてきました。

五、在家仏教の確立

しかしそれは単に親鸞聖人だけが救済されたのではありません。殊《こと》に「五逆と正法を誹謗する」親鸞聖人が救いを得ることができたことは、ひろく在家の生活をするすべてのものが救いを得ることができるのだ、という具体的な証明を得ることができたことになります。それはすなわち「在家仏教」が立証されたことになります。

これによって善鸞は救われたわけではないが、「善鸞」に象徴される「五逆の罪」と「謗法の大罪」を犯す者も、本願を感得して信心を得れば救われるのである、ということがはっきりと立証されたことになります。

四、第三段

一、親鸞聖人のご己証

第三段は、

そのゆえは、罪悪深重《じんじゅう》、煩悩熾盛《しじょう》の衆生をたすけんがための願にてまします。

と記されているところです。

第一段で親鸞聖人は「念仏もうさんとおもいたつこころのおこるとき」を感得されたのであるが、その「とき」を得るには、「ただ信心を要とす」とおっしゃったのが第二段です。

第二段で信心が要であることを明らかにされた親鸞聖人は、その信心の由《よ》ってきたる根源を自己の内に求めることによって、阿弥陀さまがむかし、法蔵菩薩因位のはじめに「罪悪深重、煩悩熾盛の衆生」をたすけんとおぼしめしたちける本願を発願された、そのはじめを憶念する道が開かれてきたのだった。その法蔵菩薩が発願された本願を感得された、そのご己証《こしょう》を語られたのが第三段です。

このご己証を明らかにすることが親鸞聖人の眼目です。そのことによって「念仏もうさんとおもいたつこころのおこるとき」が本願成就の「時」であり、信心が如来回向の真実信心であることを自証（自覚）することができるのである。

第三段は、はじめに「そのゆえは……」と記されていますが、「そのゆえは」とは、前の第二段で「ただ信心を要とす、としるべし」といわれたことを承けて、なぜ「信心を要とす」るのか、ということです。「そのゆえは」と第三段を開いて、「罪悪深重、煩悩熾盛の衆生をたすけんがための願にてまします」。信心によって弥陀の本願を感得することができたのである、すなわち信が願を開いてきたのである。その願を感得したところからみれば、信は願より開かれてきた真実信心である、そのことを己証《こしょう》することができたので、「そのゆえは」とおっしゃったのでしょう。「そのゆえは」とはご己証を語られる言葉です。

二、仏さまの自覚された「罪悪深重」

さて第二段で親鸞聖人は善鸞事件を縁として「謗法の大罪」と「五逆の罪」の悪人を自覚されたのであるが、第三段ではその「謗法の大罪」と「五逆の罪」を自覚されたことを、「罪悪深重、煩悩熾盛の衆生」とおっしゃっておられます。これは親鸞聖人が「機」を感得されたことです。それは親鸞聖人が感得されたのであるが、久遠《くおん》の昔から親鸞聖人に体《たい》を同じくされた法蔵菩薩が、ご自身を「謗法の大罪」と「五逆の罪」の悪人を自覚されたのである。その驚きを親鸞聖人が身に感得して、「罪悪深重、煩悩熾盛の衆生」とおっしゃったのである。すなわち「罪悪深重、煩悩熾盛の衆生」とは、法蔵菩薩が善鸞事件で苦悩する親鸞聖人（衆生）をはじめて発見された時の驚きと悲しみ、そして大歓喜の叫びである。法蔵菩薩が親鸞聖人（衆生）の苦悩をはじめて発見された時、いかに沈痛なる声、そしていかに歓喜の声を叫んだことだろうか。歓喜の声とは、法蔵菩薩が五劫の間（長い間）思惟してくださったのであるが、その五劫思惟の床《とこ》を立って、永劫修行の第一歩を歩み出そうと思いたたれた歓喜の声である。

その法蔵菩薩の悲しみと歓喜の声を親鸞聖人が身に感得されて、仏さまの大慈悲心の中に自己の「罪悪深重」を感得されたのであった。それが「罪悪深重、煩悩熾盛の衆生をたすけんがための願にてまします」とおっしゃったお言葉です。

そのことを曽我先生は次のように講述されています。

本願を深く信ずる人は、やはり深く自分の罪悪を信ずる。罪悪の深きことを信ずる。この意味を以て「罪悪深重」という。罪悪深重はたゞ自分の罪が深いというのではなく、（仏さまの）罪悪観の深さをいう。罪悪深重とは罪悪を感ずる感じが深いことである。底知れぬ如来の大慈悲心の中に自分の罪悪を感ず。（『選集』第六巻九〇頁）

「罪悪深重、煩悩熾盛の衆生」とは、我われ人間の罪悪感ではなくて、仏さまの罪悪観であることに留意せしめられます。「罪悪深重」、とくに「深重」なることは我われ人間が自覚できることではありません。我われは「底知れぬ如来の大慈悲心の中」にあって、はじめて自分の罪悪の「深重」なることを深信することができます。

そのことを「本願を深く信ずる人は、やはり深く自分の罪悪を信ずる」と述べられています。「本願を深く信ずる人」とは、親鸞聖人に同体された法蔵菩薩が親鸞聖人の罪業を観《み》て、これは我が罪業であるとご自身に引き受けて、自らを「罪悪深重」と自覚されたのであった。それは親鸞聖人に同体された法蔵菩薩の大悲の本願である。その同体大悲の「本願を深く信ずる人」、ということです。

その仏さまが自覚された罪悪観とは、

この罪悪は宿業であり宿悪である。罪悪を以て一時的の誤りより罪を犯したとするは罪悪深重ではない。どんなさゝやかな罪も宿業であれば、この宿業を感ずるのが罪悪深重で、こうなければならぬように宿業にそうせしめられている。これは容易ならぬことである。罪悪深重という言葉より来る意義はこの意味であろうと思う。
（『選集』第六巻九一頁）

ここに「宿業を感ずることが罪悪深重である」と述べられています。それは親鸞聖人が「罪悪深重」を自覚されたのであるが、よくよく案ずれば、無始以来、親鸞聖人に同体された仏さまが親鸞の業は我が業であるとご自身に引き受けて、親鸞聖人の全責任を背負ってくださっていたのであった。そのことを「宿業を感ずる」といわれたのである。それ故に宿業とは仏さまの宿業観であり、仏さまの責任観です。それはそのまま親鸞聖人（衆生）の宿業感であり、責任感です。

我われは「宿業を感ずる」というが、宿業を感ずるとは、単に我われ人間が自分の罪悪を感ずること、すなわち宿業を感ずることではありません。そのことを「罪悪を以て一時的の誤りより罪を犯したとするは罪悪深重ではない」といわれています。「罪悪深重」とは仏さまが我われと同体して、業《ごう》を共にして、我われの罪業のすべてを引き受けてくださる仏さまの罪悪観である。そういう仏さまを、我われが生身の肉体に感ずることが「宿業を感ずる」ことです。

だから「どんなさゝやかな罪も宿業であれば、この宿業を感ずるのが罪悪深重」である。そのことを親鸞聖人は『歎異抄』第十三章で、「卯毛《うのけ》羊毛《ひつじのけ》のさきにいるちりばかりもつくるつみの、宿業にあらずということなし、としるべし」、どんなささやかな罪も宿業でないものはない、と唯円に教えておられます。

親鸞聖人は全責任を引き受けてくださる仏さまの宿業観をこの肉体に感ずることによって、「こうなければならぬように宿業にそうせしめられている。これは容易ならぬことである」と、仏さまの「底知れぬ如来の大慈悲心」の中に自分の罪悪を感じられたのであった。我われに同体してくださる仏さまの大慈悲心によらなければ、我われは宿業を感ずることもなく、したがって自分に責任を負うこともできないのである。仏さまが我われに同体して、「卯毛羊毛のさきにいるちりばかり」までもすべて我が宿業であると引き受けてくださることを我われは深信《じんしん》することによってのみ、宿業を感ずることができ、また責任を引き受けることができます。

三、仏さまの自覚された「煩悩」

そして「煩悩熾盛《しじょう》」。

煩悩は我々を悩ます。煩悩はなやみという字であるが、むしろ我々を悩ますもの、煩悩妄念は即ち我情我執である。つまりいへば貪《とん》・瞋《じん》・痴《ち》の三毒の煩悩という。内心にあれば煩悩という。これを身《しん》・口《く》・意《い》の三業に働かせば罪悪罪業という。外にあつては罪悪深重、内にあつては煩悩熾盛。（『選集』第六巻九〇頁）

「罪悪深重」とは浄玻璃《じょうはり》の鏡に映しだされた自分の「外」なる姿とすれば、「煩悩熾盛の衆生」とは浄玻璃の鏡に映しだされた自己の「内」なる姿です。その「内」なる姿とは、「善鸞」を浄玻璃の鏡として、自己の内面の煩悩の熾盛《しじょう》なること（熾《も》えて盛なること）が映しだされた姿です。その煩悩とは愛欲と名利の煩悩であるが、殊に煩悩の煩悩たる本性は「愛欲」でしょう。親鸞聖人は在家の生活をするが故に、「善鸞」によってご自身の執着深き「愛欲の煩悩」が映しだされたのである。もし親鸞聖人が在家の生活をなさらなければ、愛欲の煩悩は問題とならないし、たとえ煩悩が問題となっても深さが違います。

親鸞聖人は「愛欲の煩悩」を見出された（自覚された）のであるが、これも親鸞聖人が見出されたのではなくて、親鸞聖人に同体された仏さま、すなわち法蔵菩薩が「善鸞」を浄玻璃の鏡として愛欲の「煩悩熾盛の衆生」を自覚されたのであった。したがって「煩悩熾盛」といわれる「煩悩」とは、我われ人間の煩悩ではないことに留意せしめられます。法蔵菩薩が浄玻璃の鏡の前に立って見出された（自覚された）「煩悩」であった。法蔵菩薩は自らの煩悩の熾盛なること、熾《も》えて盛んなることに驚いて、「機」を感得されたのであった。

なお法蔵菩薩が自覚された「仏の煩悩」、すなわち仏さまが見出された「仏の煩悩」については、第九章で詳しく考えていくことにします。

親鸞聖人は自己の内に「煩悩熾盛の衆生」を自覚された法蔵菩薩を身に感得して、「本願の正機」を感得せしめられ、信心を発起せしめられたのであった。ここに、「煩悩熾盛の衆生」なる親鸞聖人の救いがあります。

我われは、我われに同体されるこの法蔵菩薩の宿業を内に感得することによってのみ、はじめて「罪悪深重、煩悩熾盛の衆生」をたすけてくださる本願を身に深信することができます。そう深信することによってのみ、執着深き愛欲の在家生活をしている者の救いがあります。

四、仏さまの自覚された「衆生」

したがって「煩悩熾盛の衆生」といわれる「煩悩」は、仏さまが見出された煩悩であり、その「衆生」は仏さまが自らを自覚された「衆生」です。

私たちはよく「我われ衆生は……」と、無自覚にそういいますが、ここでいわれている「衆生」とは、そういう軽々しい衆生ではありません。我われに同体された仏さま、すなわち法蔵菩薩が浄玻璃の鏡の前に立って、自らを「衆生」と自覚された、そういう「衆生」である。その「衆生」の驚きと、痛みと、歓びはいかばかりであろうか。

法蔵菩薩は親鸞聖人の苦悩を我が苦悩であると、全責任を引き受けて立ち上がられたのであった。

その法蔵菩薩の願意を身に感得された親鸞聖人は、「衆生」を自覚して、雄々しくも善鸞事件のすべてをご自身に引き受けて立ち上がられたのであった。親鸞聖人はその法蔵菩薩の願意を感得されて、「罪悪深重、煩悩熾盛の衆生をたすけんがための願にてまします」といわれたのである。

「衆生」とは仏さまが自らを自覚された名のりです。曽我先生は、「衆生」とは仏さまの体《たい》（本体）である、仏さまはその「衆生」を自らの体として、我われと苦楽を共にしてくださる、と教えられています。だから仏さまは自らを「仏は……」といわれないで、「我われ衆生は……」といわれるのである。その「衆生」について、

> 仏は衆生を以て救ひの体《たい》（本体）とする。（「衆生」となった仏さまが）自分は仏になろう、一切衆生を救おう、その自覚原理となるのが法蔵菩薩である。法蔵菩薩は我々の代表者か、仏の代表者か。普通は仏の代表者と云はれて来たが、決してさうでない。法蔵菩薩は仏の代表者（仏）であるとともに、我われの代表者（衆生）である。（中略）
> （仏さまは）衆生の悩みを我が悩みとして衆生と同じ悩みを持つ、之《これ》が阿頼耶識《あらやしき》である。『成唯識論《じょうゆいしきろん》』の中に「摂して自《みずから》の体《たい》と為して、安危《あんき》を共同《きょうどう》す」とある。即ち（仏さまは）衆生をあまねく摂して（衆生と同体して）自の体とする。法蔵菩薩は一切衆生を自己にをさめて自の体とするのである。安危は生死であり、苦楽である。死ぬも生きるも衆生と共にする。（『講義集』第二巻二二頁）

「仏は衆生を以て救ひの体（本体）とする」とは、仏さまは衆生を救わなければ「仏」とはいわれません。だから「衆生」とは仏さまが仏の坐を捨てて我われと体を同じくされた（同体された）名のりである。すなわち仏さまは因位の法蔵菩薩となって衆生と同体して、煩悩の底の底まで染《し》みこんで「衆生」を自覚されたのである。すなわ

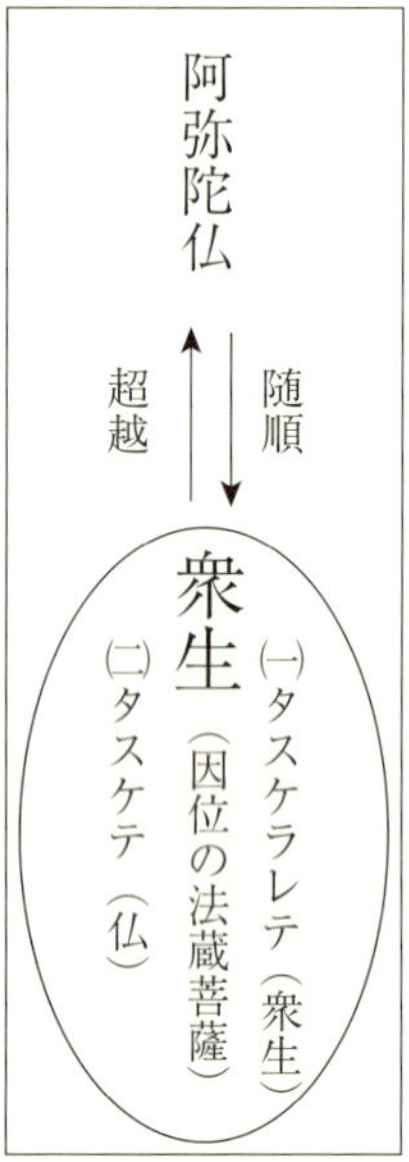

ち「救われる身」を体験されたのである。だから仏さまが「我ら衆生」とおっしゃったのである。そして「自分は仏になろう、一切衆生を救おう」と思い立たれた方が法蔵菩薩です。

それ故に「法蔵菩薩は我々の代表者か、仏の代表者か。（中略）法蔵菩薩は仏の代表者（仏）であるとともに、我われの代表者（衆生）である」。法蔵菩薩は㈠タスケラレテの衆生であると同時に、㈡タスケテの仏である。だから法蔵菩薩は「衆生の悩みを我が悩みとして衆生と同じ悩みを持つ」仏さまです。

曽我先生は、そういう法蔵菩薩は『唯識論』で説かれている「阿頼耶識《あらやしき》」と同じ大乗仏教の精神を教えるものであると感得されて、「法蔵菩薩は阿頼耶識《あらやしき》である」といわれました。殊に『成唯識論』には、阿頼耶識について、

摂《せっ》して自《みずから》の体《たい》と為《な》して、安危《あんき》を共同す。

と説かれているが、そのことは『大経』で説かれている法蔵菩薩が「一切衆生を自己にをさめて自《みずから》の体《たい》（本体）とするのである」、そして「衆生の悩みを我が悩みとして衆生と同じ悩みをもつ」仏さまである（取意）、と説かれていることと同じ大乗仏教の精神である。

『成唯識論』には「安危を共同する」と説かれているが、その安危は生死であり、苦楽であり、迷悟です。一方、『大経』に説かれている法蔵菩薩も、衆生が迷えば我も迷い、衆生が悟れば我も悟る。迷いも悟りも衆生と共にする仏さまである。だから曽我先生は、法蔵菩薩は衆生と安危、苦楽、迷悟を共にされる仏さまであるから、『大経』に説かれている阿頼耶識と同じ大乗仏教の精神を説かれたものに違

いないと感得されて、「法蔵菩薩は阿頼耶識である」といわれました。

五、機が本願の法を開く

親鸞聖人に随順して体を同じくされた（同体された）仏さまは、タスケテの仏がタスケラレテの「衆生」となられた法蔵菩薩である。そのタスケテの仏が親鸞聖人に同体して法蔵菩薩となられた時、「罪悪深重、煩悩熾盛の衆生」と自覚されたのである。「罪悪深重、煩悩熾盛の衆生」とは法蔵菩薩の自覚である。それはそのまま親鸞聖人が「罪悪深重、煩悩熾盛の衆生」を自覚されたことである。

そこに「本願の正機」を感得することができるのである。この「機」は単なる機ではなくて、本願の法から開かれた「機」であるから「本願の正機」といいます。親鸞聖人はその「本願の正機」を感得されたことを、「弥陀の五劫思惟の願をよくよく案ずれば、ひとえに親鸞一人がためなりけり」（『歎異抄』「後序」）とご述懐されたのであった。

親鸞聖人は「親鸞一人がためなり」と機を感得されたことによって、如来の本願の歴史の中に「親鸞一人」という「自己」を見出されたのであるが、そこに如来の本願が開かれたのであった。そのことを「されば、そくばくの業をもちける身にてありけるを、たすけんとおぼしめしたちける本願のかたじけなさよ」（『歎異抄』「後序」）と、深く如来のご恩を感謝されています。如来の本願の法は「機」を感得したところに開かれるのである。その機が本願の法を開くのである。二種深信、とくに「機の深信」が開かれない時は、仏の本願や仏のおたすけは神話にすぎないのである。そこには現実の歴史というものはありません。

しかるに、如来の本願の大道のうえに「親鸞一人がためなり」という「本願の正機」を見出した。この「機」を感得したところに、「罪悪深重、煩悩熾盛の衆生をたすけんがため」の本願を見出した。そのことを第三段では「罪悪深重、煩悩熾盛の衆生をたすけんがための願にてまします」といわれています。つまり本願の門を見出した。本願は「自分一人」のためであると見出した。ここに確実な本願の歴史がはじまります。これが本願成就です。親鸞聖人はその本願を感得されたことによって、信心が単なる信心ではなくて、真実信心、すなわち如来回向の信心であることを自証されたのである。その信心は本願から開かれた真実信心であるが故に、その真実信心がかえって本願を生きて発動させるのである。

その発動している本願を身に感得することができた親鸞聖人の信境を語られたのが次の第四段です。

五、第四段

一、本願成就の信境

第四段は、

しかれば本願を信ぜんには、他の善も要《よう》にあらず、念仏にまさるべき善なきゆえに。悪をもおそるべからず、弥陀の本願をさまたぐるほどの悪なきがゆえに、と云々。

と記されたところです。

はじめの「しかれば」とは、結びを述べられる言葉です。どういう結びかといえば、第三段で親鸞聖人は「罪悪深重、煩悩熾盛の衆生」を自覚された仏さまの大悲の本願を感得して、その「衆生をたすけんがための願にてまします」と語られたのである。その第三段を承けて第四段では、その本願が親鸞聖人のうえに成就した信境を、「しかれば本願を信ぜんには」とおっしゃったのである。だから第三段は親鸞聖人が本願を感得したことをおっしゃったところとすれば、第四段はその本願を感得した信境をおっしゃったところである、といえるでしょう。

二、他の善も要にあらず

本文に入ることにします。まず、「しかれば本願を信ぜんには」。

第四段は親鸞聖人が本願を感得した信境を語られたところであるから、「本願を信ぜんには」とおっしゃったのであるが、その信境とはどんな信境か。そのことを次に、「他の善も要にあらず、念仏にまさるべき善なきゆえに」といわれています。

そのことについて曽我先生は、

> われわれに「他の善」を欲し、他の善をもとめるところの邪定《じゃじょう》・不定《ふじょう》の機があるから、その機を転じて「他の善も要にあらず」と、邪定・不定を否定して「念仏にまさるべき善なきゆへに」と、正定《しょうじょう》の機を示されたものであろう。「他の善」を求め、自己の悪をおそれる邪定・不定があるから、それを転じて念仏の智慧を得るのである。それなくして、もしも「他の善を要とせず」、「悪をもおそれない」ならば、悪道に堕して世の批難をうけるばかりである。我らにはどうしても転ずるということがなければならない。（『講義集』第一二巻一一七頁）

まだ続きますが、ここで一段落します。「念仏にまさるべき善なきゆえに」とは、念仏が最高の善であるといわれたものであるが、はじめから念仏が最高の善である、というわけではありません。長い間、悪を恐れて「他の善を欲し、他の善をもとめ」続けた者が、「他の善」に行き詰まって、どうにもならないこと（自力の無効）を体験して、はじめて念仏を感得した者が「他の善も要にあらず、念仏にまさるべき善なきゆえに」といえる信境を得ることができるのである。

今の文中で「われわれに他の善を欲し、他の善をもとめるところの邪定・不定の機があるから」と述べておられますが、我われは邪定あるいは不定の機であることすらわかりません。「邪定」とは文字どおり「（自分が勝手に）邪《よこしま》に定める」ことです。自分で結論をつけて独りよがりになって、信心を得たと得意になっていることです。それに対して「不定」は邪定の反対で「定まらない」ことです。ある時は信を得たように喜び、ある時は不信に落ち込んだりして「定まらない」ことを不定といいます。第九章で唯円が「念仏もうしそうらえども、踊躍歓喜《ゆやくかんぎ》のこころおろそかにそうろうこと、またいそぎ浄土へまいりたきこころのそうらわぬは、いかにとそうろうべきことにてそうろうやらん」と告白していますが、これが不定の機です。ただ唯円は自らが不定の機であることを自覚していたわけではありません。

しかし邪定も不定も、共に「私」という我執の心、すなわち自力の心を立場としています。「私」を立場とすれば、邪定か不定か、自分で「定める」か「定まらない」か、のどちらかになります。すなわち自分で信心を得たと、さとりすました気分になる（邪定）か、あるいは唯円のように何となくはっきりしない状態に落ち込んでもがき惑う（不定）か、のどちらかです。共に迷いの識《こころ》です。しかも邪定も不定も共に無自覚であるが故に、自分が邪定とも知らず、不定であることもわかりません。

しかし正定《しょうじょう》の機を感得した一念からふりかえってみれば、無始以来、仏さまが無自覚な衆生を救済するために、すでに仏さまが我われに随順し同体してくださっていたのであった。すなわち仏さまが邪定・不定の「衆生」となってくださっていたのであった。そして我われに同体された仏さまが、我われと共に「他の善を欲し、他の善をもとめ」られたのであるが、自力の善ではどうすることもできないことに行き詰まった時、仏さまが自らを「邪定・不定の機」と自覚されたのであった。そのことによって我われは「邪定・不定の機」を自覚せしめられるのである。その信境が「正定《しょうじょう》の機」といわれる信境です。「正定」とは正《まさ》しく「定まる」ことで、我われは仏さまによって正しく定められるのである。それが念仏のはたらきですから、「念仏にまさるべき善なきゆへに」、念仏は最高の善である、といわれたのでしょう。

　そのことを今の文中には、「その機（邪定・不定の機）を転じて『他の善も要にあらず』と、邪定・不定を否定して『念仏にまさるべき善なきゆへに』と、正定の機を示されたものであろう」と述べておられます。「邪定・不定を否定して」とは「邪定・不定を転じて」ということです。我われには「転ずる」力はありませんが、仏さまが我われに随順し同体して、その仏さまが自らの「邪定・不定の機」を転じて超越されたことを「邪定・不定を否定して」と述べられたものです。我われは、仏さまが「邪定・不定の機」を転じて「正定の機」を自覚されたことによって、はじめて「邪定・不定の機」であることを感得せしめられるのである。

　それ故に最後に「我らにはどうしても転ずるということがなければならない」。もし我われがお念仏のはたらきによって「転ずる」ことがなくして「他の善を要とせず、悪をもおそれないならば」、それは「造悪無碍」といわれる異義となり、結局は「悪道に堕して世の批難をうけるばかり」になります。

三、自力を尽くして如来に接する

諸善万行をとおして、われわれははじめて如来に接することができるのである。諸善万行を通さずして直接に如来に接しようとするならば、何十年間念仏だけを称えていても、如来にあうことはできない。諸善万行では如来にめぐりあうことはできないものと、はじめからきめこんでいるが、これはまったくのまちがいである。邪定とは他の誘惑をうけるものである。不定とは自己のなかにしっかり自覚の眼のひらけないものである。そういうことが、自分にあきらかにならないでただ正定聚に住するのだといっても、正定聚に住することはできない。それははじめから人生にさじをなげた力なき仏法であって、それは仏法でもない。(『講義集』第一二巻一一八頁)

前には、仏さまが我われと同体して「他の善を欲し、他の善をもとめ」られたことを述べられたのであるが、その「他の善」を、ここでは「諸善万行」と述べられています。仏さまが我われの身をとおして「諸善万行」の自力の善を実践されたのである。そして自力を尽くされたのであるが、ゆきつくところは自力に行き詰まって、自力の無効を身に感ずることによって、「念仏にまさるべき善なき」ことを感得することができるのである。すなわち「われわれははじめて如来に接する」ことができるのである。

このように語られている背景には『観経』があります。『観経』の釈尊が実践された「定善《じょうぜん》」「散善《さんぜん》」といわれる自力の善を、第四段では「他の善」といわれ、あるいは「諸善万行」といわれています。諸善万行は自力です。その『観経』の「定善」「散善」については第二章で考えていくことにしますが、その「定善」「散善」の諸善万行の行きつくところは「念仏」であった、こう『観経』で説かれています。それは念仏を感得すれば、これまでの「定善」「散善」の諸善万行のすべてが強烈に活きて、永遠の生命を得ることができるのである、と説かれたものです。

そのことを感得された親鸞聖人が、「念仏にまさるべき善なきゆえに」と語られたのでしょう。

それからもう一つ留意せしめられることは、従来より「諸善万行」といえばそれは自力の行であるから否定すべきもの、といわれてきましたが、とんでもないことである。そのことを「諸善万行では如来にめぐりあうことはできないものと、はじめからきめこんでいるが、これはまったくのまちがいである」と断言されています。「諸善万行」は自力の行であるが、その自力を尽くすことによってのみ、自力に行き詰まって、はじめて自分を超えた他力の「始まり」、すなわち如来にめぐりあうことができるのである。

したがって「諸善万行」の自力の善を尽くし切って、自力の無効なることを知った時、はじめて「他の善も要にあらず、念仏にまさるべき善なきゆえに」という念仏の智慧を感得することができます。

四、悪をもおそるべからず

次に「悪」について考えてみることにします。「悪をもおそるべからず、弥陀の本願をさまたぐるほどの悪なきがゆえに」と語られていますが、ここでいわれている「悪」とは、倫理あるいは道徳的な人間の悪ではありません。「悪をもおそる」とは、具体的には地獄に堕《お》ちて苦を受けることを恐れることです。

親鸞聖人は「善鸞」を浄玻璃の鏡として、自らが「五逆の罪人」であり、「謗法の罪人」を自覚されたのであるが、この「五逆・謗法の罪人」がどうして救いを得ることができるのか。そのことについて、とくに親鸞聖人は『教行信証』「信巻」に、『涅槃経』で説かれている「阿闍世《あじゃせ》の救い」を極めて丁寧に引用して、「五逆・謗法の罪人」の救いを記しておられます。

『涅槃経』では、父の頻婆娑羅《びんばしゃら》を殺し、母の韋提希《いだいけ》を殺そうとした阿闍世《あじゃせ》が、罪を悔いて体中から膿《うみ》を出してもだえ苦しんでいます。そして阿闍世は地獄に堕ちることを恐れて、畏《おそ》れおののいています。その様が『涅槃経』に縷縷《るる》と説かれています。


詳細は第三章で考えることにします。今は「阿闍世の救い」の結論を先にいえば、地獄に堕ちることを恐れていた阿闍世は、釈尊の「月愛三昧《がつあいさんまい》」の光に照らされてはじめて救いを得ることができたのである。月愛三昧とは「阿闍世の罪は我が罪である（取意）」という釈尊の躰《からだ》から伝わってくる同体の大悲です。罪もない父を殺した、その罪で地獄に堕ちることは間違いないと一人で苦しんでいる阿闍世は、苦しんでいる自分の罪を引き受けてくださる釈尊の月愛三昧（同体の大悲）によって、はじめて「地獄に堕ちても恐れない」阿闍世に生まれ変わります。地獄に堕ちることを恐れていた阿闍世が、

　世尊よ、もし私が衆生の悪心を破壊《はえ》することができるならば、たとえ私が阿鼻《あび》地獄に堕ちて、無量劫にわたって衆生のために大苦悩を受けようとも、少しも苦しみとはしません。（意訳）（「信巻」聖典二六五頁参照）

という阿闍世に生まれ変わることができた、と『涅槃経』に説かれています。これが大般涅槃のさとりです。

結局、阿闍世は釈尊から伝わってきた月愛三昧（同体の大悲）によって「無根《むこん》の信」を生じて救われたのでした。

その月愛三昧とは念仏三昧の異名です。それが念仏であり、それが「弥陀の本願」です。

その阿闍世のうえにご自身の姿を見出された親鸞聖人は、そのことを『歎異抄』に「悪をもおそるべからず、弥

陀の本願をさまたぐるほどの悪なきがゆえに」とおっしゃったのでしょう。すなわち「善鸞」の罪業を背負っている親鸞聖人にとってみれば、「五逆・謗法の罪人」とは、父を殺し母を殺そうとした「阿闍世」である。阿闍世は仏さまの救済から除外されている者である。その阿闍世がどうして救済されたのか。親鸞聖人はその阿闍世の救済を説く『涅槃経』を読まれて、阿闍世に同体される釈尊の大悲の本願を感得されたに違いありません。

そして自らの内面をよくよく案じみれば、「五逆・謗法の罪人」なる親鸞聖人に同体された仏さまの大悲の本願を内に感得されたのでしょう。すなわち仏さまが「五逆・謗法の罪人」の親鸞聖人となってまで、親鸞聖人に同体してくださっていたのであった。これが念仏のはたらきです。親鸞聖人はその仏さまの同体大悲の本願を内に感得して、「地獄に堕ちてもよい」と決着することができて、「悪をもおそるべからず、弥陀の本願をさまたぐるほどの悪なきがゆえに」とおっしゃったのでしょう。

これは、親鸞聖人が本願を感得された信境を語られたものです。

なお曽我先生は、第一章第四段は「現生不退を明かす」と述べられています。とくに「現生不退を明かす」ところは『歎異抄』第一章第四段しかないことを繰り返して述べておられますが、そのことについては割愛します。

これで『歎異抄』の第一章は終わることにします。

最後に、第一章全体について感ずることは、第一章は極めて短い言葉で簡潔に記されていることです。これは、第二章から第九章までの「師訓編」をまとめて、全体の総論を簡潔に短い言葉で記されたのが第一章であると思われます。そうすれば第二章以下は『歎異抄』の「各論」になります。次回はその「各論」ともいうべき第二章を読んでいくことにします。

第二章

本文

(第一段) おのおの十余か国のさかいをこえて、身命《しんみょう》をかえりみずして、たずねきたらしめたもう御《おん》こころざし、ひとえに往生極楽のみちをといきかんがためなり。しかるに念仏よりほかに往生のみちをも存知し、また法文《ほうもん》等をもしりたるらんと、こころにくくおぼしめしておわしましてはんべらんは、おおきなるあやまりなり。もししからば、南都《なんと》・北嶺《ほくれい》にもゆゆしき学生《がくしょう》たちおおく座せられてそうろうなれば、かのひとにもあいたてまつりて、往生の要よくよくきかるべきなり。**(第二段)** 親鸞におきては、ただ念仏して弥陀にたすけられまいらすべしと、よきひとのおおせをかぶりて(こうむりて)、信ずるほかに別の子細なきなり。念仏はまことに浄土にうまるるたねにてやはんべるらん、また地獄におつべき業にてやはんべるらん。総じてもって存知せざるなり。たとい法然聖人にすかされまいらせて、念仏して地獄におちたりとも、さらに後悔すべからずそうろう。そのゆえは、自余の行もはげみて、仏になるべかりける身が、念仏をもうして地獄にもおちてそうらわばこそ、すかされたてまつりて、という後悔もそうらわめ。いずれの行もおよびがたき身なれば、とても地獄は一定《いちじょう》すみかぞかし。弥陀の本願まことにおわしまさば、釈尊の説教、虚言《きょごん》なるべからず。仏説まことにおわしまさば、善導の御釈、虚言したもうべからず。善導の御釈《おんしゃく》まことならば、法然のおおせそらごとならんや。法然のおおせまことならば、親鸞がもうすむね、またもって、むなしかるべからずそうろうか。**(第三段)** 詮ずるところ、愚身の信心におきてはかくのごとし。このうえは、念仏をとりて信じたてまつらんとも、またすてんとも、面々の御はからいなり、と云々。

意訳

（第一段） 皆様が（はるばる関東からこの京都まで）十余か国の境を越えて、命をかえりみずにたずねてこられたそのご本意は、要するところ、（念仏すれば本当に極楽に往生することができるのかと）往生極楽の道を聞こうと思って来られたのでしょう。しかし（この親鸞がもし）念仏よりほかに往生する道を心得ているとか、また、そういうことを記《しる》した法文などを知っているのであろうと思っておられるならば、それはおおいなる誤りです。もしそういう法文を知りたいと思っておられるのならば、奈良や比叡山にはすぐれた学僧たちがたくさんおられることだろうから、その人びとにでもお会いになって、どうしたら極楽に往生することができるか、その要となるところをよくよく聞かれるがよいでしょう。**（第二段）** 親鸞においては、「ただ念仏して弥陀にたすけられまいらすべし」と言われたよき人（法然上人）の仰せをこうむって信ずるほかに別の道は知りません。念仏は、はたして極楽に往生するための因《たね》となるのか、また地獄に堕《お》ちる業因となるのか、そういうことは一切知りません。（だから）たとえ法然上人にだまされて念仏して地獄に堕ちても、さらさら後悔することはありません。なぜなら、自分がたとえ（念仏以外の）自力の行を励んで仏になることができる身であるならば、念仏を称えたばかりに地獄へ堕ちて法然上人にだまされた、という後悔もあるでしょう。しかし（親鸞は）どんなことをしても助かる道が全くない悪人であるから、「とても」地獄が一定《いちじょう》（親鸞の）棲家《すみか》です。（よくよく案ずれば）弥陀の本願がまことならば、（その本願の意《こころ》を説かれた『観経』の）釈尊の教えが虚《むな》しいはずがありません。またその釈尊の教えがまことならば（その釈尊の教えにもとづいて教えられた）善導大師の仰せも虚しいはずがありません。またその善導大師の仰せがまことならば、（ひとえに善導大師の御意《こころ》をうけつがれた）法然上人の仰せが虚しいはずがありません。また法然上人の仰せがまことならば、この親鸞が申すこと（弥陀の本願）が虚《むな》しいはずがありましょうか。**（第三段）**詮ずるところ、親鸞の信念においては以上のとおりです。このうえは（皆様のお意《こころ》と大いに異なるところがありますから）念仏をいただいて信じられようとも、また（念仏を）捨てられようとも、それはあなたがた一人ひとりがお決めになってください。このように仰せになりました。

一、第二章の背景

第一章の中心となるところは「念仏もうさんとおもいたつこころのおこるとき」です。これは親鸞聖人が本願の成就を感得してこのように述べられたのであるが、この本願の成就したところが出発点となって、新たに信心が展開されます。その信心の展開を各章で語られています。

第二章は「善鸞事件」を背負って求道しておられる在家仏教の行者、親鸞聖人が、『観経』の釈尊を浄玻璃《じょうはり》の鏡として、新たに自らの信心を感得されたことを語られた章です。

「浄玻璃の鏡」とは自己の「地獄の姿」を映しだす鏡で、その鏡の前に立てば我が「地獄の姿」がはっきりと映しだされて、我が「地獄の姿」を自覚せざるを得ない智慧の鏡です。それはすなわち信心の智慧を感得させる鏡です。善導大師は「経は鏡の如し」とおっしゃっておられますが、親鸞聖人は『観経』の釈尊を鏡として『観経』を読まれて、新たに信心の智慧を感得されたのであった。その信心を感得したことを、第二章では「親鸞におきては」（第二段）とおっしゃる以下に語っておられますが、その信心の最も極まったところを「地獄は一定《いちじょう》すみかぞかし」とおっしゃっておられます。

第二章以下は『観経』を読まれた親鸞聖人のお領解《りょうげ》です。

さて、冒頭に「おのおの十余か国のさかいをこえて、身命《しんみょう》をかえりみずして、たずねきたらしめたもう」と記されていますから、関東教団の人びとが何人か、京都におられる親鸞聖人のところへ「身命をかえりみずして」尋ねて来られたのでした。なぜ関東教団の人びとが「身命をかえりみずして」尋ねて来られたのだろうか。これまで『歎異抄』にはその背景に「善鸞事件」があることをしばしば申してきたが、おそらくは善鸞事件に関する関東教団の重大な問題を抱えて尋ねて来られたものと思われます。

二、浄玻璃鏡前の親鸞聖人

本文に入ります。第二章はやや長い章ですから、三段に分けて読むことにします。

第一段ははじめに、

おのおの十余か国のさかいをこえて、身命《しんみょう》をかえりみずして、たずねきたらしめたもう御《おん》こころざし、ひとえに往生極楽のみちをといきかんがためなり。

と記されています。

唯円を総代とする関東教団の人びとは、「善鸞事件」についてどうしたらよいのかと、命をかけて尋ねて来られたのであろうが、関東教団の人びとから話を聞かれた親鸞聖人は、冒頭から「たずねきたらしめたまう御こころざし、ひとえに往生極楽のみちをといきかんがためなり」、尋ねて来られた本意は、詮ずるところ、往生極楽の道を問うために来られたのでしょう、とおっしゃっておられます。

次に、

しかるに念仏よりほかに往生のみちをも存知し、また法文等をもしりたるらんと、こころにくくおぼしめしておわしましてはんべらんは、おおきなるあやまりなり。

意訳すれば、「親鸞においては、法然上人から聞いた念仏よりほかに往生の道を知っていたり、そういうことを書き記した法文などを知っていると思っておられるならば、それはおおいに間違いです」とおっしゃって、「自分は地獄を一定《いちじょう》すみかとしている」（第二段）と自らの信心を語っておられます。だから「往生極楽のみちをといきかんがため」に尋ねて来られた皆さんの信心と親鸞の信心とは、信心が異なるのである、とはっきり断言しておられます。

いったい、「念仏よりほかに往生の道」があるとはどういうことでしょうか。それは推測するに、善鸞が関東教団の人びとを自分の方へひきつけるために「念仏よりほかに往生の道がある」と広言した虚言《きょごん》であろうと思われます。それはどんな虚言であろうか、どんな法文であろうか、具体的な内容はわかりませんが、親鸞聖人が性信房《しょうしんぼう》に宛てた御消息の中で、

慈信（善鸞）が申している「法文」を聞くと、私はそのような「法文」を聞いたこともなく、まして習ったこともないから、私から慈信に秘かに教えることができるわけもありません。また浄土の教えを夜も昼も慈信一人に、人に隠して教えたこともありません。（『親鸞聖人血脈文集』第二通の意訳）

と記されています。そこに記されている「慈信が申している法文」とは、善鸞が父の親鸞から秘かに教えてもらっ

た、と広言している法文です。もちろんそれは善鸞の虚言であることはいうまでもありませんが、そういう「法文」を善鸞は関東教団の人びとに広言していたことがわかります。

だから関東から来られた人びとが「念仏よりほかに往生のみち」があるのでないか、と親鸞聖人に問いただしたのでしょう。

親鸞聖人は改めて関東から来られた人びとに対して、そのような「念仏よりほかに往生のみちをも存知し、また法文等をもしりたるらんと、こころにくくおぼしめしておわしましてはんべらんは、おおきなるあやまりなり」と断言されて、最後に、

もししからば、南都・北嶺にもゆゆしき学生たちおおく座《おは》せられてそうろうなれば、かのひとにもあいたてまつりて、往生の要《よう》よくよくきかるべきなり。

私（親鸞）の信心と皆さんの信心と、信心が異なっているのである。もし「念仏よりほかに往生極楽の道」を知りたいと思っておられるならば、奈良や比叡山にはすぐれた学僧たちがたくさんおられるだろうから、その人びとにお会いになって、極楽に往生する道をお聞きなされるがよいであろう、親鸞においては、そういうことは一切関知しないところである、と非常に厳しい態度で臨んでおられます。

考えてみれば、北関東の常陸《ひたち》や下野《しもつけ》、現在の茨城県や栃木県から「おのおの十余か国の境を越えて、身命をかえりみずして」尋ねて来られたのですから、決して簡単な話し合いで済んだものではないと推察されます。

それに対して親鸞聖人は、善鸞の父親としての責任を深く感じられたことはいうまでもありません。おそらく関東から来られた代表者たちの前で沈黙して、関東教団が存亡の危機に瀕している状況を聞いておられたのでしょう。そしてこれらの問題の起因するすべての原因が、我が子善鸞の裏切りによることをはっきり知られた親鸞聖人は、

一言も弁解する余地のないことを知らされて、浄玻璃の鏡の前に立たれたことでしょう。

三、親鸞においては

第二段に入ります。第二段は、

親鸞におきては、ただ念仏して弥陀にたすけられまいらすべしと、よきひとのおおせをかぶりて（こうむりて）、信ずるほかに別の子細なきなり。念仏はまことに浄土にうまるるたねにてやはんべるらん、また地獄におつべき業にてやはんべるらん。総じてもって存知せざるなり。たとい法然聖人にすかされまいらせて、念仏して地獄におちたりとも、さらに後悔《こうかい》すべからずそうろう。そのゆえは、自余の行もはげみて、仏になるべかりける身が、念仏をもうして地獄にもおちてそうらわばこそ、すかされたてまつりて、という後悔もそうらわめ。いずれの行もおよびがたき身なれば、とても地獄は一定《いちじょう》すみかぞかし。弥陀の本願まことにおわしまさば、釈尊の説教、虚言《きょごん》なるべからず。仏説まことにおわしまさば、善導の御釈、虚言したもうべからず。善導の御釈まことならば、法然のおおせそらごとならんや。法然のおおせまことならば、親鸞がもうすむね、またもって、むなしかるべからずそうろうか。

と記されているところです。

関東教団の人びとは往生極楽の道を問うために来られたのであるが、「善鸞事件」の一部始終を聞かれた親鸞聖人は、「全く行きづまり、一寸先きは真暗」になられたのでしょう。そしてそのとき、『観経』の釈尊を憶念されたにちがいありません。

『観経』の釈尊は「提婆達多《だいばだった》」を浄玻璃の鏡として求道されたのであるが、その釈尊が最後に行きつくところは「下品下生《げぼんげしょう》」（下下品《げげぼん》）であった。そしてその下下品において「極重悪人」を自覚されたのであった。親鸞聖人が、その下下品で「極重悪人」を自覚された釈尊を浄玻璃の鏡として語られたのが第二段です。

まず第二段のはじめに、「親鸞におきては」とおっしゃっておられますが、「親鸞におきては」とは、親鸞聖人が自らの信心を述べられる言葉です。

『歎異抄』第二章では、「親鸞におきては」とおっしゃった。これは「親鸞は」というのと同じような意味でありましょうけれども、「親鸞は」という時には軽い意味で、「親鸞におきては」とおっしゃる時には、（中略）まあよくよくの時に仰せられたと思われる。「親鸞におきては、ただ念仏して弥陀にたすけられまいらすべしと、よきひとのおほせをかふむりて信ずるほかに別の子細なきなり」と、非常に力を入れてはっきりと仰せられてあります。

親鸞聖人は全くどうすることも出来ない、全く行きづまり、一寸先きは真暗になって、そうして法然上人という善知識にお遇いした。（『講話集』第三巻二六六頁）

「私は」でもよいのに、「親鸞におきては」と実名を名のっておられるから、そこに重大な意味がこもっています。これは親鸞聖人がご自身の信心を述べられた言葉である。すなわち『観経』の釈尊を浄玻璃の鏡として「地獄は一定すみかぞかし」と自覚された時、はじめて「よきひと」に出遇うことができて、「ただ念仏して弥陀にたすけられまいらすべし」という勅命を聞くことができた、そういう親鸞聖人の信心を述べられた言葉である。その信心を語られたのが「親鸞におきては」という言葉です。

四、『観経』「下下品」の釈尊と「地獄一定」の親鸞聖人

しかし「地獄は一定すみかぞかし」と自覚できた時、「よきひと」すなわち善知識に出遇うことができたことは、親鸞聖人だけではありません。『観経』の釈尊も下下品の「極重悪人」を自覚した時、善知識に遇うことができた、と説かれています。

『歎異鈔』第二章を読めば、親鸞聖人が自ら『観経』下々品の悪人と自居し給へるは明かである。全一章（第二章全体）は全く『観経』の縮写である。『歎異鈔』全部が聖人の『観経』である。特に第二章は、全く『観経』の浄《じょう》玻《は》璃《り》鏡《きょう》上の自己の相の直白《じきはく》である。早や「各十余箇国のさかひをこえて」と云ふ言が、已《すで》に『観経』正宗分《しょうしゅうぶん》（本文）の定散十六観（定善十三観と散善三観）の面影を反彰して居ることは疑はれぬ。『観経』十六観は、我等の心霊的道中記ではないか。而して我々の心の求め行く究極の処は往生極楽である。苦を捨てゝ楽を求むるは、我等の本能である。極楽とは、万人の無意識に求むる所の究竟の到着点である。而して十六観の最後の観の道は、下々品の念仏往生ではない乎《か》。此下々品の極重悪人でなければ、念仏が分らぬ。又十余箇国の定散（定善・散善）諸善の自力の境を通らねば極重悪人と云ふことが分らぬ。南都北嶺の学生《がくしょう》達は、皆猶定散の道中に居るものである。親鸞聖人は極重悪人の自己の住所なる京都を以て『観経』下々品と見給ひた。而して自己を下々品の悪人となすと共に、恩師法然聖人を以て、臨終来現の善知識（『観経』下々品の善知識）と観ぜられた。下々品の善知識は、又自己と同様に自ら下々品の悪人と自覚して、救済の門に入りし先達である。かくて法然聖人も自己も、共に此を経文中に発見し給ひた。（『選集』第二巻二八二〜二八三頁）

ここで一段落します。

親鸞聖人は「全く行きづまり、一寸先きは真暗になった」時に、『観経』の釈尊を浄玻璃の鏡とされたように、親鸞聖人が第二章で語られている背景には『観経』があります。もとより『観経』なしに『歎異抄』を読むことができないといっても過言ではありません。だから「全一章（第二章全体）は全く『観経』の縮写である。『歎異鈔』全部が聖人の『観経』である」と記しておられます。

とくに「『歎異鈔』第二章を読めば、親鸞聖人が自ら『観経』下々品の悪人と自居し給へるは明かである」と記されているごとく、第二章の親鸞聖人は『観経』「下下品」の釈尊を浄玻璃の鏡として語っておられるから、『観経』下下品において「極重悪人」を自覚された「釈尊」を浄玻璃の鏡として、親鸞聖人が「地獄は一定すみかぞかし」と自覚されたことは間違いありません。これは第二章を読む場合の大切な「眼」です。

次に、文中の「下々品の極重悪人でなければ、念仏が分らぬ」とは、『観経』の釈尊は「上品」の善人から「下品」の悪人まで自覚を深められたのであるが、「悪人」の自覚の最も極まった下下品の「極重悪人」を自覚した時、はじめて善知識に遇って念仏に遇うことができた、と述べられたものです。

それと同じく親鸞聖人も、「上品」から「下品」までの九品の自覚が深まっていく「心霊的道中記」を歩まれたのであった。その「心霊的道中記」を、関東から京都までの十余か国の道中に喩《たと》えて「おのおの十余か国のさかいをこえて」とおっしゃっておられるのである。そして最後に到着したところは下下品の「京都」であった。その下下品の「京都」は、「地獄は一定すみかぞかし」といわれるところであった。その「地獄は一定すみかぞかし」の「京都」において、はじめて「ただ念仏して弥陀にたすけられまいらすべし」という「よきひとのおおせ」を聞くことができた、すなわち念仏に出遇うことができた、と述べられています。

この「地獄は一定すみかぞかし」という下下品の「極重悪人」がわからなければ、「よきひと」に出遇うこともできないし、「念仏が分らぬ」のである。なぜならその道中にいる者は、自分の力で何とかできるという自力の心がなお残っているからです。「よきひと」に遇うことは容易なことではありません。

親鸞聖人は、自覚の最も極まった下下品に至って「極重悪人」を自覚して、自力の心が全く尽き果てて「地獄は一定すみかぞかし」と自覚した時、はじめて「自己を下々品の悪人となすと共に、恩師法然聖人を以て、臨終来現の善知識と観ぜられた」、すなわち「よきひと」に遇うことができたのであった。「臨終」とは肉体の臨終ではなくて、「自力の心」の臨終です。その臨終来現の善知識は、「又自己と同様に自ら下々品の悪人と自覚して、救済の門に入りし先達」であった。それが「よきひと」といわれる法然上人です。

五、「ただ信ずる」

その「よきひと」に遇ったことを、親鸞聖人は、

親鸞におきては、ただ念仏して弥陀にたすけられまいらすべしと、よきひとのおおせをかぶりて（こうむりて）、信ずるほかに別の子細なきなり。

とおっしゃっておられます。この「よきひと」とはいかなる人であるのか、ということが大事なことです。

一般的に「よきひと」といえば、法然上人を宗教的な偉人と思って、その「よきひとのおおせ」を蒙ればたすけられるのである、と読まれているようです。それでもよいのであるが、そうすれば「よきひと」は個人的崇拝の対

象となり、親鸞聖人の最も大事にしておられた、「親鸞におきては」といわれる「真の主体」はなくなります。

「親鸞におきては」とおっしゃったのは真の主体をおっしゃったのである。親鸞聖人の仏教において最も大切なことは、真の主体が明らかになることである。「親鸞におきては」とは、親鸞聖人が「地獄は一定すみかぞかし」という真の主体が明らかになったことをおっしゃったものです。「ただ念仏して弥陀にたすけられまいらすべし」といわれる「よきひとのおおせ」は、「親鸞におきては」といわれた信念の内容です。それは親鸞聖人の信念が内に開かれてきた時、法界（信念の世界）から聞こえてきた如来の勅命です。

㈠「親鸞におきては（中略）信ずるほかに別の子細なきなり」という信念と、㈡「地獄は一定すみかぞかし」という自覚と、㈢「ただ念仏して弥陀にたすけられまいらすべし」という「よきひとのおおせ」が聞こえてきた時は一念同時であるが、最も要となるところは、「親鸞におきては」という真の主体が明らかになって、信念が内に開かれてきたことです。

その信念が開かれてきた時に聞こえてきた「よきひとのおおせ」について、

「たゞ念仏して弥陀にたすけられまいらすべし」、これ法然聖人の教えである。この念仏救済の教えは、宛然『観経』下々品の善知識の「汝、もし念ずるに能《あた》わずは、無量寿仏と称すべし」の教えではない乎《か》。経（『観経』）の善知識は「汝、もし念ずるに能わずは……」と云ふ。法然聖人は「たゞ」と云ふ（「たゞ無量寿仏と称すべし」という）。唯は専也、偏也、一心一向也。故に「たゞ」は専心也、信ずる也。故に此を承けて（親鸞聖人は）直ちに「信ずる外に別の子細なし」と云ふ。

此信の一字を開いて「念仏は、まことに浄土にうまるるたねにてやはんべるらん、また、地獄におつべき業にてやはんべるらん」等の文字となった。（『選集』第二巻二八三頁）

『観経』の釈尊は下下品で「極重悪人」を自覚したとき、はじめて善知識に遇うことができたのであるが、その善知識は「汝もし念ずるに能わずば、無量寿仏と称すべし」と教えた、と説かれています。

そこを親鸞聖人は「地獄は一定すみかぞかし」と自覚したとき、「ただ念仏して弥陀にたすけられまいらすべし」という「よきひと」の勅命を聞くことができた、とおっしゃったのである。「べし」とは如来の勅命であるが、それはそのまま「親鸞におきては」という親鸞聖人の信念の表白です。したがって「よきひとのおおせ」とは、親鸞聖人の信念の表現です。

そこで「親鸞におきては、ただ念仏して弥陀にたすけられまいらすべしと、よきひとのおおせをかぶりて（こうむりて）、信ずるほかに別の子細なきなり」とおっしゃった、「ただ」の読み方であるが、普通一般には「親鸞におきては、ただ念仏して」と読んでいます。「ただ念仏して」と、「ただ」を「念仏」に付けて読んでいます。その時は「ただ念仏せよ」「専ら念仏せよ」「偏えに念仏せよ」「一心一向に念仏せよ」という意味で、「ただ」は法然上人の勅命として読むことができます。

もう一つの読み方は、「親鸞におきてはただ」で切って、「ただ」を「信ずるほかに別の子細なきなり」に付けて読む時は、「ただ信ずる」「専心に信ずる」となって、「ただ」は絶対信順を表す言葉となるのである。その時は、弥陀を信じようが、何を信じようがかまわない、法然上人が何とおっしゃろうがそれは問題ではない、「親鸞におきては（中略）ただ信ずるほかに別の子細なきなり」という絶対信順の信念を述べられた意味になります。「ただ」は、前者の「ただ念仏して」と、後者の「ただ信ずる」の両方の意味をもっています。

なお、第二章は『観経』下下品が背景となっていると申しましたが、第二章で親鸞聖人が遇われた「よきひと」

は、正《まさ》しく『観経』下下品の「臨終の善知識」です。まさに『歎異抄』第二章は『観経』下下品の縮写です。そのことを照らし合わせてみると、次のようになります。参照して下さい。

【『歎異抄』第二章】　親鸞におきてはただ、㈠「念仏して弥陀にたすけられまいらすべし」と、㈡よきひとのおおせをかぶりて（こうむりて）信ずるほかに別の子細なきなり。念仏はまことに浄土にうまるるたねにてやはんべるらん、また地獄におつべき業にてやはんべるらん。総じてもって存知せざるなり。たとい法然聖人にすかされまいらせて念仏して地獄におちたりともさらに後悔すべからずそうろう。そのゆえは、自余の行もはげみて仏になるべかりける身が念仏をもうして地獄にもおちてそうらわばこそ、すかされたてまつりて、という後悔もそうらわめ。㈢いずれの行もおよびがたき身なれば、とても地獄は一定すみかぞかし。

【『観経』「散善」下々品】　「下品下生」というは、㈢あるいは衆生ありて、不善業たる五逆・十悪を作る。もろもろの不善を具せるかくのごときの愚人、悪業をもってのゆえに悪道に堕すべし。多劫を経歴して、苦を受くること窮まりなからん。かくのごときの愚人、命終の時に臨みて、㈡善知識の、種種に安慰して、ために妙法を説き、教えて念仏せしむるに遇わん。この人、苦に逼められて念仏するに遑あらず。善友（よきひと・善知識）告げて言わく、㈠「汝、もし念ずるに能わずは、無量寿仏と称すべし」と。かくのごとく心を至して、声をして絶えざらしめて、十念を具足して南無阿弥陀仏と称せしむ。

「親鸞におきては」という真の主体が明らかになれば、図で示したように、『歎異抄』の㈠「念仏して弥陀にたすけられまいらすべし」の一文は、『観経』の㈠「汝、もし念ずるに能わずは、無量寿仏と称すべし」照応して読むことができます。また『歎異抄』の㈡「よきひとのおおせ」は、『観経』の㈡「善知識の、種種に安慰して、ために妙法を説き、教えて念仏せしむるに遇わん」と説かれていることと照応して読むことができます。更にまた、『歎異抄』の㈢「いずれの行もおよびがたき身なれば、とても地獄は一定すみかぞかし」の一文は、『観経』の㈢「あるいは衆生ありて、不善業たる五逆・十悪を作る。もろもろの不善を具せるかくのごときの愚人、悪業をもってのゆえに悪道に堕すべし」と説かれていることと照応して読むことができます。

六、地獄は一定すみかぞかし

次に親鸞聖人が「ただ信ずるほかに別の子細なきなり」という絶対信を開いて、

念仏はまことに浄土にうまるるたねにてやはんべるらん、また地獄におつべき業にてやはんべるらん。総じてもって存知せざるなり。たとい法然聖人にすかされまいらせて、念仏して地獄におちたりとも、さらに後悔《こうかい》すべからずそうろう。そのゆえは、自余《じょ》の行もはげみて、仏になるべかりける身が、念仏をもうして地獄にもおちてそうらわばこそ、すかされたてまつりて、という後悔もそうらわめ。

とおっしゃっておられます。

関東教団の人びとは、おおむね念仏することによって往生極楽することができると聞いておられたのでしょう。あるいは善鸞がそう教えて、善鸞にいい惑わされたのかもしれません。そのことを確かめるために京都へ来られたのであったが、それに対して親鸞聖人は「念仏はまことに浄土にうまるるたねにてやはんべるらん、また地獄におつべき業にてやはんべるらん。総じてもって存知せざるなり」とはっきり断言されて、「たとい法然聖人にすかされまいらせて、念仏して地獄におちたりとも、さらに後悔すべからずそうろう」と、「よきひと」に対する絶対信順の信念を語っておられます。

そう語られて、最後に、
いずれの行もおよびがたき身なれば、とても地獄は一定《いちじょう》すみかぞかし。

と、信念の最も極まったところを語っておられます。

「地獄は一定すみかぞかし」。『観経』の釈尊は下下品に至って「提婆達多《だいばだった》」を浄玻璃の鏡とされた時に「極重悪人」を自覚されたのであるが、同じく親鸞聖人も善鸞事件で「全く行きづまり、一寸先きは真暗になって」絶体絶命になった時、その『観経』の釈尊を浄玻璃の鏡として「地獄は一定すみかぞかし」と自覚されたのであった。「地獄」とは「宿業の大地」である。その「宿業の大地」は、親鸞聖人と業《ごう》を共にしてくださる仏さまが在《まし》ますところである。すなわち『観経』の釈尊が在ますところである。そのことを身に感じて、「地獄は一定すみかぞかし」とおっしゃったのであった。

親鸞聖人は仏さま（『観経』の釈尊）が地獄を「すみか」としておられる「宿業の大地」を感得することによって、「地獄に堕ちてもよい」、「地獄に堕ちてどんな苦しみを受けてもよい」と感得することができて、「とても地獄は一定すみかぞかし」と語られたのでしょう。

七、「弥陀の本願」の歴史観

さて第二章は次に、「弥陀の本願まことにおわしまさば」と記されています。親鸞聖人は「地獄」という宿業の大地において、親鸞聖人の罪を我が罪と引き受けてくださる仏さまを感得されたのであるが、その仏さまとは、親鸞聖人と体《たい》を同じくして（同体して）くださる法蔵菩薩です。具体的には『観経』下下品の「極重悪人」を自覚された釈尊です。親鸞聖人は自己の全責任を背負ってくださるその法蔵菩薩の同体大悲の本願を身に感得して、「弥陀の本願まことにおわしまさば」とおっしゃったのです。

親鸞聖人はその同体大悲の本願を身に感得することによって、はじめて「地獄は一定すみかぞかし」と信ずることができたのであるが、その一念に立ってふりかえってみれば、それは親鸞聖人だけではない、親鸞聖人と同じく「地獄は一定すみか」と自覚された先達の歴史があった。それは『観経』の釈尊をはじめてとして、善導大師や法然上人などの先達がみな、「極重悪人」「地獄は一定すみかぞかし」と自覚されたのであった。そのことを押さえて「弥陀の本願まことにおわしまさば」とおっしゃったのである。

その「弥陀の本願まこと」について、次のように述べておられます。

かくして一歩を進めて、この下々品の悪人といふことは独り親鸞のみに止まらず、法然聖人も亦親しく実験し給へる先達である。法然聖人は善導大師を以て臨終の善知識と観じ給ひた。而して善導大師も亦大聖釈尊を以て臨終の善知識と観じ給ひた。釈尊も亦親しく下々品の悪人を以て居り給へるは必定である。

此は『歎異鈔』第二章の「弥陀の本願まことにおはしまさば……」以下の文字が来す所、親鸞聖人は明かに釈尊を以て親しく自己の先達として、極重悪人の自覚より念仏往生を願はせられたと信じ給ひしことは昭々として顕はれて居る。『観無量寿経』の生命ある所は是に在る。（『選集』第二巻二八三頁）

「かくして一歩を進めて」とは、「弥陀の本願」のまことをよくよく案じみれば、ということです。よくよく案じみれば、「この下々品の悪人といふことは独り親鸞のみに止まらず、法然聖人も亦親しく実験し給へる先達である。法然聖人は善導大師を以て臨終の善知識と観じ給ひた。而して善導大師も亦大聖釈尊を以て臨終の善知識と観じ給ひた。釈尊も亦親しく下々品の悪人を以て居り給へるは必定である」。その歴史は、下下品の悪人を自覚した時、はじめて臨終の善知識に遇って救いを得ることができた歴史があった。そういう歴史があったことを感得されて、その歴史に即する本願の仏教史観を語られたのが「弥陀の本願まことにおはしまさば」以下である。そういう本願の歴史観を、

弥陀の本願まことにおわしまさば、釈尊の説教、虚言《きょごん》なるべからず。仏説まことにおわしまさば、善導の御釈、虚言したもうべからず。善導の御釈まことならば、法然のおおせそらごとならんや。法然のおおせまことならば、親鸞がもうすむね、またもって、むなしかるべからずそうろうか。

と語られています。「釈尊の説教」とは『観経』下下品の説法でしょう。

「善導の御釈」とは、善導大師の二種深信の教えでしょう。

「法然のおおせ」とは、直ちに第二章で語られている「よきひとのおおせ」でしょう。

そして「親鸞がもうすむね」とは、申すまでもなく親鸞聖人が「地獄は一定すみかぞかし」とおっしゃったことです。

「釈尊の説教」はインドであり、「善導の御釈」は中国であり、「法然のおおせ」は日本で、それぞれ国も時代も異なるが、みなその本源をたずぬれば「弥陀の本願まこと」です。すなわちそれらの先達はみな、「地獄は一定すみかぞかし」(下下品の悪人)と自覚して「救済の門に入りし先達」であった。だから親鸞聖人は、まずその本《もと》を押さえて「弥陀の本願まことにおわしまさば」といわれて、次に「弥陀の本願」が伝承されてきた歴史を「釈尊の説教」「善導の御釈」「法然のおおせ」と語られたが、それらはみな「弥陀の本願まこと」を体験された歴史であった。

これらの「地獄は一定すみかぞかし」の歴史観を結んで、「親鸞がもうすむね、またもって、むなしかるべからずそうろうか」と語られています。一応、意訳をすれば、「親鸞が『地獄は一定すみかぞかし』と申すことも間違いないでしょうか」となります。しかし「むなしかるべからずそうろうか」とは、単に自分が申すことも間違いないであろうか、というような個人的な主観でおっしゃった言葉ではありません。何が「むなしかるべからずそうろうか」、それは「弥陀の本願」のまことを押さえて、その本願が「虚《むな》しかるべからずそうろうか」、ということである。そうでなければ冒頭に「弥陀の本願まことにおわしまさば」といわれた意味がなくなります。

最後の「むなしかるべからずそうろうか」の「か」とは、親鸞聖人の己証《こしょう》を語られるところですから、断定して他を強制しないで、疑問の言葉をおかれて、関東から来られた人びとに反省を促されたのでしょう。

八、信仰の異なるをかなしみたもう也

最後に第三段です。

詮ずるところ、愚身の信心におきてはかくのごとし。このうえは、念仏をとりて信じたてまつらんとも、またすてんとも、面々の御はからいなりと、云々。

第三段は第二章全体の結論を述べられたところです。はじめにも申したように、関東から来られた人びとに対して「皆さんが十余か国のさかいをこえて来られたのは、要するに往生極楽の道を問うために来られたのでしょう」（第一段）、親鸞聖人はこうおっしゃっておられます。

しかるに親鸞聖人は「いずれの行もおよびがたき身なれば、とても地獄は一定すみかぞかし」（第二段）、こう自

己の信念を述べられて、「詮ずるところ、愚身の信心におきてはかくのごとし」、「詮ずるところ、愚身の信心におきてはこれしかない」（第三段）と、自己の信念のすべてを述べて、往生極楽の道を問うために来られた皆さんと、「地獄は一定すみか」としている親鸞の信心とは、信心が異なるのである、こうはっきりと語られたのであった。

このことを記されている曽我先生の古いメモノートがあります。そこには「信仰の異なるをかなしみたもう也」（「曽我量深先生自筆ノート」）と記されています。すなわち第三段のこの言葉は、親鸞聖人の悲しみを語られた言葉だと記されています。だから第三段で「詮ずるところ、愚身の信心におきてはかくのごとし」とご自身の信念を述べて、「このうえは、念仏をとりて信じたてまつらんとも、またすてんとも、面々の御はからいなり」。一応、意訳すれば、「このうえは皆様のお意《こころ》とおおいに異なるところがありますから、念仏をいただいて信じられようとも、また念仏を捨てられようとも、それはあなたがた一人ひとりがおきめになってください」と悲しみを述べられたのである、と了解されます。

しかしこれは勝手にしなさい、という意味ではありません。「私（親鸞聖人）を背後にして、新しい道を歩みなさい」という意味です。

この親鸞聖人の言葉を聞いた関東の人びと、ことに唯円は何と聞いたのであろうか。唯円は親鸞聖人をとおして、はじめて善知識の教えを聞いたに違いありません。すなわち親鸞聖人がこう語られる背景には、『二河白道の喩《たと》え』（『二河喩《にがゆ》』）の「東岸の釈尊」が憶い起こされます。『二河喩』において、旅人の「行者」が東の岸から西の岸に渡ろうと決意する時（「すでにこの道あり、必ず度すべし。この念をなす時」）、「東岸の釈尊」が自己の背後（東岸）から「仁者《きみ》、この道を尋ねて行け」という声が聞こえてきた、と記されています。

「この道」とは何か。それは古い伝統の道であるけれども、自分の内に、自分を歩ませている、新しい道である。

これまで自分は道を外に求めてきたが、その求めている自分の内に本当の道を見出した（自覚した）のである。それが「すでにこの道あり」という新しい道です。

第二章の最後で、「このうえは、念仏をとりて信じたてまつらんとも、またすてんとも、面々の御はからいなり」とおっしゃった親鸞聖人の言葉を、唯円は自己の背後から「その新しい道を去《ゆ》きなさい」という発遣《はっけん》の声（推し進める声）として聞き取ったのであった。ここに「東岸の釈尊」、すなわち真の善知識としての面目があります。

第三章

本文

善人なおもて往生をとぐ、いわんや悪人をや。しかるを世のひとつねにいわく、悪人なお往生す、いかにいわんや善人をや。この条、一旦そのいわれあるににたれども、本願他力の意趣にそむけり。そのゆえは、自力作善《さぜん》のひとは、ひとえに他力をたのむこころかけたるあいだ、弥陀の本願にあらず。しかれども、自力のこころをひるがえして、他力をたのみたてまつれば、真実報土の往生をとぐるなり。煩悩具足のわれらは、いずれの行にても生死《しょうじ》をはなるることあるべからざるをあわれみたまいて、願をおこしたまう本意、悪人成仏のためなれば、他力をたのみたてまつる悪人、もっとも往生の正因なり。よって善人だにこそ往生すれ、まして悪人は、とおおせそうらいき。

意訳

「善人なをもて往生をとぐ、いわんや悪人をや」。

しかし世間の人たちは、悪人が往生することができるならば、ましていわんや善人はいうまでもないことである、といわれている。これは一応はごもっとものようである。しかしそれは阿弥陀さまが本願他力を発《おこ》された御意《おこころ》ではない（だから往生を得ることができないのである）。そのゆえは、自力作善の人は（すなわち善人は、自力の心で浄土に往生しようとする人であるから）専ら他力をたのむこころが欠けているが故に、そのあいだは

（自力の心で往生しようと励んでいるあいだは）、阿弥陀さまの本願ではない。しかれども（自力の心に行き詰まって、それが自力の心であったとはっきり知って）自力の心を転じて他力をたのむことができたならば、（その人こそが）真実報土の往生をとぐることができるのである。煩悩具足のわれらは（すなわち悪人のわれらは、自分から）いかなることをしても生死をはなれることができないのである。そういうわれらを、（深い悲しみをもって）憐れまれて本願を発《おこ》された（法蔵菩薩の）御意《おこころ》は、悪人こそを成仏せしめたい（と徹底的にわれらを信じて、そこから発された）本願であるから、そういう他力（の本願）をたのみたてまつる悪人こそが、もっとも往生（をとぐる）の正因である。それゆえに「善人ですら往生できるのである、ましていわんや悪人をや」、と仰せになりました。

一、いわんや悪人をや

一、『歎異抄』の「善人」「悪人」

第三章は従来より「悪人正機」が説かれているところとして、『歎異抄』の中ではよく知られているところです。「善人なおもて往生をとぐ、いわんや悪人をや」。いったい「善人」とはどういう善人だろうか、「悪人」とはどういう悪人だろうか。まずもってこのことを見極めることが最も大切なことでしょう。

結論から先にいえば、これは我われ人間の善人・悪人ではなくて、仏さまが自覚された「善人」「悪人」です。具体的には「善人」とは『観経』で説かれている「韋提希《いだいけ》」であり、「悪人」とは父頻婆娑羅《びんばしゃら》を殺した「阿闍世《あじゃせ》」

です。

『観経』の釈尊は、善人の「韋提希」および悪人の「阿闍世」は自己を映す浄玻璃の鏡である、その鏡によってご自身を自覚されて求道されたのであった。もとより『観経』は善人の「韋提希」の救い、および悪人の「阿闍世」の救いを我が問題として求道された釈尊の自叙伝である、このように曽我先生は『観経』を読まれます。そしてその釈尊の求道は、「韋提希」に象徴される「善人」の往生からはじまって、「阿闍世」に象徴される「悪人」の救済へと自覚を深められたのであった。それが、仏さまが自覚された「善人」「悪人」ということである。すなわち「善人」「悪人」は別人ではなくて、同一人なる『観経』の釈尊の自覚であるが、その釈尊の自覚が「善人」から「悪人」へと深まっていく展開をいわれたもの、と読むことができるのである。

親鸞聖人はその『観経』の釈尊を浄玻璃の鏡として『観経』を読まれて、「善人なおもて往生をとぐ、いわんや悪人をや」と語られたのでしょう。明らかに第三章は、第二章と同じく『観経』の釈尊を浄玻璃の鏡として『観経』の釈尊を読まれた親鸞聖人のお領解《りょうげ》を語られています。


しかし従来より第三章でいわれている「善人」とはどういう善人であり、「悪人」とはどういう悪人か、はっきりとしていなかったために、第三章は最も関心のあるところでありながら、全体が不明瞭のまま今日《こんにち》に及んでいるのではないか。そのことは、たとえば哲学者の梅原猛氏は「今日まで七十年前から『歎異抄』を何百回と読んできたが、最も理解し難かったのは第十三章と第三章である」(『中日新聞』二〇一〇・六・二八)といわれていることからもわかることです。

殊《こと》に「善人」「悪人」を従来より、仏さまの自覚ではなくて、我われ人間の立場で解釈してきたために、いろいろな解釈が試《こころ》みられてきたことは、やむを得ないことである、と思われます。

二、釈尊の求道—韋提希の救い

そこで第三章の本文に入るに先だって、『観経』の釈尊が自覚された「善人」あるいは「悪人」について考えてみることにします。そのことを明らかにするために、大雑把ながら『観経』を読みながら、釈尊が自覚された「善人」「悪人」について考えてみることにします。

まず「善人」について考えてみることにします。

『観経』「序分《じょぶん》」には、深宮《じんぐう》に幽閉された韋提希《いだいけ》の前に釈尊が降臨された時、韋提希は号泣した後、開口一番、釈尊に向かって愚痴と恨みを申しています。

韋提希は、

世尊、我、宿《むかし》何の罪ありてか、この悪子《あくし》を生ずる。

世尊また何等の因縁ましましてか、提婆達多《だいばだった》と共に眷属たる。(『観無量寿経』聖典九二頁)

と、愚痴と、そして恨みを述べています。

「悪子」とは自分の子阿闍世のことで、韋提希は我が子を「悪子」とののしっています。これは韋提希の愚痴です。しかし韋提希の愚痴の根は次の恨みの言葉にあります。「よくよく考えてみれば、自分の子、阿闍世が悪いのではありません、悪いのは我が子をそそのかした提婆達多です。提婆達多が悪いのです。しかし提婆達多はお釈迦さま、あなたと眷属じゃないですか」

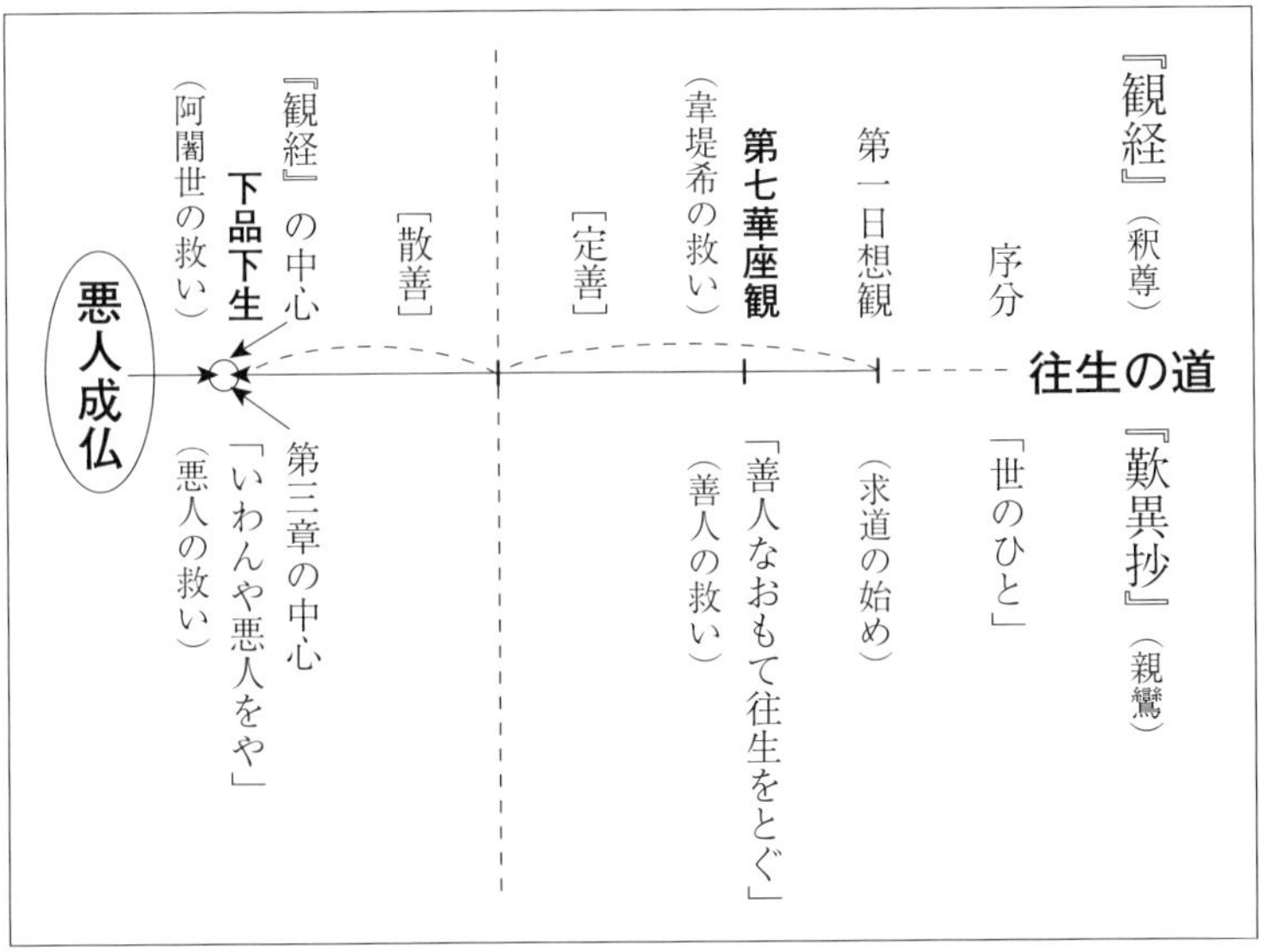

「眷属」とは身内ということです。釈尊と提婆達多は従兄《いと》弟《こ》です。だから韋提希の言葉には、「世尊よ、あなたの従兄弟である提婆達多が私の息子阿闍世をそそのかして、このような悲劇が起こったのです。だから最大の原因はあなた、世尊にあるのじゃないですか」という恨みがこもっています。

　韋提希はまずはじめは我が子阿闍世を「悪子」とののしり、次には提婆達多にその責任を転嫁し、最後には釈尊に責任を転嫁しています。ところが、愚痴と恨みを述べている韋提希自身は、自分を「善人」であると自任しています。このように自分に対しては無自覚であることが凡夫の凡夫たる所以で、韋提希は善人なる凡夫です。

　「善人なおもて往生をとぐ」とは善人の韋提希が救済されることです。そのために釈尊はまずこの「韋提希」に象徴される「善人の救い」を背負って求道されたのである。その求道の道行きが『観経』の「定善《じょうぜん》」に説かれています。その「定善」は第一日想観からはじまって第十三観まで説かれているが、それらの道行きはすべて釈尊が「自力のこころ」の善美を尽くして歩まれた「自力作善《さぜん》」の道行きです。

そしてその道行きの道中、第七華座観に至って、釈尊が「自力のこころ」に行き詰まって「自力のこころ」が全く無効であることを知られたとき、釈尊が「空中に住立《じゅうりゅう》する無量寿仏（阿弥陀仏）を拝した」（第七華座観の取意）、と説かれています。それはすなわち「自力作善」の釈尊の救済を説かれたものである。「定善」の道行きの途中、第七華座観でまず「自力作善」の釈尊が救済されたのであった。その救済された「自力作善」の釈尊によって、善人の韋提希がはじめて救いを得ることができたのであった。これが「善人の往生」、すなわち善人の救いです。

そのことを押さえて、親鸞聖人は「善人なをもて往生をとぐ」とおっしゃったのでしょう。

三、釈尊の求道―阿闍世の救い

次に、「悪人」について考えてみます。

「悪人」とは具体的には父を殺し母を殺そうとした阿闍世です。その阿闍世の母、韋提希は、我が子の阿闍世が救われなければ真に救いを得たとはいえません。そこで韋提希は「仏滅後のもろもろの衆生はどうして救われるのでしょうか」（「定善示観縁」の取意。聖典九五頁）と釈尊に尋ねています。「仏滅後のもろもろの衆生」とは、我が子「阿闍世」を代表とする、釈尊ご入滅後の「もろもろの衆生」です。

釈尊はその阿闍世の救いをご自身に引き受けて、更に求道を深められたのだった。その「悪人の救い」を背負って歩まれた道行きが『観経』「散善《さんぜん》」の説法です。「散善」の説法は「上品上生《じょうぼんじょうしょう》」から「下品下生」まで九品《くぼん》の往生が説かれているが、これら九品の往生は、釈尊が求道して、「善人」の救いから「悪人」の救いへと自覚を深められた道程を説かれたものである。とりわけ「上品」は出世間の善人の往生、「中品《ちゅうぼん》」は世間の善人の往生が説かれています。釈尊はそれら上品や中品の善人の往生を経て、更に悪人の往生を説く「下品」まで自覚を深められたのである。その下品の中でも、はじめは「下品上生」や「下品中生」の悪人を自覚されたのであるが、それら二品においてはなお自力の心が残るのである。ところが更に自覚が深まって「下品下生」に至った時、自分の力ではどうしても救われることができない「極重悪人」を自覚されたのであった。そこを「下品下生」（下下品）というのであるが、そこは「悪人」の自覚の最も極まったところである。下下品の「悪人」は、善知識に遇うよりほかに救いはありません。

この下下品まで自覚を深められた時、釈尊は「命終《みようじゆう》の時に、善知識に遇った（下下品の取意）」、と説かれています。これは「散善」の道を歩む釈尊が救済されたことを説かれたものです。命終とは肉体の命終ではなくて、「自力の心」の命終です。すなわち釈尊が下下品で自分の力ではどうすることもできない自力の「命終」の時に「極重悪人」を自覚した時、「善知識に遇うことができて救いを得ることができた」（取意）と説かれたのであった。下下品の説法は、釈尊自らが「極重悪人」を自覚した時、救いを得ることができたことを説かれたものです。その「極重悪人」の釈尊の救いを押さえて、親鸞聖人は「いわんや悪人をや」といわれたのでしょう。

なぜ教主である釈尊が、下下品まで自覚を深めて「極重悪人」を自覚して、釈尊が救われなければならなかったのか、そのことを考えてみるに、まず「極重悪人」の釈尊が救われなければ阿闍世が救われていく道は開かれてこないからです。

以上は「韋提希」に象徴される善人の往生、「阿闍世」に象徴される悪人の救いについて、粗々《あらあら》『観経』に説かれていることを申しました。その『観経』において韋提希や阿闍世が救済されるには、それに先だって釈尊の求道があり、釈尊の救済がありました。

その『観経』の釈尊とは、すべて『大経』で説かれている法蔵菩薩のご修行を具体的に説かれたものです。すなわち釈尊が法蔵菩薩の本願を感得したことを説かれたのが『大経』であるが、その釈尊が「王舎城の悲劇」を縁として、法蔵菩薩の本願を具体的に実践されたことを説かれたのが『観経』です。だから『観経』に説かれている釈尊は、すべて法蔵菩薩がご修行される具体的なお姿である、といわなければならないのである。釈尊が「韋提希」を浄玻璃鏡として「善人なる凡夫」を自覚されたことも、「阿闍世」の救いをご自身に引き受けて「極重悪人」を自覚されたことも、みな法蔵菩薩がご修行されるお姿なのである。

四、「阿闍世」の救い―『涅槃経』をとおして―

さて『観経』において「悪人」を自覚された釈尊が救われたことによって、悪人の阿闍世の救いの道が開かれたのである。その阿闍世の救いを説いている経典が『涅槃経』です。その『涅槃経』で阿闍世が救われることによって、『観経』下下品における釈尊ご自身の救い、すなわち「悪人」の救いが間違いなかったことが証明されます。そこでやや長くなりますが、『涅槃経』を引用して父を殺した悪人の「阿闍世の救い」について考えてみることにします。

『涅槃経』には最初に、阿闍世は何の罪もない父を殺したことを悔やんで、体中から膿《うみ》を出して苦しんでいることが縷縷《るる》と説かれています。

しかし『観経』で父を殺し、母を殺そうとした阿闍世が、『涅槃経』ではなぜ体中から膿を出して悔やんでいるのであろうか。何か『観経』と『涅槃経』の間には断絶が感じられます。何か阿闍世に心の変化があったにちがいありません。そこで「阿闍世」に関して説かれているいろいろな経典を調べてみると、『十誦律《じゅうじゅりつ》』という経典があります。そこにその断絶を埋めると思われる事柄が説かれています。以下は『十誦律』の一部を意訳したものです。

阿闍世は母（韋提希）と自分の子供（名は優陀耶跋陀《うだやばだ》）と食事をした。阿闍世は子供が犬を抱いて食事するのだといいはるのを聞きいれてやった。あとで阿闍世が母にいった。「私はなかなかできないことをやったでしょう。王でありながら、子供かわいさに、犬といっしょに食事をしたのですよ」。すると母がいった。「そんなことはなんでもありませんよ。あなたのお父さまは、あなたが子供のころ、指にできものをつくって夜もねられず痛がって泣いていたとき、あなたを膝の上にだいて、指をしゃぶってやったのです。あなたは楽になってすやすやと眠りました。できものが破れて膿みが出てきました。けれども、膿みを吐くため（あなたの）指を口から抜いたら、あなたの痛みがまたはじまりはしないかと心配して、お父さま（頻婆娑羅）は膿みを飲みこみながら、しゃぶりつづけたのです」。

阿闍世は言葉もなかった。阿闍世は母の「お父さまを解放してやりなさい」という願いを黙然として聴きいれた。

母が「釈放されました！」というと、その知らせが宮中から城下全体につたわり、狂喜した群集が獄に押しよせながら叫んだ。「王（頻婆娑羅）が牢から出されるぞ！」。それを耳にした王は「引き出されてまた責め苦をうけるのか」と誤解して、床下に身を投じて死んだ。（定方晟著『阿闍世のすくい』一一六頁）

阿闍世は母の韋提希から、父頻婆娑羅の深い愛情を受けて育てられたことを聞いて、阿闍世の苦しみはそこからはじまったのであった。それで阿闍世は体中から膿を出して苦しんでいることが了解できるのである。その苦しんでいる阿闍世が『涅槃経』の最初に説かれています。

阿闍世は、何も罪のない父頻婆娑羅を無惨にも殺した、だから自分は地獄に堕ちて苦を受けることは間違いないと、地獄に堕ちることを恐れおののいています。

その地獄に堕ちることを恐れている阿闍世のところへ、外道《げどう》の教えを信奉している六人の大臣が次つぎと見舞いに来ます。六人の大臣はそれぞれ異口同音に「阿闍世王には罪はない、だから悩むことはない」、あるいは「阿闍世王には責任はない、だから何も憂うることはない」と慰めます。彼らはみな巧みな論理で阿闍世を慰めるのであるが、阿闍世の苦しみは少しも治らないどころか、苦しみはいよいよ増すばかりです。

次に耆婆《ぎば》大臣が阿闍世王のところへ来て、

善いかな、善いかな、王は罪を作《な》すといえども、心に慚愧《ざんき》を懐いておられる。(『涅槃経』取意、聖典二五七頁)

といって、仏陀釈尊のところへ行くことを勧めます。その言葉を聞いた阿闍世は、半信半疑でどうしようかと迷います。その時に「天の声」が聞こえてきました。その声とは、

「阿闍世王よ。あなたは仏陀のところへ行く以外に救いはない」

という声です。阿闍世は天に向かって、

「お前は誰だ!」

と尋ねたら、

「私はお前の父、頻婆娑羅だ。六人の大臣の言葉に随うことなかれ。耆婆《ぎば》大臣の言葉に随って仏陀のところへ行け」

と、殺したはずの父頻婆娑羅の声が聞こえてきました。その声を聞いて阿闍世は悶絶します。

阿闍世は耆婆大臣と一緒に釈尊のところへ行くのですが、以下は略して、「阿闍世の救い」の結論を申します。

阿闍世が来るのを待っておられた釈尊は、月愛三昧《がつあいさんまい》に入られます。月愛三昧とは念仏三昧の異名で、地獄に堕ちることを恐れている阿闍世に体《たい》を同じくして（同体して）、釈尊も悪人を自覚して、そうして阿闍世を念じられる三昧です。

そのとき阿闍世は、「なぜ釈尊は自分のごときものを悲憐《ひれん》してくださるのですか」と尋ねると、耆婆大臣は「たとえばひとりの人に七人の子がある。その七人の中の一人が重い病いで苦しんでおれば、父母の心は平等であるけれども、心は偏《ひとえ》にその病子に傾くようなものである」と阿闍世王にいいます。これが仏さまの平等の大悲、すなわち同体の大悲であり、これが釈尊の月愛三昧である、ということでしょう。

そして釈尊の説法はじまります。それらの説法は非常に長いので、その一つだけを取りあげてみます。釈尊の説法は、

阿闍世王よ、これは決してあなただけの責任ではない、私（釈尊）にも責任がある。（『涅槃経』取意、聖典二六二頁参照）

という説法です。釈尊の説法はいろいろと説かれていますが、要はこの一言におさまります。

耐え難い苦しみの中で独り苦しんでいる阿闍世にとって、この釈尊の説法は何よりの救いであったに違いない。すなわち何の罪もない父を殺して地獄に堕ちる以外にないと恐れている阿闍世にとって、はじめて自分の責任を引

き受けてくださる釈尊の御意《おこころ》にふれたのであった。「私（釈尊）にも責任がある」とは、「悪人」を自覚された月愛三昧の釈尊の言葉です。

この『涅槃経』に説かれている釈尊とは、実は『観経』「下下品」において「極重悪人」を自覚された釈尊ではないか。同じ釈尊であるが、『涅槃経』の月愛三昧の釈尊が「法の真実」をあらわす釈尊であるならば、『観経』の釈尊は「機の真実」をあらわす釈尊ではないか。そういう読み方もできるでしょう。

その説法を聞いた阿闍世は、自分の全責任を引き受けてくださる大悲の釈尊を感得したのでしょう。釈尊の説法と六師外道の教えとは、言葉だけを読めばよく似ているが、阿闍世は自分の全責任を引き受けてくださる釈尊から大悲の本願を感得して救済されたのであった。それに対して六師外道からは大悲の本願を感ずることはありません。大悲の本願を感ずるか否か、そこが釈尊と六師外道と根本的に異なるところです。

阿闍世は、自己の責任を引き受けて「悪人」を自覚された釈尊の説法を聞いて、

（地獄に堕ちて苦しみを受けることを恐れている）阿闍世王よ、あなたの罪を私（釈尊）が全部引き受けよう。そしてあなたと一緒に地獄の苦しみを受けよう。（『涅槃経』取意、聖典二六二頁）

と感得したのであった。この時、長い間地獄に堕ちて苦しみを受けることを恐れていた阿闍世が、はじめて、

我はつねに阿鼻《あび》地獄にありて、無量劫のうちにもろもろの衆生のために苦悩を受けようとも、もって苦とせず。（『涅槃経』取意、二六五頁）

「地獄に堕ちてどんな苦しみを受けようともかまわない」という阿闍世に生まれ変わることができたのだった。これは正《まさ》しく大般涅槃《だいはつねはん》のさとりである。大般涅槃のさとりとは徹底した懺悔《さんげ》です。絶対自己否定です。これが大般涅槃のさとりである。阿闍世はこの大般涅槃のさとりを得ることによって、はじめて自分を「悪人」と自覚するこ

とができて、救いを得ることができたのであった。

その時、阿闍世は自分の内面に不思議な信心が生じた、と告白しています。阿闍世はそのことを「無根の信」が生じた、と述べています。

（阿闍世王が仏に曰さく）世尊、我《われ》世間を見るに、伊蘭子《いらんし》（伊蘭の種）より伊蘭樹を生ず、伊蘭より栴檀樹《せんだんじゅ》（芳しい香木）を生ずるをば見ず。我今始めて伊蘭子より栴檀樹を生ずるを見る。「伊蘭子」は、我が身これなり。「栴檀樹」は、すなわちこれ我が心、無根《むこん》の信なり。（「信巻」聖典二六五頁）

「伊蘭樹」とは悪臭を放つ樹であり、その種を「伊蘭子」といいます。「栴檀樹」とは非常に芳しい香りがする樹です。伊蘭子より伊蘭樹が生ずることは当然であるが、阿闍世は、伊蘭子から栴檀樹が生じた、と述べています。そのようなことはかつて見たこともないことである。その栴檀樹が生じたことによって、今はじめて伊蘭樹の悪臭がみな消えて（転じて）すべてが栴檀樹になった、と述べています。

これは喩《たと》えであるが、伊蘭子とは何か、阿闍世は「伊蘭子は我が身これなり」。その「伊蘭子から栴檀樹が生じた」と。「栴檀樹はすなわちこれわが心、無根の信なり」と述べています。「無根」とは、自分は五逆の罪人であり必ず地獄に堕ちる以外にない悪人である、だから信を生ずることはない、という意味です。しかしその信を生ずる「根も無い」ところに信が生じたのであった。そのことを「無根の信」が生じたといっています。

阿闍世は「無根の信」が生じたことによって、自分のごとき悪人こそが救われるのである、という仏さまの大悲の本願を感得したのであった。そのことを『経』（『涅槃経』）には、阿闍世のような五逆の罪人すらも「無根の信」が生じて、「本願醍醐《だいご》の妙薬によって必ず救われる」と説かれています。

阿闍世は本願醍醐の妙薬によって救われたのであるが、それは阿闍世一人《ひとり》が救われたのではありません。「阿闍世」に象徴される「仏滅後のもろもろの衆生」の救われる道が証明されたことになります。

たいへん大雑把ですが、『観経』「定善」「散善」の釈尊、および『涅槃経』の釈尊によって、あの悪人の阿闍世が救済されたことを聞いていただきました。以上のことから、阿闍世とは「仏滅後のもろもろの衆生」の象徴である。その「阿闍世」がどうして救われるのかという問題は、韋提希の究極の問題であり、また釈尊の究極の問題であることが領解されます。そうすれば善人の韋提希の救いよりも、悪人の阿闍世の救いに重きがあることは当然のことです。

「善鸞事件」を背負って求道される親鸞聖人は、この悪人の「阿闍世」がどうして救われるのか、そして阿闍世を誘惑した提婆達多ははたして救われるのか、という究極の問題をもって『観経』および『涅槃経』を読まれたことは間違いありません。

結局、救済の道はすでに十方衆生に開かれているのであるが、阿闍世は深く慚愧《ざんき》を懐いて苦悩したのであった。そして救いを求めることによって徹底した懺悔道《さんげどう》を得て、無根の信を生じて救済されたのだった。しかし提婆達多は慚愧を懐くこともなく、救いを求めたこともありません。したがって信心を生ずることもないが故に、救済はありません。

一方、善鸞は救済されたのかどうかと考えてみるに、善鸞は関東教団や父親鸞聖人に対して慚愧を懐くこともなく、また苦悩したことも記されていません。だから救済を求めることもなかったのでしょう。それ故に信心を生ずることもなかったのでしょう。信心を生ずることがなければ、本願を感得することもない、したがって救済はありません。

親鸞聖人は、仏さまが悪人の阿闍世と同体して「極重悪人」にまでなってくださった法蔵菩薩の血涙《けつるい》が滲《にじ》んでいることをお感じになって、「善人なおもて往生をとぐ、いわんや悪人をや」とおっしゃったのである。その御意《おこころ》は、「善人の韋提希が救いをうることができたとしても、悪人の阿闍世が救われなければ（仏さまは真に救いを得たことには）ならない」という意味に了解されます。とくに親鸞聖人が「いわんや悪人をや」とおっしゃったことは、法蔵菩薩が「極重悪人」にまで自覚を深めてくださって、悪人を助けようと思いたたれた御意《おこころ》を身に感得して、「いわんや悪人をや」とおっしゃったのであった。これが親鸞聖人の信心の極まりです。

二、「世のひとつねにいわく」―外道のすがた―

次に「しかるを世のひとつねにいわく」からは、親鸞聖人が「いわんや悪人をや」という信心の最も極まった一念からふりかえって、信心の足跡を語られたところです。

はじめに世間一般の「世のひと」について、

しかるを世のひとつねにいわく、悪人なお往生す、いかにいわんや善人をや。この条、一旦そのいわれあるににたれども、本願他力の意趣《いしゅ》にそむけり。

「世のひとつねにいわく」といえば、他人事のように思えますが、そうではありません。親鸞聖人が「本願他力の意趣」を感得した今、過去遠々《おんおん》をふりかえってみれば、自らも「本願他力の意趣」に背いていたことがわかるのである。だから「世のひと」も「本願他力の意趣」に背いていることがわかるのです。

「世のひと」は「悪人なお往生す、いかにいわんや善人をや」、悪人が往生するならばいわんや善人は往生できないはずはない、といわれているから、「世のひと」は我われ人間を立場としていわれたのである。人間を立場とすれば「本願他力の意趣」に背くことになるから、往生をとぐること、すなわち本願他力の救済は永遠にありません。

三、「善人の往生」—親鸞聖人のご己証

一、他力をたのむこころかけたるあいだ

前《さき》ほどは『観経』および『涅槃経』をとおして「善人」「悪人」の救済を考えてきました。

以下は親鸞聖人が『観経』の釈尊を浄玻璃の鏡として『観経』を読まれたお領解《りょうげ》を語られています。はじめは「善人の往生」について語られているところです。

そのゆえは、自力作善《さぜん》のひとは、ひとえに他力をたのむこころかけたるあいだ、弥陀の本願にあらず。しかれども、自力のこころをひるがえして、他力をたのみたてまつれば、真実報土の往生をとぐるなり。

「自力作善のひと」とは善人の往生を背負って「定善《じょうぜん》」十三観の道行きを歩まれる釈尊である。その釈尊は自力を尽くして「定善」といわれる諸善を励む人であり、その心は「自力のこころ」です。

一方、善鸞事件を背負っておられる親鸞聖人は、「自力のこころ」に行き詰まった時、「定善」の道を歩まれる釈尊を浄玻璃《じょうはり》の鏡《かがみ》として『観経』を読まれたに違いありません。そしてそれは「自力のこころ」だったと、はっきりと自覚されたのでしょう。そのことを「自力作善のひとは、ひとえに他力をたのむこころかけたるあいだ、弥陀の

本願にあらず」とおっしゃっておられます。「弥陀の本願にあらず」とは「弥陀の本願」を感得した人の言葉です。「自力のこころ」に行き詰まることがなければ「他力をたのむこころかけたあいだ」ということがわかりません。また「弥陀の本願」を感得した人でなければ、自力のこころの「あいだ」は「弥陀の本願にあらず」ということもわかりません。しかし「自力のこころ」に行き詰まって、それが自力のこころの「あいだ」であったことがわかって、その「自力のこころをひるがえして、他力をたのみたてまつ」ることによって、「真実報土の往生をとぐる」ことができますから、自力のこころを尽くす「あいだ」がはなはだ大切であったことがわかります。

二、自力のこころをひるがえす

大事なことは「自力のこころをひるがえして、他力をたのむ」ことです。これが「善人の救い」の要です。我われは「悪人の救い」についてはしばしば聞きますが、「善人の救い」について真正面から考えたことはなかったことだろうと思われます。しかし第三章で「善人なおもて往生をとぐ」といわれている「善人の救い」とは、ひたすら自力を尽くして、その「自力のこころをひるがえして、他力をたのみたてまつる」ことです。「自力のこころをひるがえす」とは自力のこころを転ずることであるが、これが容易ならないことです。

「自力のこころをひるがえす」ことで憶《おも》いおこされることがあります。それは清沢満之先生の最後の絶筆『我が信念』において、「なかなか自力を捨てることは容易ならないことであった、けれども自分は終《つい》に自力の間に合わぬということが明らかになって、そこに如来を信ずることに落ちつくようになった」と記されていることです。その清沢先生の『我が信念』をとおして「善人の救い」を考えてみることにします。

「如来を信ずる」とは「他力をたのみたてまつる」ことです。しかし突然、「如来を信ずる」ようになったのではありません。如来を信ずるとは「自力のこころをひるがえして、他力をたのむ」ことです。清沢先生は「他力」を「絶対他力」といわれていますが、「絶対他力」を感得して「他力をたのむ」ようになられたのは最晩年であった。そのことに殊に留意せしめられます。そこに至るまでには、最後の絶筆『我が信念』から推察されるように、言語を絶する苦労をされておられます。

清沢先生は何事にも自力を尽くされた人でした。ある人が清沢先生に「命を尽くせば何事もできるのですね」といわれたら、清沢先生は「命を尽くさずして何ができますか」といわれた、と伝えられています。

また曽我先生は晩年、清沢先生の友人であった沢柳政太郎氏が「清沢先生は信仰を得ていないために大変悩んでいる」と話されたことを聞いた、と講述しておられます。曽我先生は、

そのことを聞いて驚いたのであった。それから清沢先生は『エピクテタスの語録』を読んで、信仰を得たというよりも、はじめて宗教の世界を切り開いていく道を感得された。（昭和四〇年度『大地』五頁の取意）

と語っておられます。これは「自力のこころをひるがえして、他力をたのみたてまつる」ことが容易ではないことを述べられたものです。

「自力のこころをひるがえす」とは、「自力のこころ」を立場としている我われにできることではありません。それは我われを超えたもの、すなわち法蔵菩薩に由《よ》らなければなりません。我われに体《たい》を同じくされた法蔵菩薩が我われの「自力のこころ」を我が「自力のこころ」と自覚されて、その「自力のこころをひるがえ」されたことによって、我われはじめて「自力のこころをひるがえ」させられて、「他力をたのみたてまつる」ことができます。

三、真実報土の往生をとぐるなり

以上は「自力のこころをひるがえして、他力をたのみたてまつる」とおっしゃったことを考えてきましたが、次に「自力のこころをひるがえして、他力をたのみたてまつれば、真実報土の往生をとぐるなり」と記されている、その「真実報土」について考えてみることにします。

一度宗教の要求というものに徹底しますなら（一生懸命に求めるならば）、求めても求めても得られないという失望を転じて、求めずして得たりという境地が開ける。如何《いか》に求めても遂に仏も得ず、如来も得ずという痛切な痛みをくゞって、本当の失望をくゞって、失望のどん底へ落ちて、そこに求めざれども既に得たりという境地が開ける。こういう境地が宗教の満足の境地（真実報土）ではないであろうか。

浄土を願生する、こういう具合に言うのでありますが（中略）吾々が求めて初めて得らるべきものは初から浄土でありません。求めても生まるべからざる浄土、生まれようと欲して生まるべからざるところの浄土に、遂に生まれようと願わずして生まれることが出来る。そこのところがつまり真実報土の往生の体験であります。その体験というものは、生まれることを求めて遂に生まるべからざるところのお浄土（方便化土）であるというその悲しみを超えて、その悲しみのどん底に落ちたところで、生まれようと思わずして既に生まるゝことを得たりという、そういう境地から失望のどん底に偉大なる満足、偉大なる幸福を得られるというのが、宗教の安心の境地（真実報土）ではなかろうか。（中略）

で、真実報土と方便化土というものは、全体どういう関係を有っているであろうか。吾々が信仰に依って救いを求め浄土を求めているが、吾々が救いを求め、浄土を求めて得られるように思っているその世界が即ち方便化土であります。兎に角、吾々が求むれど得られない、けれども吾々が常に求めているところの世界が即ち方便化土であります。しかし求めずして得るところの世界が即ち真実報土である。求めて得られないところの浄土よりも、ほとんど比較にならぬ程清浄なる世界を求めずして得る、求めずして而も既に得たり、こういう世界が真実報土である。

化土というものと報土というものは、一往お聖教なんかで拝見して見ますと、化土というものは詰らぬところであって、疑いの者は化土へ生まれる、真実報土は尊いところであって、信心の人のみが真実報土へ往生することが出来るということを聴聞して居られるでありましょう。それはそれで決して差支えある道理はない。しかしながら、方便化土と真実報土とは全く関係のない二つの浄土であろうか。（中略）信の一念の上に立てば、信の一念の背景（過去）にあるものは方便化土である。信の一念の一歩前（未来）にあるものは即ち真実報土である。こういうように真実報土、方便化土というのは信の一念の前後に関係しているところの二つの世界である。そういう具合に考えなければならんものではないかと私は思うのであります。

（中略）

本当に方便化土などは真実に往生出来るか出来ないか。往生したいと思っても往生出来ない世界が方便化土である。往生したいと思っても往生出来ない世界だけれども、それ（方便化土）を踏台として、それを方便として真実報土へ入らせて貰う。（『選集』第五巻二八二～二九七頁）

今読んだ文中において、「信の一念の上に立てば、信の一念の背景にあるものは方便化土である。信の一念の一歩前にあるものは即ち真実報土である」と述べられています。これは信の一念の「現在」を起点としてふりかえってみれば、「現在」の内容となっている「過去」を方便化土といわれ、その「現在」という自覚に来たっている

「未来」を真実報土といわれたものです。「未来」というも「過去」というも、みな「現在」の内容となっている「未来」であり「過去」です。

信の一念の「現在」に立って「過去」をふりかえってみれば、我われは信心を得ようとして「外」ばかりをさがしてもがき惑ったりうろうろしてきたのであるが、その我われに即して（体を同じくして）、仏さまも「自力のこころ」となって一緒にもがき惑ってうろうろしてくださっていたのだった。

そして、どれほど求めても遂に得ることができなかった「過去」を反省して、それは方便化土であったと自覚されたのであった。仏さまが自覚された方便化土を、今の文中には「往生したいと思っても往生出来ない世界が方便化土である」と述べられています。

その方便化土を「踏台として、それを方便として真実報土へ入らせて貰う」のであるが、そのことを第三章には「自力のこころをひるがえして、他力をたのみたてまつれば、真実報土の往生をとぐるなり」とおっしゃっています。すなわち我われに同体された法蔵菩薩が、「如何《いか》に求めても遂に仏も得ず、如来も得ずという痛切な痛みをくぐって、本当の失望をくぐって、失望のどん底へ落ちて、そこに求めざれども既に得たりという境地が開ける」、その境地が真実報土です。

法蔵菩薩は方便化土を踏み台として真実報土を感得されたのであるが、我われはその法蔵菩薩を身に感得することによって、真実報土の往生を遂げさせていただくことができるのである。「真実報土」とは親鸞聖人が「自力のこころ」を転じてくださる法蔵菩薩の本願を体験された、本願の浄土、すなわち本願の世界観です。

四、「悪人成仏」―親鸞聖人のご己証

一、法蔵菩薩が自覚された「悪人」

これまでは「善人なる凡夫の救い」について考えてきました。以下は「悪人なる凡夫の救い」を語られています。

> 煩悩具足のわれらは、いずれの行《ぎょう》にても生死《しょうじ》をはなるることあるべからざるをあわれみたまいて、願をおこしたまう本意、悪人成仏のためなれば、他力をたのみたてまつる悪人、もっとも往生の正因なり。

「悪人」の象徴である阿闍世の救いについては、すでに『観経』および『涅槃経』をとおして考えてきました。

一方、善鸞事件を背負った親鸞聖人は、あの本願から除外された「五逆」と「謗法」のものがどうして救済されるのかと、『観経』および『涅槃経』を鏡として読まれたことは間違いありません。殊に『観経』「下下品」の釈尊を浄玻璃《じょうはり》の鏡として読まれた時、はっきりとご自身を「悪人」と自覚されたのであった。真実に『観経』「下下品」を読むものは（浄玻璃の鏡に立つものは）、自らを「悪人」と観じざるを得ません。

そしてあの悪人の阿闍世が救われていく内面には、阿弥陀さまが阿闍世と体《たい》を同じくして（同体して）法蔵菩薩となって、地獄の苦を受けることを恐れる阿闍世の煩悩の底の底まで染みこんで、そしてその煩悩を転じてくださった仏さまのご心労、すなわち大慈悲心を親鸞聖人が身に感じられたのであった。そのことが「いわんや悪人をや」といわれた言葉から伝わってきます。親鸞聖人はその法蔵菩薩の永劫修行の内面を深刻に、しかも大胆に『教行信証』「信巻」に記しておられます。

我われは「悪人」の自覚の第一人者、「法蔵菩薩」という仏さまを我が身の内に感得することがなければ、「悪人の救い」を得ることができません。その法蔵菩薩について曽我先生が講述しておられる一端を引用して、「悪人の救い」を考えてみることにします。

> 法蔵菩薩はどんな方かといへば、一切衆生の罪と悩みを自分一人《いちにん》に引き受けて宿業を感ずるお方である。（中略）法蔵菩薩はどんな方か。我れこそ法蔵菩薩であるとはいわれぬ。「自身は現にこれ罪悪生死の凡夫、曠劫《こうごう》よりこのかた常に没《もっ》し常に流転《るてん》して、出離《しゅつり》の縁あることなし」と深き自覚をもっている主体が法蔵菩薩である。法蔵菩薩は本当に責任を重んじ、一切衆生の責任を自分一人《いちにん》に荷う感覚（自覚）の深い方である。（中略）浄土真宗は法蔵精神（法蔵菩薩の御意《おこころ》）を感得するものが浄土真宗である。浄土真宗に生をうけているものはみな法蔵魂（法蔵菩薩の御意）を感得せねばならぬ。法蔵魂を感得する道が二種深信、（特に）機の深信である。宿業の自覚（機の自覚）は法蔵魂を感得する道である。この（一切衆生の責任を自分一人に荷う）法蔵魂に随順し信順する。
>
> 機の深信は捨てることだというがたゞ捨てるのではなく、そこ（機の深信）にも亦、信順の義がある。法の深信にのみ信順の義があるのではなく、私は機の深信に於ても一層深い信順の義（法が機となっている機に信順する義）をもっていると思う。（『選集』第六巻一六〇～一六一頁）

これは法蔵菩薩が「悪人」を自覚されたことを述べられたものです。その「法蔵菩薩はどんな方かといへば、一切衆生の罪と悩みを自分一人《いちにん》に引き受けて宿業を感ずるお方である」と述べられています。そのことを善鸞事件を背負っておられる親鸞聖人のうえに観《み》れば、阿弥陀仏がその親鸞聖人に体《たい》を同じくして因位の法蔵菩薩となって、親鸞聖人の「罪と悩みを自分一人に引き受けて」、これは我が宿業であると感じられたのであった。そして深い悲しみをもって自らを「悪人」と自覚されたのであった。だから法蔵菩薩は「自身は現にこれ罪悪生死の凡夫、曠劫《こうごう》よりこのかた常に没《もっ》し常に流転《るてん》して、出離《しゅつり》の縁あることなし」と、深い悲しみをもって自らを自覚されて、我われの真の主体となってくださる仏さまである。その「法蔵菩薩は本当に責任を重んじ、一切衆生の責任を自分一人に荷う感覚（自覚）の深い方」である。

親鸞聖人は真の主体となってくださっている法蔵菩薩を内に感得されて、

煩悩具足のわれらは、いづれの行《ぎょう》にても生死をはなるることあるべからざるをあわれみたまいて、

とおっしゃったのである。「煩悩具足のわれらは」とは、親鸞聖人がそういわれたのであるが、親鸞聖人に体《たい》を同じくされた法蔵菩薩がおっしゃったのである。そのことに留意せしめられます。

次に、その我われの真の主体となってくださっている法蔵菩薩を我が身に感得することが浄土真宗である、と述べられています。「浄土真宗は法蔵精神（法蔵菩薩の御意《おこころ》）を感得するものが浄土真宗である。浄土真宗に生をうけているものはみな法蔵魂（法蔵菩薩の御意）を感得せねばならぬ」。

その「法蔵精神」とは何か。それは阿弥陀仏が我われと体《たい》を同じくされた法蔵菩薩が、我われの「罪と悩みを自分一人《いちにん》に引き受けて」、我われの宿業を自覚されたのであった。それは「機」を感得されたことである。その「機」は本願から開かれてきた「機」（法が機となっている「機」）であるから、「本願の正機」とも「悪人正機」ともいいます。それが「法蔵精神」である。

我われはその「法蔵精神」に信順すること、すなわち法蔵菩薩が「機」を感得されたこと、すなわち「機の深信」に信順することが浄土真宗です。したがって「法の深信にのみ信順の義があるのではなく、私は機の深信に於

ても一層深い信順の義（法が機となっている機に信順する義）をもっていると思う」と述べておられます。「一層深い信順の義」とは、阿弥陀仏が因位の法蔵菩薩となって自らを「悪人」と自覚された、その法蔵菩薩の「機の深信」に帰命し信順することです。それはそのまま「法」、すなわち阿弥陀仏に帰命し信順することです。

二、宿業は法蔵菩薩の大慈悲心

法蔵菩薩について、講述された文章は続きます。

法蔵菩薩に接する道が機の深信である。（中略）だから私は（「いわんや悪人をや」という）機の深信を通して仏の因位のお姿を感ずる。南無阿弥陀仏の南無の姿をそこに感得する。そういう深い意味を以て始めて「善人なをもて往生をとぐ、いわんや悪人をや」といい、それを深信（深く信ずる）という。深信という意味はそんな意味をもつのである。

宿業を知る方は仏様のみである。我々は宿業を知らぬが、仏の知られた宿業（機）を深信する。（仏さまは）一切衆生の宿業を自覚して、それを一身に荷ひ給う。誰がどうしようが全く自分の責任である。一切衆生と血が続いている。それを謙虚な大慈悲心を以て宿業を感ずる。一切衆生を本当に痛む心、憐れむ心、愛する心、悲しむ心、平等に摂め取る心、慈悲喜捨の四無量心を以て一切衆生の宿業を自分の身体に感ずる。（『選集』第六巻一六三頁）

「法蔵菩薩に接する道が機の深信である。（中略）だから私は機の深信を通して仏の因位（法蔵菩薩）のお姿を感ずる」と述べておられるが、それは、仏の因位、法蔵菩薩の「機の深信」を感得することによってのみ、我われは

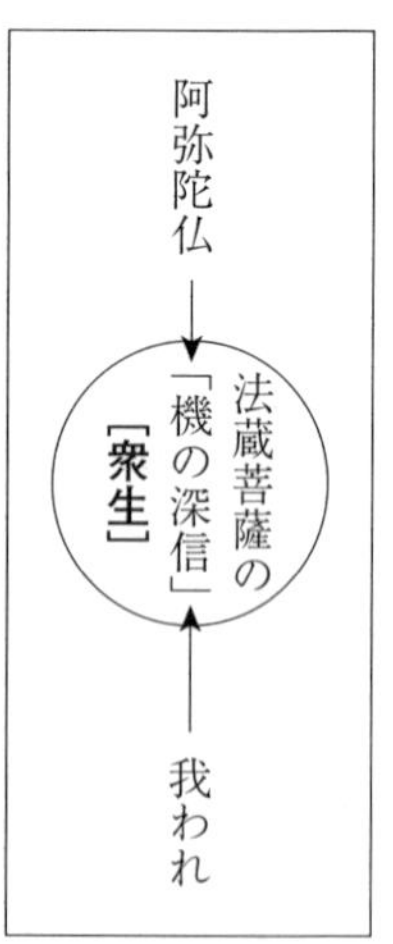

仏さまの御意《おこころ》に接することができる、と述べられたのでしょう。

　次にその法蔵菩薩の「機の深信」を感得することを、「南無阿弥陀仏の南無の姿をそこに感得する」と述べられています。南無阿弥陀仏とは、私たちが阿弥陀仏に南無（帰命）するのであるが、我われが阿弥陀仏に南無（帰命）するに先だって、阿弥陀さまが我われに体《たい》を同じくして南無（帰命）してくださっているのである、そのお姿を我が身の内に感ずることを、「南無阿弥陀仏の南無の姿を感得する」と述べられています。それは「仏の因位のお姿」、すなわち法蔵菩薩の「機の深信」を感得することです。我われはまず阿弥陀仏が因位の法蔵菩薩となって南無（帰命）してくださることを感ずることによって、我われははじめて阿弥陀仏に南無（帰命）することができます。そのことを曽我先生は晩年、「阿弥陀仏南無阿弥陀仏」と述べられています。

　その阿弥陀仏が我われに体《たい》を同じくして南無してくださる、そういう深い意味をもって「いわんや悪人をや」といわれ、それを「深信する（深く信ずる）」といわれたのである。

「深信《じんしん》する（深く信ずる）」ことも、我われが深信するのであるが、仏さまが我われと体《たい》を同じくして我われを「いわんや悪人をや」と深信して（深く信じて）くださるから、我われははじめて仏に反逆して、長い間仏の御胸を悲痛せしめてきたことを深信することができます。

　さて前に、法蔵菩薩は「一切衆生の罪と悩みを自分一人に引き受けて宿業を感ずるお方である」と述べられていたが、今読んだところにも「宿業を知る方は仏様のみである」と述べられています。宿業とは仏さまが我われと体《たい》を同じくして、我われ一切衆生の業を我が業と自分一人《いちにん》に引き受けてくださることである。

「我々は宿業を知らぬ」、「宿業を知る方は仏様のみである」が、我われは体《たい》を同じくしてくださった仏さまが、我われの業を我が業と引き受けてくださった「宿業」をとおしてのみ、仏さまの御意《おこころ》を身に感得することができます。

その仏さまが自覚された宿業について、「(仏さまは)一切衆生の宿業を自覚して、それを一身に荷ひ給う。誰がどうしようが全く自分の責任である。一切衆生と血が続いている。それを謙虚な大慈悲心を以て宿業を感ずる」と述べられています。

その仏さまの大慈悲心を、「一切衆生を本当に痛む心、憐れむ心、愛する心、悲しむ心、平等に摂め取る心、慈悲喜捨の四無量心を以て一切衆生の宿業を自分の身体に感ずる」と述べられているが、「慈悲喜捨の四無量心」とは、慈は「愛する心」。悲は逆境のものを「痛む心」「憐れむ心」「悲しむ心」。喜は悲の反対で順境のものに随喜する心。捨は「平等に摂め取る心」です。この「慈悲喜捨の四無量心」を「大慈悲心」といいます。なかでもとくに、捨は「平等に摂め取る心」であるが、それは仏さまが我われと体《たい》を同じくしてくださる心である。その「捨」から、「慈」「悲」「喜」の大慈悲心があらわれてくるので、四無量心の中核は「捨」です。その仏さまの「慈悲喜捨の四無量心を以て一切衆生の宿業を自分の身体に感ずる」方が法蔵菩薩です。それが「本願他力の意趣」であり、そのご意趣を感得せしめられることが「悪人の救い」である。

その「本願他力の意趣」を身に感得された親鸞聖人は、そのことを、

いずれの行にても生死をはなるることあるべからざるをあわれみたまいて、願をおこしたまう本意、悪人成仏のためなれば、他力をたのみたてまつる悪人、もっとも往生の正因なり。

と語られたのでしょう。

なお、第三章において留意せしめられることは、「善人なおもて往生をとぐ」といわれる「善人の救い」については、「自力のこころをひるがえして、他力をたのみたてまつれば、真実報土の往生をとぐるなり」と、善人の救いを「往生をとぐる」といわれていることです。また「いわんや悪人をや」といわれる「悪人の救い」については、仏さまが我われと体《たい》を同じくして「煩悩具足のわれら」となって、その煩悩を転じて「願をおこしたもう本意、悪人成仏のため」と、悪人の救いを誓われたことが「悪人成仏」といわれていることです。ここに「往生」と「成仏」ということが記されていますが、「往生」「成仏」の問題は親鸞聖人の仏教の要です。

すなわち第三章は「往生の信心」から「成仏の信心」へと、信心が展開されることを語られたのでないか、しかもそのことを、章を改めて、第四章以下に語られているのでないか、とも読むことができます。それらのことは第四章以下で考えていくことにします。

五、結び

第三章をふりかえりみれば、親鸞聖人は、まずはじめに「しかるを世のひとつねにいわく」といわれる外道《げどう》から、次に「自力作善《さぜん》のひと」といわれる善人の往生の道行きを歩まれたのである。更に善鸞事件を縁として、五逆と謗法の「悪人」がどうして救いを得ることができるのかという「悪人の救い」を求めて、ついに「悪人成仏のため」の本願を感得されたのであった。

その信念の展開に即して法蔵菩薩の永劫の修行の道行きを語られたのが第三章である、といえるでしょう。

以上、「世のひと」、「自力作善のひと」といわれる善人の救い、「煩悩具足のわれら」といわれる悪人の救いを結んで、

よって善人だにこそ往生すれ、まして悪人は、とおおせそうらいき。

と締めくくられています。

最後に、「とおおせそうらいき」と結んであるが、『歎異抄』の各章は、最後に「と云々」と終わっています。しかし第三章と第十章だけは「とおおせそうらいき」で終わっています。その「おおせそうらいき」は誰が仰せられたのか、あえてそのことを考えてみるに、これは親鸞聖人が仰せられたのではなくて、法然上人が仰せられたのです。

そのことが勢観房源智《せいかんぼうげんち》という法然上人のお弟子が法然上人から見聞したことを記した『法然上人伝記』（昭和新修法然上人全集四五四頁。増谷文雄著『歎異抄』一六〇頁参照）に記されています。

しかしここで「とおおせそうらいき」といわれているのは、そういう文献上のことではなくて、親鸞聖人が善鸞事件に当面されたときに、法然上人から口伝されたことを、改めて感得された言葉だろうと思われます。その口伝を得られたことを、親鸞聖人は唯円に語られ、唯円は親鸞聖人の孫の如信上人に伝えられ、その如信上人がひ孫の覚如上人に口伝されたようで、覚如上人の『口伝抄』には「善人なおもて往生す、いかにいわんや悪人をや」（聖典六七三頁）と、法然上人から親鸞聖人へ、親鸞聖人から如信上人へ口伝されたものである、と記されています。

第二章は親鸞聖人が「地獄は一定すみか」という「宿業の大地」、すなわち「仏国土」を感得されたことを語られた章であるとすれば、第三章は「地獄は一定すみか」という「宿業の大地」において、「いわんや悪人をや」といわれる因位の法蔵菩薩、すなわち「阿弥陀仏」を感得されたことを語られた章である、ともいえるでしょう。第四章以下の各章では、その「阿弥陀仏」が正《まさ》しく「法蔵菩薩」となって現実界で教化《きょうけ》されるのである。親鸞聖人がそのことを身に感得して語られたのが第四章以下です。

第四章

本文

慈悲に聖道《しょうどう》・浄土のかわりめあり。聖道の慈悲というは、もの（衆生）をあわれみ、かなしみ、はぐくむなり。しかれども、おもうがごとくたすけとぐること、きわめてありがたし。浄土の慈悲というは、念仏していそぎ仏になりて、大慈大悲心をもっておもうがごとく衆生を利益するをいうべきなり。今生《こんじょう》に、いかにいとおし不便《ふびん》とおもうとも、存知のごとくたすけがたければ、この慈悲始終《しじゅう》なし。しかれば、念仏もうすのみぞ、すえとおりたる大慈悲心にてそうろうべき、と云々。

意訳

（仏さまの）慈悲には、聖道の慈悲から浄土の慈悲へと転ずるかわりめがある。

聖道の慈悲というのは、もの（衆生）をあわれみ、悲しみ、慈《いつく》しむことである。しかし思うがごとく（衆生を）たすけとぐることは、きわめて難しいことである。浄土の慈悲というのは、念仏して（浄土に往生することによって）いそぎ仏になって、その（仏の還相回向によって）大慈大悲心をもって、思うがごとく衆生を利益《りやく》するをいうのである。この世においては何とかしてやりたいとあわれに思っても、ご存知のとおり（自分の力ではどうしても）たすけとぐることができないからこそ、（浄土の）慈悲は極まるところがないのである（仏さまは衆生となって永遠にご修行されるのである）。だから、（ひたすら）念仏（して往生）することのみが、すえ徹《とお》りたる大慈悲心である。このように仰せになりました。

一、大慈悲心（同体の大悲）

第三章で親鸞聖人は「善人なおもて往生をとぐ、いわんや悪人をや」とおっしゃったのであるが、これは『観経』の釈尊が「善人」から「悪人」へと自覚を深められたことを色読《しきどく》されて（身をもって読まれて）、このようにおっしゃったのでした。とくに「善鸞事件」を背負って求道される親鸞聖人は、『観経』「下下品」の釈尊を浄玻璃《じょうはり》の鏡として色読されて、ご自身を「悪人」と自覚されたのである。そのとき「いわんや悪人をや」と、親鸞聖人と体《たい》を同じくして宿業を引き受けてくださる「仏」を感得されたのであった。その仏さまは、阿弥陀仏の因位、法蔵菩薩といわれる仏さまであるが、その阿弥陀仏を語られたのが第三章です。

その阿弥陀仏が、現実生活のうえに「菩薩」となってはたらかれるのである。「菩薩」とは、「仏」のはたらきです。すなわち「菩薩」とは、どこか我われの外に存在される方ではなくて、我われの内に仏さまのはたらきとして実在される、そのはたらきを「菩薩」といいます。

そのことを親鸞聖人のうえで観《み》れば、阿弥陀さまが親鸞聖人と体を同じくされて因位の法蔵菩薩となって、親鸞聖人の身をとおして念仏の行を実践されるはたらきが、法蔵菩薩といわれる「菩薩」です。

第四章以下は、その法蔵菩薩がお念仏を実践されたことを親鸞聖人が身に感得して語っておられます。それはそのまま親鸞聖人が法蔵菩薩のご修行を実践されたことです。

とくに第四章では「慈悲」の問題をとおして念仏のはたらきを語られて、更にその菩薩の慈悲を具体的に語られたのが第五章以下だろうと思われます。

なぜ念仏のはたらきについて、最初に第四章で「慈悲」を取りあげられたのだろうか。そのことを考えてみるに、まず善鸞事件に苦悩する親鸞聖人は、念仏のみが「自力のこころ」をひるがえす唯一の大慈悲心であることを感得されたからでしょう。だからまず第四章で「念仏もうすのみぞ、すえとおりたる大慈悲心にてそうろう」と、最初に仏さまの深い大慈悲心を感得されたことを語られています。

その大慈悲心を、第五章では「愛欲の広海に沈没する」家庭生活において、「父母《ぶも》に孝養《きょうよう》する」問題をとおして念仏のはたらきを語られ、第六章では「名利《みょうり》の太山《だいせん》に迷惑する」関東教団の社会生活において、「わが弟子、ひとの弟子」という「師弟関係」の問題をとおして念仏のはたらきを語られたものと思われます。


第四章から第六章の三章では、「慈悲」「父母《ぶも》に孝養《きょうよう》」「師弟の関係」という三つの世間の善行がとりあげられています。そのことは『観経』「序分」の「散善顕行縁《さんぜんけんぎょうえん》」に説かれている、世福・戒福・行福《ぎょうふく》の中、世福に、

かの国（浄土）に生まれんと欲《おも》わん者は、当《まさ》に三福を修すべし。一つには父母《ぶも》に孝養《きょうよう》し、師長《しちょう》に奉事《ぶじ》し、慈心《じしん》ありて殺《せつ》せず、（聖典九四頁）

と説かれていることに依っています。これはみな『観経』の釈尊が実践された世間の善行であるから「世福」といわれています。それはみな、釈尊が「自力のこころ」で実践して、自力を尽くされたのであるが、その「自力のこころ」が行き詰まって、「自力のこころをひるがえして」念仏を感得されたことを説かれたものです。

善鸞事件で行き詰まっておられた親鸞聖人は、この『観経』「散善顕行縁」の説法を読まれて、仏の大慈悲心を体験されたことを語られたのが第四章から第六章までの三章です。

『観経』（散善顕行縁）と**『歎異抄』**
父母《ぶも》に孝養《きょうよう》し ―― 第五章「父母の孝養について」
師長《しちょう》に奉事《ぶじ》し ―― 第六章「師弟の関係について」
慈心《じしん》ありて殺《せつ》せず ―― 第四章「慈悲について」

なお、「世福」とは世間の善、「戒福」とは小乗仏教の善、「行福」とは大乗仏教の善、という意味です。すなわち「世福」は在家の生活をする者の善行です。「戒福」「行福」は出家僧の善行です。なぜ『歎異抄』には「世福」だけを取りあげて、「戒福」「行福」が取りあげられていないのかと考えてみるに、親鸞聖人は、在家の生活をされたが故に「世福」だけを取りあげて語られたのでしょう。

二、聖道の慈悲

一、仏さまの聖道の慈悲

第四章ははじめに「慈悲に聖道・浄土のかわりめあり」と記されています。これを一般には「慈悲に聖道の慈悲と浄土の慈悲との違いがある」と了解されているようですが、仏さまの慈悲に「聖道の慈悲」と「浄土の慈悲」と、二つの慈悲があるわけではありません。どちらも仏さまの慈悲であるが、仏さまの「聖道の慈悲」が転じたところが「浄土の慈悲」です。それは自力の「聖道の慈悲」が、念仏によって他力の「浄土の慈悲」に転じたことである、といってもよいでしょう。我われは聖道の慈悲を尽くすことはできませんが、すでに我われに体《たい》を同じくされた仏さま、すなわち法蔵菩薩が聖道の慈悲を尽くされて、そして「しかれども、おもうがごとくたすけとぐること、きわめてありがたし」という行き詰まりに当面された時、聖道の慈悲を転じて感得された慈悲が浄土の慈悲である。だから「かわりめあり」です。その聖道の慈悲が浄土の慈悲に転ずる「かわりめ」がなければ、浄土の慈悲は永久に開かれません。「かわりめ」とは念仏のはたらきによって、自力の聖道の慈悲を転じて浄土の慈悲を感得せしめられることである。それが大慈悲心です。だから「かわりめあり」といわれたところが第四章の要です。

では聖道の慈悲とはどういう慈悲であろうか。聖道の慈悲について本文には、

> 聖道の慈悲というは、もの（衆生）をあわれみ、かなしみ、はぐくむなり。しかれども、おもうがごとくたすけとぐること、きわめてありがたし。

と記されています。親鸞聖人は善鸞事件を背負って、言語を絶する苦悩をされたのであろうが、親鸞聖人に同体された法蔵菩薩も同じく苦悩されたのであった。その法蔵菩薩が苦悩されたことを、「ものをあわれみ、かなしみ、はぐくむなり」とおっしゃっておられるのである。「もの」とは「衆生」のことであるが、具体的には親鸞聖人ご自身のことでしょう。その御意《おこころ》は、仏さまが善鸞事件で苦悩している親鸞聖人の苦悩を我が苦悩として、「あわれみ、かなしみ、はぐく」んでくださったのであった。そのことを親鸞聖人が身に感得されてこうおっしゃったのでしょう。我われ人間が「あわれみ、かなしみ、はぐくむ」ことではありません。すでに仏さまが親鸞聖人に同体して、自力の善美を尽くして「あわれみ、かなしみ、はぐく」んでくださっていたのであった。すなわち聖道の慈悲を尽くしてくださったのであった。その聖道の慈悲は「自力のこころ」であるが故に、「自力のこころ」は必ず行き詰まります。行き詰まらないのは「自力のこころ」を徹底していないからです。仏さまは自力の限りを尽くしてくださったのであるが、「しかれども、おもうがごとくたすけとぐること、きわめてありがたし」、こう仏さまが

「自力のこころ」に行き詰まって、自力無効を感得されたのであった。これは仏さまの悲しみである。その仏さまの悲しみを親鸞聖人がお感じになって、こうおっしゃったのでしょう。これが「聖道の慈悲」です。

古来より「聖道の慈悲」を「聖道門の慈悲」と解釈されて、「聖道門の慈悲とは、我われ人間が他の生きとし生けるものを憐れみ、愛《いと》おしくおもい、それを養い育てようとする慈悲である、しかし思いどおり最後まで助けとげることはきわめて難しいことである」と了解されているようです。しかし「慈悲」とは、前《さき》にも申したごとく、仏さまの慈悲です。「あわれみ、かなしみ」とは仏さまの「悲」であり、「はぐくむ」とは「慈」の意《こころ》をいわれたものです。ともに仏さまの「慈悲」を語られたものであって、単に我われ人間の思いやりや愛情を語られたものではありません。

その聖道の慈悲はすでに親鸞聖人に同体された仏さまの「自力のこころ」であるが故に、「おもうがごとくたすけとぐること、きわめてありがた」きことに当面されたのであるが、その時、「聖道の慈悲」すなわち「自力のこころをひるがえして」感得された慈悲が「浄土の慈悲」です。そこに「聖道の慈悲」が「浄土の慈悲」に転ずる「かわりめ」があります。

二、唯除の文

以下はその仏さまの慈悲を、具体的に「善鸞事件」のうえで考えていくことにします。

そのことはすでに第一章（第二段）で申したことであるが、親鸞聖人は八十四歳の時、善鸞を義絶されました。「善鸞義絶状」（聖典六一一〜六一二頁）の中で親鸞聖人は義絶された理由について、善鸞は「謗法《ほうぼう》の大罪」と「五逆の罪」を犯す罪人である。だから「これらのことを伝え聞くこと、その浅ましさは言うに及ぶところではない。だから今は親ということあるべからず、子とおもうことおもいきりたり（意訳）」と記して、善鸞を義絶されました。その「謗法の大罪」と「五逆の罪」を犯すものは、本願の救いから除外されると、『大経』の第十八願に説かれています。第十八願に、

たとい我、仏を得んに、十方衆生、心を至し信楽して我が国に生まれんと欲《おも》うて、乃至十念せん。もし生まれずは、正覚を取らじ。唯《ただ》、五逆と正法《しょうぼう》を誹謗《ひほう》せんをば除く。（聖典一八頁）

と、「唯、五逆と正法を誹謗せんをば除く」とはっきり説かれているのである。親鸞聖人はこの第十八願を読まれて、「五逆と正法を誹謗するもの」とは、自分自身のことであると自覚されたのであった。

（第十八願は）十方一切の衆生みな平等に、いわゆる善人も悪人も平等に悉く助けようという大本願である、十方衆生一人も洩らさず助けようという本願であるが、それに除外例をもうけた。ちょっと見ると、みんな平等に救おう、一人たりとも本願から洩らさぬということになっているのに、「唯、五逆と正法を誹謗せんとをば除く」というきびしい言葉がある。このきびしい言葉は一体如何なる意味を持つものか。きびしいというならこれほどきびしいものはない。（『講義集』第一〇巻九五頁）

この「唯、五逆と正法を誹謗せんをば除く」という一句を、古来より「唯除《ゆいじょ》の文」といっています。なぜ本願に除外するものを説かれているのだろうか。古来よりこの第十八願の「唯除の文」については、いろいろと解釈されてきました。

以下は曽我先生の「唯除の文」のお領解《りょうげ》です。

このきびしい言葉のなかに仏の悲しみ、仏の慈悲がある。（『講義集』第一〇巻九五頁）

「唯除の文」は仏の悲しみであり、仏の慈悲である。これが曽我先生のお領解《りょうげ》です。

その「仏の悲しみ、仏の慈悲」とは、善鸞事件の悲しみのただ中にあって、親鸞聖人に同体して、親鸞聖人を心の底から悲しんでくださる仏さまの大悲を、こういわれたのである。親鸞聖人はこの本願の「唯除の文」に触れて、「仏の悲しみ、仏の慈悲」を身に感じられたのであった。

三、仏さまの悲しみ

以下はその仏さまの悲しみについて考えてみることにします。

多くの人は、「慈悲」というと、人間の立場であたたかい心をもって、どんな罪を犯してもその罪を憎まずにあわれむことであると了解しています。しかも一つの熟語にして「お慈悲」といわれてきました。

しかし厳密な意味では、「慈」と「悲」は分けなければなりません。「慈」とは「いつくしむ」ことであり、「悲」とは仏さまが衆生を「あわれむ」ことである。その「あわれみ」とは、仏さまが我われと同体して、我われのことを我われ以上に「かなしみ」をもって憐れんでくださる、そういう「あわれみ」である。だから「如来の大慈」といわず、「如来の大悲」といいます。その意味から「慈」と「悲」は、どちらかといえば「悲」に重きがあるといわなければなりません。

以上のことから考えてみれば、第十八願の「唯、五逆と正法を誹謗せんをば除く」とは仏さまの悲しみである。その御意《おこころ》を身に感得された親鸞聖人が、「聖道の慈悲というは、もの（衆生）をあわれみ、かなしみ、はぐくむなり。

しかれども、おもうがごとくたすけとぐること、きわめてありがたし」といわれたのでしょう。「聖道の慈悲」とは仏さまの「悲」を語られた言葉です。

親鸞聖人は仏さまの深い悲しみを身に感じて、この上ない仏さまの慈悲を感得されたのであった。それで「五逆と誹謗正法を除く」という言葉のあるのは、ただ単に「いつくしむ、あわれむ」だけでなく、もっときびしい意味を持っているであろう。きびしい意味を持つとあらわすものが、「唯、五逆と正法を誹謗するものをば除く」と、はっきりと本願にかかげられている。このことは忘れてならぬことである。これは『教行信証』の「信巻」を拝読すると、「唯除五逆、誹謗正法（唯、五逆と正法を誹謗せんをば除く）」を『涅槃経』（の阿闍世の救い）を以て解釈されるそのすぐ前に、親鸞は非常にきびしく、自分の現実について深い懺悔《さんげ》を述べている。

　誠に知んぬ、悲しき哉、愚禿鸞、愛欲の広海に沈没し、名利《みょうり》の太山《たいせん》に迷惑して、定聚《じょうじゅ》の数に入ることを喜ばず、真証の証に近づくことを快《たのし》まず、恥《は》づ可《べ》し、傷《いた》む可《べ》し。

という深い懺悔の言葉を述べておる。これは仏の本願のなかの「唯除五逆、誹謗正法（唯、五逆と正法を誹謗せんをば除く）」という言葉に当るものであろう。（中略）「みんな助ける、一人も洩れるものがあっては我は仏にならぬ」と仰せになったのであるが、そこにすぐ「唯除五逆、誹謗正法」という仏の深い思召しが出て来る。

慈――いつくしむ
悲（あわれむ
　　かなしむ

その深い思召しとは、つまり仏の深い痛みであり、悲しみである。「唯除五逆、誹謗正法」によって仏の深い悲しみ、痛みをあらわしている。そこに私どもにほんとに深い懺悔《さんげ》、深い罪の自覚、我らの信心の上に罪の自覚をおこさせ、それが裏付けられて、そこに仏の本願のありがたさ、そしてそのありがたさが宙に浮かぬことになる。何処《どこ》までも我らの信心が宿業の大地から離れぬ喜び、単なる喜びでなく、単なる悲しみでない。純粋の喜びと純粋の悲しみとが一枚となる。そこに正しい信仰生活が成り立つ。（『講義集』第一〇巻九五〜九六頁）

「唯除の文」とは仏さまの「仏の深い痛みであり、悲しみである」。これは我われ人間が考えているような悲しみではなくて、この上もない仏さまの悲しみです。しかしまた仏さまの本願は、この上もない深い悲しみに裏づけられて、そこから発《おこ》された本願であるが故に、これ以上の慈悲はありません。それが第十八願です。

四、北森嘉蔵氏の問い

キリスト教の神学者で、北森嘉蔵（一九一六〜一九九六）という方がおられました。北森氏は東京神学大学の先生で、「神の痛みの神学」ということをいわれた方です。北森氏は、曽我先生が「仏の深い痛み」を述べておられることを聞いて、曽我先生に直接に出会って、大変深い感銘を受けられたようです。

北森嘉蔵氏の話によれば、氏は学生時代は浄土真宗の教えに親しまれたようでしたが、次第に真宗に対して疑いを持たれて、ついにキリスト教に入られた方です。なぜキリスト教に入ったのかといえば、浄土真宗の教えには社会性がない。仏教の教えは個人的である、仏教は慈悲といっても個人的な慈悲であって、社会的な実践がない、だから私はキリスト教へ入ったのであると、その理由を述べておられます。

そして北森氏によれば、なぜ仏教は社会的な実践がないのか、それは仏の慈悲というが、誰も仏の痛み、仏の悲しみというものを明らかにしないからである。だから私は満足できなかった、私が「神の痛みの神学」ということを語る意義もそこにある、といっておられます。

ここで北森氏が「なぜ仏教は社会的な実践がないのか」と問うておられるが、この問いは大切な問いです。今日《こんにち》、仏教における「社会的な実践」が盛んに求められていますが、北森氏は、この問題に対して、我われに同体された法蔵菩薩が我われをとおしてご修行される、このことが仏教における社会的な実践である、そのことを誰も明らかにできなかったから満足できなかった、こう述べておられます。このことは、今日の我われも明らかにしたかったことです。

ここで一つ明らかにしなければならないことは、仏教における社会的な実践は、法蔵菩薩のご修行に触れることを除いてはあり得ないことです。そのことを曽我先生が講述しておられる一端を読んでみることにします。

成程、仏教の学者がこの方（北森氏）に満足を与えることが出来なかったからそうした反抗を感じさせたのであろうが、しかし、仏教には深い道理と教えとがあるのである。親鸞はこの仏教を、行信の道（仏が行信して実践される道）として、自覚の道として頂かれたのである。この道は、仏の本当の意味の痛み悲しみの道である。単に阿弥陀如来一人勝手に痛んだり悲しんだりしているという事ではなく、その痛み悲しみを我々は千万分の一でもよい、体験して行くのである、と親鸞も自覚されたのである。親鸞一人《ひとり》ではなく、我々一人一人が南無阿弥陀仏のおみのりによって、法蔵菩薩の兆載永劫《ちょうさいようこう》の御修行の内面に触れる。親鸞の教えの深い意義は此《こ》処《こ》にある。（『講義集』第八巻一七六頁）

「法蔵菩薩の兆載永劫の御修行の内面に触れる」とは、阿弥陀さまが我われと同体して因位の法蔵菩薩となって、我が身をとおしてご修行（兆載永劫のご修行）されることに触れることである。その法蔵菩薩のご修行の道行きは「仏の本当の意味の痛み悲しみの道である」。我われはその法蔵菩薩の「痛み悲しみを千万分の一でもよい」、体験していくことが浄土真宗の社会的実践です。

五、無有出離之縁の大悲（無縁の大悲）

さて、親鸞聖人が善鸞事件で苦悩している時、よくよく案じてみれば、仏さまが久遠《くおん》の昔から親鸞聖人と同体して、仏さまも善鸞事件で苦悩する親鸞聖人そのものとなって、親鸞聖人の苦悩をご自身に引き受けて苦悩されたのであった。これが仏さまの同体大悲である。親鸞聖人はその仏さまの同体大悲を感得して、「無有出離之縁」の大悲、「出離の縁有ること無き」大悲、といわれています。それは仏さまが永久に迷いの世界から出《い》で離れる縁が全くない、という大悲です。

その「大悲」を「無縁の大悲」といいますが、普通一般に「無縁の大悲」といえば、我われ人間の立場で、助かる縁の無い我われを助けてくださるのが仏さまの大悲である、と解釈されています。しかしそういう仏さまは、我われと関係のない外側に在《まし》ます仏さまです。

ところが曽我先生は、

> 仏様の無縁の大悲ということは無《む》有《う》出《しゅつ》離《り》之《し》縁《えん》の大悲であって、仏様はまったく出離の縁のないそういう者をたすけるために、仏様もやっぱり無有出離之縁のところにさがって、無有出離之縁の衆生をたすけるためには仏様も無有出離之縁というところへさがって来て、そうして本願をおこして、私と一緒になって迷い、私どもが救われるまで仏様も一緒になって迷うていなさるわけである。無縁ということはただ縁がないというような意味ではなくて（中略）、仏様は私と一緒に迷い、私と一緒にさとる。さとるも迷うも、この私と一緒である。
> （『選集』第一二巻三八七頁）

といわれています。我われが「無有出離之縁」ならば、仏さまも「無有出離之縁」である。迷いの世界から出《い》で離れる縁がない我われを助けるために、仏さまも一緒に迷いの世界から出で離れる縁が無い、「無有出離之縁」の身になって迷ってくださっている、それが「無縁の大悲」です。

さて、北森嘉蔵氏が曽我先生に会われた時、「あなたは無縁の慈悲ということは仏さまの無有出離之縁の慈悲だといわれたが、他の人がみな承認しておりますか」と質問されたので、曽我先生は「それは承認する人もあるし承認しない人もあるかも知れませんけれども、自分は今も昔と変わらずに、仏様の無縁の大悲ということは無有出離之縁の大悲であると信じております」（『選集』第一二巻三八七頁の趣意）と、お答えになっています。

結句、第四章で「聖道の慈悲というは、もの（衆生）をあわれみ、かなしみ、はぐくむなり。しかれども、おもうがごとくたすけとぐること、きわめてありがたし」と語られたことは、「仏の深い痛みであり、悲しみ」である。それが第十八願の「唯除の文」の御意《おこころ》である。それは親鸞聖人に体《たい》を同じくされた仏さまが「唯除」される身となって、「無有出離之縁」となられた悲しみである。そして、その悲しみの底の底から発起されたのが「浄土の慈悲」といわれるものです。

三、聖道の慈悲から浄土の慈悲へ

一、願作仏心・度衆生心

仏さまは本願の救いから除かれた親鸞聖人に同体して「聖道の慈悲」を尽くされたのであった。ところが「しかれども、おもうがごとくたすけとぐること、きわめてありがたし」と、自力の行き詰まりに当面された時、「聖道の慈悲」を転じて「浄土の慈悲」を感得されたのであった。それは、第三章で「自力のこころをひるがえして、他力をたのみたてまつれば」と語られていることを、第四章でこのようにおっしゃったのでしょう。

その「浄土の慈悲」について、

浄土の慈悲というは、念仏していそぎ仏になりて、大慈大悲心をもっておもうがごとく衆生を利益《りやく》するをいうべきなり。今生《こんじょう》に、いかにいとおし不便《ふびん》とおもうとも、存知のごとくたすけがたければ、この慈悲始終《しじゅう》なし。

しかれば、念仏もうすのみぞ、すえとおりたる大慈悲心にてそうろうべき、と云々。

とおっしゃっています。

はじめに「浄土の慈悲というは、念仏していそぎ仏になりて、大慈大悲心をもっておもうがごとく衆生を利益するをいうべきなり」とおっしゃったことは、「浄土の慈悲」についての説明です。最後に「しかれば、念仏もうすのみぞ、すえとおりたる大慈悲心にてそうろうべき」とおっしゃったことは、「浄土の慈悲」の結論です。

そこで「浄土の慈悲というは、念仏していそぎ仏になりて、大慈大悲心をもっておもうがごとく衆生を利益するをいうべきなり」と説明しておられますが、「念仏していそぎ仏になる」とは、そのことを経典や七高僧の言葉でいえば、「願作仏心《がんさぶっしん》（仏に作《な》ろうと願う心）」といいます。これは仏さまの自利《じり》の意《こころ》です。それに対して「大慈大悲心をもって（中略）衆生を利益する」ことを「度衆生心《どしゅじょうしん》（衆生を度する心）」といいます。これは仏さまの利他《りた》の意《こころ》です。

このように「浄土の慈悲」を説明されるときは、「念仏していそぎ仏になりて」という願作仏心（自利）と、浄土に往生してから「大慈大悲心をもっておもうがごとく衆生を利益するをいうべきなり」という度衆生心（利他）

と、二つ分けて説明されています。すなわち「浄土の慈悲」とは、「念仏していそぎ仏になりて」という願作仏心（自利）と、「大慈大悲心をもっておもうがごとく衆生を利益するをいうべきなり」という度衆生心（利他）とを成就することである。そのことが仏さまの「浄土の慈悲」であり、それはいいかえれば願作仏心が度衆生心となることである、といわれています。

しかし、なぜ「願作仏心」が「度衆生心」となるのであろうか。どうして「いそぎ仏になる」ことが、「大慈大悲心をもって、おもうがごとく衆生を利益する」ことになるのであろうか。

二、総願と別願

ここに「浄土の慈悲」の問題があります。すなわち仏さまが「総願」を成就するために、「別願」を発《おこ》されたことを知らなければなりません。

仏の本願には総願に対して別願というものがある。

然らば総願とは何ぞや。総願とは願作仏心・度衆生心である。（『選集』第五巻二四五頁）

「総願とは願作仏心・度衆生心である」が、願作仏心（仏に作ろうと願う心）とは「いそぎ仏になる」ことである。度衆生心（衆生を度する心）とは「大慈大悲心をもって（中略）衆生を利益する」ことである。この願作仏心と度衆生心を同時に成就することが仏さまの「総願」といわれているものである。総願とは総じてすべての仏や菩薩に共通して、願作仏心と度衆生心、自利《じり》と利他《りた》を同時に成就することを願う願、という意味です。

ところがこの願作仏心・度衆生心という二つの願事の間において大《おお》いなる矛盾撞着があるのである。何故なれば、願作仏心は自分が仏に成らうといふ願ひであり、度衆生心は他の衆生を救はうといふ願ひである。「自分が仏に成りたい」「他の衆生を仏にしたい」、かういふ二つの願ひを発《おこ》すは発すけれども、その二つはどれが先であるか、かういふやうに考へて来ると、どうもかうもならぬやうになつて来る。それは何故であるかと申しますと、自分が仏に成りたい、仏に成りたいが、仏に成るには衆生を救はなければ仏に成ることが出来ない。衆生を救はなければ仏に成ることが出来ないならば、願作仏心を成就するためには先づ度衆生心といふことを成就しなければならぬ。しかし度衆生心といふことを成就するためには、また願作仏心を成就しなければならない。衆生をどうしたら仏にすることが出来るか、それには先づ自分が仏になる必要がある。自分が迷うている、自分が煩悩具足の凡夫でありながら、自分が生死大海の中に沈んでおりながら、同じく生死大海に沈んでいる衆生を救ふことはたうてい出来ないことである。さうして見るといふと願作仏心・度衆生心の二つを対立的に考へるといふと、その二つの間において根抵的矛盾撞着を認めなければならぬと思ふ。(『選集』第五巻二四五頁)

このように願作仏心と度衆生心とを対立的に考えれば矛盾するのである。それを第四章でいえば、「いそぎ仏になる」ことを願う心と「大慈大悲心をもって、おもうがごとく衆生を利益する」心とは、これを対立的に考えれば矛盾するのである。

そこでこの矛盾をどのように統一して、願作仏心すなわち度衆生心といえるのか、という問題が起こるのである。この問題に対して、法蔵菩薩はこの二つの願を同時に成就するために「別願」といわれる本願を発《おこ》されたのである。別願とは法蔵菩薩が発された独自の本願で、それは「特別の願」という意味から「別願」といわれています。それが、法蔵菩薩が発起された四十八願です。

三、法蔵菩薩の別願

こゝに来つて「別願（法蔵菩薩の本願）」の問題といふものが起る。別願とは何であるか。この二つをどうしたら成就するか。どうしたら自分が仏になるべきであらうか（願作仏心）、また一切衆生を仏にすべきであるか（度衆生心）。

この二つを（我われの）信生活を離れて単に外的に見るから矛盾撞着がある。即ち（我われの）信仰経験から離れて、この二つの関係を考へるものであるからして、その二つの間の矛盾撞着は免れないでありませう。しかし一体、願作仏心（仏になろうとする心）・度衆生心（衆生を度する心）といふものは（我われの）信仰経験そのものである、信仰経験の事実そのものであります。さうして見るならば、その信仰の中《うち》に求められる。この信の中にこれを求めて来るならば、その内容は（法蔵菩薩の）願往生心（往生を願う心）といふものである。（『選集』第五巻二四六頁）

願作仏心と度衆生心を同時に満足するにはどうしたらよいのか、すなわち「いそぎ仏になる」ことと、「大慈大悲心をもって（中略）衆生を利益する」ことを同時に満足するにはどうしたらよいのか。そのために阿弥陀さまは五劫の間、思惟されて、ついに我われと体《たい》を同じくして、衆生（実は法蔵菩薩）の願往生心（往生を願う心）となってくださったのであった。それはそのまま、今我われが浄土を願生していることである。そしてその衆生が念仏によって救済されること（度衆生心）をとおして、仏が仏であることを自証されること（願作仏心、すな

願作仏心（仏の自利）
度衆生心（仏の利他）
→ 衆生（法蔵菩薩）の願往生心

わち仏がいよいよ本当の仏になろうとすること）、これが法蔵菩薩が発された「別願」であり、それがすなわち四十八願です。

そのことを今読んだ文中には、別願とは我われが浄土に願生したいという「信仰経験そのもの」に求めることができるのであり、我われの「この信の中《うち》にこれを求めて来るならば、その内容は（法蔵菩薩の）願往生心（往生を願う心）といふものである」と述べられています。

親鸞聖人は、自らの内面に往生を願わずにはおれないもの（願往生心）を見出されたのでしょう。すなわち親鸞聖人の「信仰経験そのもの」となっているのは何か。「この信の中《うち》にこれを求めて来るならば」、それは阿弥陀さまが親鸞聖人に体《たい》を同じくして発起された願往生心であった、と述べられたものです。

その願往生心について、

この願往生心といふ唯《ただ》一つの願ひは、これは仏が衆生の外に立つて居るのでなくして、正《まさ》しく生死大海の衆生の中《うち》に入り来つて（仏が我われと同体して、衆生を自覚して）吾われを呼び覚されるのである。いままで願作仏心・度衆生心などと云つて居つたところの仏は、つまり我われ衆生の外の岸の上に立つて居る仏であったであらう。ところがその仏さまが、「その」といふ形容詞のある仏さまが、現実にその願を実現するにあたって一転して、吾々の心、即ち信仰の中《うち》に入り来った。（仏が衆生の）信仰の中に自分の相を見出し、信の中に自分を見出したところが（法蔵菩薩の）願往生心であります。

仏に成る（願作仏心）といふことは自利であり、衆生を救ふ（度衆生心）といふことは利他である。この自利・利他の二つの願ひを如何《いか》にして成就しようか、この法蔵菩薩の問題が知りたいとならば、（仏が衆生を自覚し、衆生となって）往生を願求《がんぐ》する、浄土を求めるといふこと（衆生の願往生心となること）であります。浄土往生を求めるといふことたった一つであります。浄土を願生する（衆生の願往生心となって浄土に往生することを願ずる）といふことは、一面からいへば願作仏心は自己成仏の方面である。又他面から見れば衆生を救ふところの方面（度衆生心）である。即ち浄土に往生する（願往生心）といふことは、一面から見れば願作仏心を完成し、一面から見れば度衆生心といふものを満足する所以《ゆえん》である。（中略）かういふことを見出されて来たのが即ち法蔵菩薩の「別願」といふものである。法蔵の選択本願が超世無上の大願なる所以は、願生浄土（衆生の願往生心）の一つを以て、願作仏心・度衆生心の二つを統一した点にある。たゞ一つの原理によつてこの二つを同時に満足させるといふことを見出したのが、所謂法蔵菩薩の五劫思惟の本願と名づけられるものであります。

（『選集』第五巻二四七頁）

これは「念仏していそぎ仏に成る」こと（願作仏心）と、「大慈大悲心をもって（中略）衆生を利益する」こと（度衆生心）をどこで統一することができるのか。それは阿弥陀さまが我われと体《たい》を同じくして衆生の願往生心となってくださることである。それ以外に「念仏していそぎ仏に成る」こと（願作仏心）と、「大慈大悲心をもって（中略）衆生を利益する」こと（度衆生心）を同時に成就する「方法」はありません。

そのことを親鸞聖人のうえでいえば、仏さまが本願の救いから除外された親鸞聖人に体《たい》を同じくして、衆生の願往生心となる以外に方法はありません。仏さまからいえば、これが無上の方便（方法）です。

仏さまは「聖道の慈悲」をもって「もの（衆生）をあわれみ、かなしみ、はぐくむなり。しかれども、おもうがごとくたすけとぐること、きわめてありがた」きことを体験して、深い痛みと悲しみをもって「無有出離之縁」の身となってくださったのである。そして仏さまがその悲しみの底から「自力のこころをひるがえして」本願を発起されたのが法蔵菩薩の別願です。

そのことを第四章には、

今生《こんじょう》に、いかにいとおし不便《ふびん》とおもうとも、存知のごとくたすけがたければ、この慈悲始終《しじゅう》なし。

とおっしゃっておられます。「この慈悲始終なし」とは、法蔵菩薩の「聖道の慈悲」が極まるところがないから、「浄土の慈悲」も極まるところがない、ということです。それはいいかえれば、法蔵菩薩は永久にご修行される、ということです。

そして阿弥陀さまが「自力のこころをひるがえして」本願を発起されたことが、衆生の「念仏もうさんとおもいたつこころ」です。それが衆生の願往生心であり、それが「念仏もうす」ことです。

それ故に「浄土の慈悲」を感得体験された親鸞聖人は、

念仏もうすのみぞ、すえとおりたる大慈悲心にてそうろうべき。

と、最後の結論を語られたのでした。

第五章

本文

親鸞は父母《ぶも》の孝養《きょうようよう》のためとて、一返にても念仏もうしたること、いまだそうらわず。そのゆえは、一切の有情《うじょう》は、みなもって世々《せせ》生々《しょうしょう》の父母兄弟なり。いずれもいずれも、この順次生《じゅんじしょう》に仏になりてたすけそうろうべきなり。わがちからにてはげむ善にてもそうらわばこそ、念仏を回向して、父母をもたすけそうらわめ。ただ自力をすてていそぎ浄土のさとりをひらきなば、六道《ろくどう》・四生《ししょう》のあいだ、いずれの業苦にしずめりとも、神通《じんづう》方便《ほうべん》をもって、まず有縁《うえん》を度《ど》すべきなり、と云々。

意訳

親鸞は（自分のちからで）父母を孝養《きょうよう》しようと思って念仏したことはいまだ一度もありません。そのゆえは（「浄土のさとり」を得ることができた今、過去をふりかえってみれば）、あらゆる有情《うじょう》（衆生）は皆、生まれかわり死にかわりして、それぞれの世において、あるいは父となり母となり、あるいは兄弟（となってお育ていただいたの）であった。（また未来をみれば）いずれも（父母兄弟が）次の生《しょう》において（還相して）仏になってたすけてくださるのである。（念仏は）自分のちからで励んで（父母をはじめとする有情を）救うことができる善であるならば、（こちらから）念仏を回向して父母をたすけることもできるだろう。（けれども自力を尽くして、自力のこころではどうすることもできないことを知って）ただ自力のこころをすてたならば（ただ自力のこころを転じたならば）直ちに「浄土のさとり」が開けてくるのである。そうすれば、（お念仏のはたらきによって）六道・四生《ししょう》（といわれる業苦の境遇）にあって、どのような業苦の中《うち》に沈んでいる者であっても、神通方便《じんづうほうべん》（お念仏の還相回向）によって、まず有縁《うえん》の者を救うてくださるのである。このように仰せになりました。

一、浄土のさとり（還相回向）

第四章の結論は「念仏もうすのみぞ、すえとおりたる大慈悲心にてそうろう」です。その「大慈悲心」を感得したところから開かれてきた世界を、第五章では「いそぎ浄土のさとり」を開く、とおっしゃっておられます。第五章で中心となるところは、「ただ自力をすてていそぎ浄土のさとりをひらきなば」といわれているところです。「ただ自力をすてて」といわれているが、「自力」とは「自力のこころ」（第三章）であり、それは我執我見の煩悩である。それは虚偽《こぎ》の心である。その「自力」を「ただすてて」とは、ただ「自力のこころをひるがえす」（第三章）ことです。その時、直ちに信心の智慧を得て「浄土のさとり」が開かれてくるのである。「浄土のさとり」が開かれるとは、還相回向の世界が開かれてくることです。

第五章は、第四章を承けてお念仏のはたらきについて語られたところです。「ただ念仏もうす」（第四章）ところには往相回向と還相回向のはたらきを得ることができるのであるが、そのなかでもとくに第五章は還相回向のはたらきを中心に語られています。還相回向とは仏さまが浄土からこの娑婆世界に「還《かえ》ってこられた相《すがた》」という意味で、仏さまがこの娑婆世界で有縁《うえん》の人びとを教化《きょうけ》されるはたらきである。そのことを第五章では「六道・四生のあいだ」といわれる業苦の世界にあって、「いずれの業苦にしずめりとも」、どのような業苦の中に沈んでいる者であっても、「神通《じんづう》方便をもってまず有縁を度す」る、と記されています。「六道・四生のあいだ」といい、「いずれの業苦にしずめりとも」といい、「まず有縁を度す」といわれるのは、善鸞事件を背負っておられる親鸞聖人ご自身のことをおっしゃったのでしょう。「神通方便をもって、まず有縁を度す」ることが、正《まさ》しく還相回向をいわれたものです。

さて、「ただ自力をすてていそぎ浄土のさとり」が開かれてきた世界を、

親鸞は父母の孝養のためとて、一返にても念仏もうしたること、いまだそうらわず。そのゆえは、一切の有情は、みなもって世々生々の父母兄弟なり。いずれもいずれも、この順次生に仏になりてたすけそうろうべきなり。

と語っておられます。これは「浄土のさとり」、すなわち仏さまの還相回向の世界を語られたのである。この「浄土のさとり」は、「ただ自力をすて」ることによって開かれてくるのであるが、その「浄土のさとり」は、直ちにその一人《いちにん》の内面に開かれてきます。

この「浄土のさとり」が開かれてくれば、直ちに「親鸞は父母の孝養のためとて、一返にても念仏もうしたること、いまだそうらわず」、むしろ父母のおかげで親鸞は「念仏もうす」ことができるのである、という還相回向の世界が開かれてくるのである。またこの現在の一念に立てば、過去の一切の有情《うじょう》が父母兄弟となって今、親鸞が「念仏もうす」ことができるのであり、また未来には仏さまが、その父母兄弟となって助けてくださるのである。そういう「浄土のさとり」の世界が開かれてきたのである。その世界を語られたのが第五章です。

二、父母の孝養のため念仏もうしたることいまだそうらわず

本文に入ります。

親鸞は父母《ぶも》の孝養《きょうよう》のためとて、一返にても念仏もうしたること、いまだそうらわず。

「孝養」とは、辞書によれば「孝行し、養う」という意味です。しかしここでいわれている「孝養」とは、単に孝行、あるいは今は亡き父母に対する追善供養という意味だけではなくて、もっと広い意味でいわれているように思われます。それは第四章で仏の大慈悲心が語られていましたが、その大慈悲心を承けて、その慈悲のはたらきを第五章で「孝養」といわれたもの、と思われます。

一応、意訳すれば、「親鸞は一返も父母の孝養のために念仏申したことはありません」ということであるが、文字どおりに解釈すれば大いに誤解されます。この言葉を従来より「親鸞は父母の供養のために一度も念仏申したことはない」、「念仏は父母を供養するためではない」と了解されていたようです。

しかしこれは今申したように「ただ自力をすてて」、すなわち「自力のこころをひるがえした」時、直ちに「浄土のさとり」が開かれてきたのである。その開かれてきた現在の「浄土のさとり」をこうおっしゃったものです。その「浄土のさとり」の開かれてきた一念においては、「父母の孝養のためとて、一返にても念仏もうしたること、いまだそうらわず」とは、親鸞の方から父母を供養するために念仏申したことはない、むしろ反対であって、仏さまが父母となって、今、親鸞は父母から孝養を受けて念仏申す（父母を孝養する）ことができるのである、こういう御意《おこころ》をおっしゃったのである、と領解すべきでしょう。

三、一切の有情は、みなもって世々生々の父母兄弟なり

次に、

そのゆえは、一切の有情《うじょう》は、みなもって世々《せせ》生々《しょうじょう》の父母兄弟なり。

これも「浄土のさとり」であるが、これは「浄土のさとり」が開かれた一念の信において「過去」をふりかえってこうおっしゃったものである。その「過去」をふりかえりみれば、過去はみな還相回向のお育てを蒙ってきたのであった、その還相回向の歴史観を語られたのが「一切の有情は、みなもって世々生々の父母兄弟なり」といわれることです。

ここに「浄土のさとり」が開かれてきた一念の信の「現在」において、その現在からふりかえった「過去」、および次に「順次生《じゅんじしょう》」といわれる「未来」の三世が開かれてきます。

これは三世因果が出ている。三世因果とは仏法以外にない。流転輪廻ということは印度の思想であらう。三世因果は仏教の正法である。六道輪廻、輪廻思想は外道でもいふ。三世因果は仏法で初めていふ。この三世因果といふのは仏教の一つの歴史観。「一切の有情はみなもて世々生々の父母兄弟なり」、これは人間の宿業観を以て目に見えるやうにはっきりといわれる。（中略）「一切の有情はみなもて世々生々の父母兄弟なり」、これがつまり仏の大慈悲心。「一切の有情はみなもて世々生々の父母兄弟なり」といふ御因縁を以て仏と我々との間に深いつながりを持つ。（中略）これは宿善開発の人にして始めて出来ることである。（『選集』第六巻一八四〜一八五頁）

「三世因果」とは、「浄土のさとり」が開かれた歴史観をいわれたものです。その歴史観とは、「浄土のさとり」が開けた信の一念の「現在」において、よくよく案ずれば、「現在」の中に過去があり、未来があり、という歴史観である。そのことを「三世因果といふのは仏教の一つの歴史観」である、と述べられているが、それは「宿善開発の人にして始めて出来ること」です。宿善開発した「現在」に立ってふりかえってみれば、過去の「一切の有情は、みなもて世々生々の父母兄弟なり」と知ることができるのである。それが三世因果を知ることです。

三世因果を知るといわれているが、それは自分で知ることはできません。法蔵菩薩の強縁《ごうえん》を感得することによって、はじめて「ただ自力をすてていそぎ浄土のさとり」がひらけて、三世因果を知ることができます。

ふりかえってみれば、我われは自分が流転してきたと思っているが、すでに久遠《くおん》の昔から法蔵菩薩が我われに体《たい》を同じくして流転してくださっていたのであった。そのことが今ようやくわかるのである。そのことを知らずに自分が苦労してきたとばかり思ってきたが、法蔵菩薩が、自分が苦労してきたと思っている我われと一緒に流転してくださって、我われのことを我われ以上に悲しみをもって案じてくださっていたのであった。我われはそういう仏さまとの深い因縁のつながりによって「現在」があることを知らなければならない。そういう歴史観が「三世因果」を知ることであり、そのことを第五章では「一切の有情は、みなもって世々生々の父母兄弟なり」といわれています。

次に、「一切の有情は、みなもて世々生々の父母兄弟なり。これは人間の宿業観を以て目に見えるやうにはっきりといわれる」と述べられているが、「宿業観」とは、仏さまが我われの業を我が宿業として引き受けて、我われが迷えば仏さまも一緒に迷って、一緒に流転してくださったのであった。そして仏さまが「一切の有情」は「みなもって世々生々の父母兄弟」となって下さったのである。そのことを「これは人間の宿業観を以て目に見えるやうにはっきりといわれる」と述べられたのでしょう。そうして今日、我われの大いなる「現在」があります。

次に、「『一切の有情は、みなもて世々生々の父母兄弟なり』、これがつまり仏の大慈悲心。『一切の有情は、みなもて世々生々の父母兄弟なり』といふ御因縁を以て仏と我々との間に深いつながりを持つ」といわれているが、これは我われは悲しいことやつらいことを経験してきたと思っているが、仏さまも我われと体《たい》を同じくして一緒に流転して、「『一切の有情はみなもて世々生々の父母兄弟なり』といふ御因縁を以て仏と我々との間に深いつながり」をもって我われをお育てくださったのであった。これが「仏の大慈悲心」である、と述べられたのでしょう。

同じことであるが、そのことを次のように述べられています。

> 我々は長い間その法蔵のお育て、阿弥陀因位の法蔵のお育てを受けた。法蔵の修行とは書いてないが、一善おこしても衆生のため、一行つんでも衆生のためというようなことが『華厳経』に書いてある。事実そんな法蔵とは何処《どこ》におるか。我々が眼を開くと結婚の相手、そこにも法蔵を見る。それによって自分が育てられる、この生《しょう》だけでなく世々生々の間、夫婦となり、友人となる。「みなもて世々生々の父母兄弟」である。父となり、母となり、兄弟となって、兆載永劫《ちょうさいようこう》の間自分一人《いちにん》をお育て下された。（『講義集』第七巻一八九頁）

「兆載永劫」の「劫」とは仏さまの時間をあらわす言葉です。我われ人間の時間は「年」「月」「日」「時」ですが、仏さまの時間の単位は「劫」です。たとえば「五劫思惟《ごこうしゆい》」「今に十劫をへたまえり」といいます。とくに法蔵菩薩のご修行を「兆載永劫の修行」といわれるのは、今生《こんじょう》からのことではない、久遠《くおん》の昔から生まれかわり死にかわり、死にかわり生まれかわりして、仏さまが永い間我われと一緒にご修行されて私一人《いちにん》をお育ていただいてきたのである、という歴史観をおっしゃったのでしょう。その「兆載永劫の修行」を身に感得して述べられた言葉が、「一切の有情は、みなもて世々生々の父母兄弟なり」です。

四、順次生に仏になりてたすけそうろうべきなり

一、順次生は現在にあり

次に、「いずれもいずれも、この順次生《じゅんじしょう》に仏になりてたすけそうろうべきなり」。これも「浄土のさとり」の内容です。

これまでは「浄土のさとり」が開かれてきた信の一念の「現在」において「過去」をふりかえってみれば、「一切の有情は、みなもって世々生々の父母兄弟なり」といわれたのであるが、次に「浄土のさとり」が開かれてきた信の一念における「未来」には、「いずれもいずれも、順次生に仏になりてたすけそうろうべきなり」といわれています。「順次生」といわれる「未来」には、父母兄弟をはじめとする「一切の有情」がみな仏さまとなって、すなわち還相回向の菩薩となって助けてくださるのである、といわれたものです。

「順次生」とは、一応は文字のうえからいえば「この次の生」ということで「未来」です。しかしこれは単に我われが死んだ後に還相回向のはたらきをする、という意味の「未来」ではありません。

問　『歎異抄』の第五条には「いづれもいづれもこの順次生に仏になりてたすけさふらふべきなり」とありますが、先生はこの還相回向も現生《げんしょう》にありとおっしゃるのでしょうか。

これはある人が曽我先生に尋ねられた質問です。少しこの質問を補足すると、普通一般に「順次生に仏になりてたすける」といえば、我われが死んだ後に仏になって還相回向のはたらきをすると了解されているために、それに

対して「先生はこの還相回向も現生《げんしょう》にありとおっしゃるのでしょうか」と質問されたものです。
その質問に対して曽我先生は、

曽我　「往相」と「還相」。往相は現在にあり、還相は未来にあると――、こういうふうにありまするけれども、そうしないというと筋道がたたないものだから、人間の意識の上で領解していくにはそうしないと筋道がたたないものだから、還相というものを未来（順次生）におくと、そういうのが『歎異抄』のお言葉でございます。けれども、『正像末和讃』をもって照らしてみるというと、還相もまた現在にあり。如来の回向というものが本《もと》であります。（『親鸞との対話』二一二頁）

その『正像末和讃』について次のように述べられています。

一体、還相回向は全く未来に、仏に成ってそれから始めて人を救うことが出来るのか、この生《しょう》には何も出来ないのかということになると、『正像末和讃』に

浄土の大菩提心は（ひたすらに）　願作仏心《がんさぶっしん》をすすめしむ
すなわち願作仏心を　度衆生心《どしゅじょうしん》（還相回向）となづけたり

先ず、専ら、唯だ、純粋に願作仏心（仏に作ろうと願う心、すなわち往相回向）一つをすすめる。命あらん限り願作仏心で通してゆけと。別に度衆生心（衆生を度する心、すなわち還相回向）なんて考える必要はないと。願作仏心のほかに度衆生心というものが別にあるわけでない、と言うてある。（中略）『正像末和讃』で見ると、還相回向も未来を待たぬもので、さながら現生《げんしょう》であるとお示しなされてある。

如来の回向に帰入して　願作仏心をうるひとは
自力の回向をすてはてて　利益有情《りやくうじょう》（還相回向）はきわもなし

還相回向は何も命終らなければ還相回向はないというわけでもない。（『親鸞の大地』八五～八七頁）

この願作仏心は現生《げんしょう》において「如来の回向に帰入」する。そのことによって得ることができた願作仏心である。それ故に現生において「利益有情はきわもなし」です。「利益有情はきわもなし」とは度衆生心、すなわち還相回向のはたらきが「きわもなし」です。その自力の回向をすてはてれば、未来ではなくて、現生《げんしょう》において「利益有情はきわもなし」、すなわち還相回向は現生において「きわもなし」です。

二、還相回向は無意識のはたらき

次に、往相回向と還相回向のはたらきを、意識と無意識の二面から述べられています。

往相の方は自分の意識の表面に浮んで来るものであろうが、還相回向は意識の表面に現われないものである。還相回向は無意識、往相は意識であると解釈して、《未来》とおっしゃるのは無意識のはたらきである。我々は意識のはたらきだけ尊重しているが、意識の上に現われるものは極めて少いものであって、心のはたらきの大部分は無意識のものである。（『親鸞の大地』八七頁）

第五章では「順次生に仏になりてたすけそうろうべきなり」と記されてあるから、還相回向は未来であるように考えられているが、それは単なる時間の上の未来ではなくて、我われにおいては無意識のはたらきである、と教えられたものです。とくに往相回向は求道生活であるから意識的なものであることはいうまでもないが、「還相回向は無意識である」と教えられたことは大切な意味をもっています。

次に「意識の上に現われるものは極めて少い」と述べられていますが、「意識」とは一念の信が発起されて往相

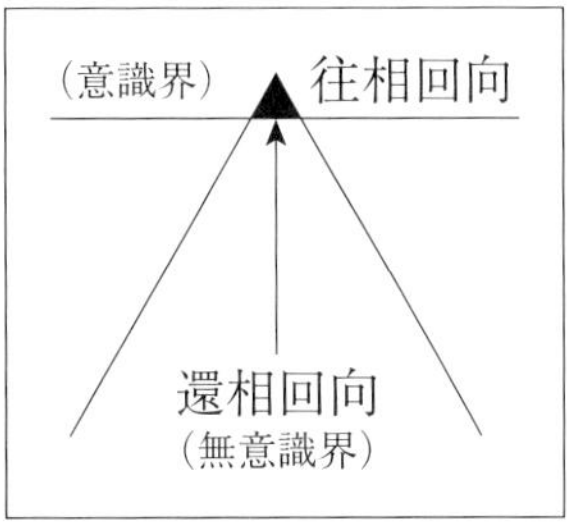

する（求道する）ことです。その一念の信意識は「氷山の一角」のごとき一刹那の出来事であるから「意識の上に現われるものは極めて少い」のである。それに対して「心のはたらきの大部分は無意識のものである」。それは氷山の水面下のごとく、還相回向のはたらきは深く広くて限りがない、だから還相回向は我われの意識を超えて限りなくはたらいて、「利益《りやく》有情はきわもなし」です。

三、還相回向は後ろ姿

還相回向とは「現生《げんしょう》」においてお念仏の徳がはたらくことであり、それは我われからいえば「無意識」のはたらきであるが、更に還相回向とは「後ろ姿」であるといわれています。

生きているうちに還相があるかないか議論する必要はない。自分自身の問題について真剣に専注している人は、他人様のことなど考える暇はない。（中略）その人の心持はその人の姿に形に現われる。それを還相という。前から見れば往相。後から見れば還相。大概の人は後ろ姿を考えないで前姿を第一に考えている。女の人は合わせ鏡を用意して一応は後ろ姿を見るが、一応に過ぎないので、殆ど前姿を見ることに専注している。往相は前姿、還相は後ろ姿だ。後ろ姿は自分に見えないが、他の人に見える。還相は後ろ姿である。自分の後ろ姿を見ようとキョロキョロすると危い。超意識に還相の徳が現在にちゃんと現われておる。「未来」というけれども、未来も現在の内容である。
親が子供を教える。口や目は前にある。親は一応前姿で教えるのであるが、本当の親の姿は後ろ姿である。後ろ姿は実践実行の姿である。前姿は、子供を叱ったり口でやかましく言う。けれども、子供はどこを見ているかと言うと、後ろ姿を見ている。親の気のつかぬところの後ろ姿を子供は見ていて、親を敬うたり軽しめたりする。だから、言葉を以て教えることは大切で必要だが、無言の教えが子供を教えるについての大切な力を持っている。そういうのを「還相」という。そういうものは未来だと言うことは出来ない。本人には気がつかないけれども子供はちゃんと現在見ている。そういうのを「教人信」という。（『講話集』第五巻一一九〜一二二頁）

第五章に「順次生に仏になりてたすけそうろうべきなり」と記されている「順次生」とは、単なる未来ではない。現生《げんしょう》におけるお念仏のはたらきであり、それは我われの無意識界のはたらきであるが、また還相回向は「後ろ姿」であると教えられています。そうすれば「前姿」は往相回向になります。往相回向は我われの「前姿」、還相回向は「後ろ姿」です。

したがって我われにできることは、ひたすら願作仏心、仏に作《な》ることを願う心あるのみです。二種回向でいえば往相回向の求道あるのみです。往相回向は恒《つね》に信の初一念に立って求道するはたらきですから、往相回向は意識的な求道生活です。その往相回向を歩むものの「後ろ姿」が還相回向のはたらきをします。

その還相回向のはたらきは無意識的なはたらきであるが故に我われにはわかりません。また自分の「後ろ姿」はどんなものだろうかと、「自分の後ろ姿を見ようとキョロキョロすると（前方が）危い」と述べられているように、還相回向を意識すると往相回向は危なくなります。還相回向は意識的なものではなくて、我われの意識を超えて仏さまがはたらいてくださることです。それが南無阿弥陀仏のはたらきです。

五、念仏のはたらき（還相回向）

一、煩悩の林に遊んで神通を現す

これまでは「順次生《じゅんじしょう》」と記されていることを考えてきましたが、次に「順次生」において仏さまが「一切の有情」となって助けてくださることを、「いずれもいずれも、この順次生に仏になりてたすけそうろうべきなり」とおっしゃっておられます。

「いづれもいづれも、この順次生に仏になりてたすけさふらふべきなり」。仏となればその時に還相して教化《きょうけ》地《じ》に至り、煩悩の林に遊んで神通《じんづう》を現すことが出来る。（仏さまは）真実に煩悩の林に遊んで而も煩悩に汚されない。煩悩の林に遊ぶことは煩悩をおこすことに自在である。びくびくしておこすのではなく真実に心の底から煩悩をおこされる。真実に心から親を愛し妻子眷属を愛する。これ即ち煩悩の林に遊んで神通を現すことである。心は「煩悩の林に遊んで神通を現し」、身は「生死の園《その》に入って応化《おうげ》を示す」、心と身とである。「生死の園に入って応化を示す」は身である。「煩悩の林に遊んで神通を現す」は心である。（『選集』第六巻一八七頁）

仏さまは自力我執に迷う衆生を救うために、仏さまも自力我執に迷う衆生と同体してくださったのである。そのことが、仏が還相して教化《きょうけ》地《じ》に至ることです。そのことを「仏となればその時に還相して教化地に至り、煩悩の林に遊んで神通を現すことが出来る」と述べておられます。「教化地」とは我われの現実の生活、すなわち「宿業の大地」です。そこが、仏さまが教化される「仏地」です。

仏さまは自力我執で迷う衆生を救うために、仏自らが衆生の自力我執の煩悩と体《たい》を同じくされるのである。しかし仏さまは少しも衆生の煩悩に汚されないで、むしろ心の奥底から煩悩を起こして、その煩悩を転じられます。「(仏さまは)真実に煩悩の林に遊んで而も煩悩に汚されない。煩悩の林に遊ぶことは煩悩をおこすことに自在である。びくびくしておこすのではなく真実に心の底から煩悩をおこされる」のである。

これが還相回向のはたらきです。それはタスケテの仏さまがタスケラレテ(衆生)となって教化《きょうけ》されるのである。しかし還相回向によって助けられた衆生は、往相回向の利益を得て、その衆生はやがて衆生を助ける阿弥陀仏の還相回向のはたらきとなるのである。それが仏さまの還相回向のはたらきであるが、そのことを第五章では「いずれもいずれも、順次生に仏になりてたすけそうろうべき」といわれている所以でしょう。

往相回向は専らお念仏であり、還相回向は人生百般悉く還相回向であり仏道である。かういふことになると思ふ。何か還相回向といふことは往相回向と同じく範囲を狭く考へていては間違ひで、人生百般凡《すべ》てみな仏法たることを示すものが還相回向である。(『選集』第六巻一九〇頁)

還相回向のはたらきによって往相回向の利益を得るのである。その往相回向はただ親鸞一人がひたすら浄土を求めて求道することである。そのことを蓮如上人は「往生は一人《いちにん》一人のしのぎなり」(『蓮如上人御一代記聞書』一七二、聖典八八五頁)といわれています。往相は一人《いちにん》である。

その往相する一人の行者をとおして仏さまの還相回向がはたらいてくださるのであるが、その還相回向は往相する一人の行者の思いをはるかに超えて、「人生百般凡《すべ》てみな仏法たることを示すものが還相回向」になります。往相回向は一人であるが、還相回向は無数です。「還相回向は人生百般悉く還相回向であり仏道」です。

二、ただ自力をすてる

これまでは親鸞聖人が感得された「浄土のさとり」について考えてきましたが、次にどうしてその「浄土のさとり」が開かれるのか、について語っておられます。

わがちからにてはげむ善にてもそうらわばこそ、念仏を回向して、父母をもたすけそうらわめ。ただ自力をすてていそぎ浄土のさとりをひらきなば、六道・四生のあいだ、いずれの業苦にしずめりとも、神通方便《じんづうほうべん》をもって、まず有縁《うえん》を度すべきなり、と云々。

どうして「浄土のさとり」が開かれるのか。それは繰り返すことになるが、「ただ自力をすてる」ことです。ここが第五章の要です。自力とは、何とかして「わがちからにてはげむ善にて（中略）念仏を回向して、父母をもたすけ」ようとすることです。これははじめに申したように虚偽《こぎ》の心です。「ただ自力をすてて」とは、ただその自力我執の虚偽《こぎ》の心を捨てることです。しかしこの「自力のこころ」を捨てることは容易なことではありません。否、自力のこころを立場としている我われが自分で「自力のこころ」を捨てることはできません。仏さまの還相回向のはたらきによってのみ、はじめて「自力のこころ」を捨てることができます。すなわち仏さまが我われに随順して迷いの身となって、仏さまも「自力のこころ」となってくださるのであるが、「自力のこころ」になられた仏さまがその「自力のこころ」を転じてくださることによって、はじめて我われは「自力のこころ」を転じられるのである。

そのことで憶《おも》いおこすことがあります。それは清沢先生がつくられた俳句です。それは、

外よりは　手もつけられぬ栗害《りつがい》を　内よりやぶる　栗の毬《いが》かな

という俳句です。毬栗《いがぐり》は外から栗を取り出そうとしても痛くて取り出せません。清沢先生がその「毬栗」に自分の姿を見出して、「外よりは手もつけられぬ栗害を」と俳句《うた》にされています。「栗害」とは「自力のこころ」という毬《いが》を砦《とりで》にして、栗の中に閉じこもって「我《が》」で武装している、ということを俳句《うた》にされたのでしょう。その「我《が》」で躓《つまず》き、「我」に懊悩《おうのう》して、「我」に転《ころ》んで、「我」に破れたご自身のことをこのように句《うた》われたようです。清沢先生はもとより哲学の道を歩まれた人です。その哲学が自力の無効であることを知って、「ただ自力をすてて」他力の信心を獲《う》るに至ったところからふりかえってみれば、これまで歩んできた道は「我《が》」との血みどろの闘いであった。

その我の強い清沢先生がどうして「内よりやぶる栗の毬かな」と句《うた》われたのだろうか。それは仏さまが清沢先生の「自力のこころ」に随順して、そしてその「自力のこころ」を内より転じてくださることを感得してこのように句《うた》われたのでしょう。その「内よりやぶる」ものとは何かと考えてみるに、それは清沢先生のお母さんであるように思われます。清沢先生のお母さんは「たき」という方ですが、お母さんはいつも近くのお寺へかよって、「薄紙一重《ひとえ》むこうがわからない」といって、ひたすら聞法しておられた人です。

そして清沢先生が明治二十六年に東京帝国大学へ入学された時、お母さんも清沢先生と一緒に上京されます。お母さんは、上京するのだから「すべてを新しくなっていきたい」といわれて、四十五歳で黒髪を断った、と伝えられています。

その「薄紙一重むこうがわからない」といって聞法を重ねておられたお母さんに対して、清沢先生は絶筆『我が信念』を書かれたようです。その『我が信念』は、「私は常々信念とか如来と云ふことを口にして居りますが、其の私の信念とは如何なるものであるか、私の信ずる如来とは如何なるものであるか、今少しく之を開陳《かいちん》しようと思います」という出だしで書かれています。その『我が信念』をよく読んでみれば、これは清沢先生が自分の胸の中に生きておられる、今は亡きお母さんに対して書かれた信仰の告白書であったように思われます。

そこから考えてみれば、いったい清沢先生を求道させているものは何であろうか。それはひたすら聞法しておられた「たき」というお母さんではないか。それは仏さまが「たき」というお母さんとなって、「外よりは手もつけられぬ栗害」の清沢先生の「自力のこころ」を、内より破ってくださった法蔵菩薩ではないか。そのことを身に感じ取られて、「内よりやぶる栗の毬かな」と句《うた》われたように思われます。すなわちその法蔵菩薩が清沢満之の「煩悩の林に遊んで神通を現じて」、清沢先生の願往生心となって、清沢先生の「自力のこころ」を内から破ってくださったのではないか、とも考えられます。そこに本願の歴史の力を感じます。

その「自力のこころ」を破られた世界が「浄土のさとり」であるが、その「自力のこころ」を破るはたらきが還相回向です。親鸞聖人はこの還相回向のはたらきを身に感得されて、「親鸞は父母の孝養のためとて、一返にても念仏もうしたること、いまだそうらわず」、今、親鸞は父母から孝養を受けて念仏申す（父母を孝養する）ことができるのである、といわれたのでしょう。

三、神通方便

これまでは「ただ自力をすてていそぎ浄土のさとりをひらきなば」とおっしゃったことを考えてきました。最後に、
六道・四生のあいだ、いずれの業苦にしずめりとも、神通方便《じんづうほうべん》をもって、まず有縁《うえん》を度すべきなり。
と結ばれています。

「六道・四生」といわれる「六道」とは、地獄・餓鬼・畜生・修羅・人間・天上界のことであり、「四生《ししょう》」とは胎生・卵生・湿生・化生《けしょう》の四種類の生まれ方ですが、それらはいずれも「業苦」の世界をいわれたものです。

そして「いずれの業苦にしずめりとも、神通方便をもって、まず有縁を度すべきなり」とありますが、その「神通方便」とは、仏さまが業苦に沈んでいる聖人（衆生）に随順して、仏さまも「六道・四生のあいだ」といわれる業苦に沈んで、そしてその業苦を転じて衆生を救済される不思議なはたらきをいいます。すなわち業苦に沈む衆生の「煩悩の林に遊んで神通を現じ」て、その衆生を救う還相回向のはたらきを「神通方便をもって、まず有縁を度すべきなり」といわれたものです。

その「業苦にしずむ衆生」とは、善鸞事件を背負っている親鸞聖人ご自身のことをいわれたのでしょう。そして業苦にしずむ親鸞こそが、仏さまの還相回向によって救われる第一人者である、と身に感得されて、「まず有縁を度すべきなり」と、如来の勅命を蒙られたのでしょう。

第六章

本文

専修《せんじゅ》念仏のともがらの、わが弟子ひとの弟子、という相論のそうろうらんこと、もってのほかの子細《しさい》なり。親鸞は弟子一人《いちにん》ももたずそうろう。そのゆえは、わがはからいにて、ひとに念仏をもうさせそうらわばこそ、弟子にてもそうらわめ。ひとえに弥陀の御《おん》もよおしにあずかって念仏もうしそうろうひとを、わが弟子ともうすこと、きわめたる荒涼《こうりょう》のことなり。つくべき縁あればともない、はなるべき縁あればはなるることのあるをも、「師をそむきてひとにつれて念仏すれば往生すべからざるものなり」なんどいうこと、不可説なり。如来よりたまわりたる信心を、わがものがおにとりかえさんともうすにや。かえすがえすもあるべからざることなり。自然《じねん》のことわりにあいかなわば、仏恩をもしり、また師の恩をもしるべきなり、と云々。

意訳

念仏者の中において、「我が弟子だ、他の人の弟子だ」という争いがあると聞いているが、それはもってのほかのことである。親鸞は弟子一人《いちにん》も持っておりません。なぜなら、自分の智慧・才覚で人に念仏を申させることができるのであれば「我が弟子」ともいえよう。（しかし）ただひとえに阿弥陀さまの御《おん》もよおし（勅命）によって念仏申しておられる人を「我が弟子」ということは、とんでもないことである。つくべき縁があればともなうのであり、離れるべき縁があれば離れていくのである。だから「師匠にそむいて、他の師匠のところへいって念仏申すものは往生することはできない」、などというのは言語道断である。（そういう人は）如来よりたまわりたる信心（如来回向の信心）を、自分が与えた信心であると思っているのであろうか。そのようなことは、かえすがえすもあってはならないことである。（しかし師の恩というものは全く無用のものかといえば、そうではない。今までのしてきたことが自力のこころであったことが知られて）自然《じねん》のことわりにかなえば（自力のこころをひるがえして他力をたのみたてまつれば、自《おの》ずから）「仏恩」を知ることになり、また「師の恩」をも知るべきである。このように仰せになりました。

一、親鸞は弟子一人ももたず

第六章は「わが弟子ひとの弟子」という師弟関係をとおして、大慈悲心、すなわちお念仏のはたらきを述べられたところです。具体的には関東教団において「わが弟子ひとの弟子」という諍論が起こったことをとおして、お念仏のはたらきを述べられたところです。

この章は「親鸞は弟子一人《いちにん》ももたずそうろう」と述べられているところで、『歎異抄』の中でもひときわ注目をひくところです。なぜ親鸞聖人が「親鸞は弟子一人ももたずそうろう」と述べられたのでしょうか。そのことを次に、「専修念仏のともがらの、わが弟子ひとの弟子、という相論のそうろうらんこと、もってのほかの子細なり」と記されていますから、「わが弟子ひとの弟子」という相論があって「親鸞は弟子一人ももたずそうろう」とおっしゃったことがわかります。「相論」とは「諍論」の写し誤りでないかと思われますが、言い争うことです。実際に関東教団の「専修念仏のともがら」において、「わが弟子ひとの弟子」という諍論があったことが覚如上人の

『口伝抄』に具体的に記されています。少し長くなりますが引用してみます。

常陸《ひたち》の国新堤《にいづつみ》の信楽坊《しんぎょうぼう》、聖人親鸞の御前にて、法文の義理ゆえに、おおせをもちいもうさざるによりて、突鼻《とつび》にあずかりて（きびしく責められて）、本国に下向のきざみ、御弟子蓮位房《れんにぼう》もうされていわく、「信楽房の御門弟の儀をはなれて、下国のうえは、あずけわたさるるところの本尊をめしかえさるべくやそうろうらん」と。「なかんずくに、釈親鸞と外題《げだい》のしたにあそばされたる聖教おおし。御門下をはなれたてまつるうえは、さだめて仰崇《ぎょうそう》の儀なからんか」と、云々。

聖人のおおせにいわく、「本尊・聖教をとりかえすこと、はなはだ、しかるべからざることなり。そのゆえは、親鸞は弟子一人ももたず。なにごとをおしえて弟子というべきぞや。みな如来の御弟子なれば、みなともに同行なり。念仏往生の信心をうることは、釈迦・弥陀二尊の御方便として発起すとみえたれば、まったく親鸞がさずけたるにあらず。

当世たがいに違逆《いぎゃく》のとき、本尊・聖教をとりかえし、つくるところの房号《ぼうごう》をとりかえし、信心をとりかえすなんどいうこと、国中に繁昌と、云々。返す返すしかるべからず。本尊・聖教は、衆生利益《りやく》の方便なれば、親鸞がむつびをすてて、他の門室にいるというとも、わたくしに自専《じせん》すべからず。如来の教法は、総じて流通物《るづうもつ》なればなり。しかるに、親鸞が名字《みょうじ》ののりたるを、法師にくければ袈裟さえの風情に、いといおもうによりて、たとい、かの聖教を山野にすつというとも、そのところの有情《うじょう》群類、かの聖教にすくわれて、ことごとくその益《やく》をうべし。しからば衆生利益の本懐、そのとき満足すべし」。（聖典六五五頁）

今引用したことに若干の説明を加えながら意訳しますと、親鸞聖人がご在世のころ、当時の一般の風習として、師匠に弟子入りをすると、師匠はお聖教に自分の名を署名して弟子に与える、また弟子は門下を離れる時は、与えられたお聖教を師匠に返す、という風習が行われていたようです。

そのことが今読んだ『口伝抄』の中に、「当世たがいに違逆《いぎやく》のとき（弟子が師匠と仲違いするとき）、本尊・聖教をとりかえし、つくるところの房号《ぼうごう》をとりかえし、信心をとりかえすなんどいうこと、国中に繁昌と、云々」。すなわち弟子が師匠の門下を離れるときは、ご本尊やお聖教、そして「房号」も師匠に返さねばならない、そういう風習が「国中に繁昌」、盛んに行われていた、と記されています。「房号」とは「坊号」ともいいますが、たとえば法然上人は「法然房」、親鸞聖人は「善信房」、唯円は「唯円房」といわれるように、弟子になるときに師匠から賜わる名前を「房号」あるいは「坊号」といいます。

それで常陸《ひたち》の国（現在の茨城県）に「新堤《にいづつみ》の信楽坊《しんぎょうぼう》」という親鸞聖人のお弟子がいて、あるとき信楽坊と親鸞聖人と、法文について仲違いになったようです。

どう仲違いになったのか、そのことが『歎異抄』第十六章に記されています。信楽坊は、
信心の行者、自然《じねん》にはらをもたて、あしざまなることをもおかし、同朋同侶にもあいて口論をもしては、「かならず回心すべし」。
と主張したようです。意訳すれば、信心の行者は腹を立てたり悪いことをしたり念仏者の仲間と口論したときは、そのたびごとに「かならず回心すべし」、これが念仏者のふるまいである、と信楽坊は主張したようです。しかし、自分で罪を回心懺悔《ざんげ》することは自力の心です。
それに対して親鸞聖人は、
この条、断悪修善《だんあくしゅぜん》のここちか。一向専修のひとにおいては、回心ということ、ただひとたびあるべし。

「信楽坊がいうことは、自分の力で悪を断ち善を修めることができると思っているのだろうか。そのたびごとに回心懺悔《ざんげ》することは自力の心である。他力信心の行者には、回心ということはただひとたびあるべし」といわれた、と記されています。

再び『口伝抄』にもどれば、そのために「常陸の国新堤の信楽坊、聖人親鸞の御前にて、法文の義理ゆえに、おおせをもちいもうさざるによりて、突鼻《とつび》にあずか」ったようです。「突鼻にあずかる」とは、「鼻を突く」という意味で、皆からきびしくとがめられたようです。

それで信楽坊が、親鸞聖人の門下を離れて故郷へ帰ろうとします。その時、いつも親鸞聖人の側につかえている蓮位房《れんにぼう》が親鸞聖人に、「信楽坊が親鸞聖人の門弟を離れるからには、信楽坊にあずけているご本尊とお聖教を取り返しましょうか。就中《なかんづく》、信楽坊は『釈親鸞』と署名されたお聖教をたくさんもっているが、門下を離れる以上はそれらのお聖教を粗末にするに違いないから取り返しましょうか」と申し上げたところ、親鸞聖人は、

聖人のおおせにいわく、「本尊・聖教をとりかえすこと、はなはだ、しかるべからざることなり。そのゆえは、親鸞は弟子一人ももたず。なにごとをおしえて弟子というべきぞや。みな如来の御弟子なれば、みなともに同行なり」。

ここに「みな如来の御弟子」であるから「親鸞は弟子一人ももたず」といわれた、と記されています。

このように『口伝抄』をみれば、『歎異抄』でどうして「親鸞は弟子一人ももたず」といわれたのか、そのいきさつがわかります。推察するところ、この「信楽坊」との諍論は親鸞聖人が関東教団におられたころの出来事だろうと思われます。

『口伝抄』に記されている親鸞聖人のお言葉は続きます。「本尊・聖教は、衆生利益の方便なれば、親鸞がむつびをすてて、他の門室にいるというとも、わたくしに自専《じせん》すべからず」。「親鸞がむつびをすてて」とは親鸞聖人との関係を捨てることです。そうして他の人の弟子になるとも、「わたくしに自専すべからず」、自分だけに独占すべきものではない。「如来の教法は、総じて流通物《るづうもつ》なればなり」、如来の教法は総じて公に広く伝わるものであるから、親鸞が私すべきものではない。

「しかるに、親鸞が名字ののりたるを、法師にくければ袈裟さえの風情に」、これは「坊主憎けりゃ袈裟まで憎い」ということで、それほどに「釈親鸞」と署名したお聖教を「いといおもうによりて、たとい、かの聖教を山野にすつというとも」、たとえお聖教を山や野原に捨ててしまって、そのお聖教のうえを歩いた蟻や虫などでも、「そのところの有情群類、かの聖教にすくわれて、ことごとくその益《やく》をうべし。しからば衆生利益の本懐、そのとき満足すべし」、こう親鸞聖人がいわれたと記されています。

これは親鸞聖人が、私が衆生利益するのではない、「わが弟子ひとの弟子」という関係を超えて、仏さまの還相回向のはたらきによって衆生を利益するのである。すなわちお念仏によって「有情群類」は悉くその利益を得ることができる、と述べられたものです。

二、弥陀の御もよおしにあずかって念仏もうしそうろう

本文に入ることにします。はじめに、

専修《せんじゅ》念仏のともがらの、わが弟子ひとの弟子、という相論《そうろん》のそうろうらんこと、もってのほかの子細《しさい》なり。

そういう「相論」に対して、親鸞聖人は「親鸞は弟子一人ももたずそうろう」と、まず結論を述べて、次に「そのゆえは」とその理由をおっしゃっておられます。

そのゆえは、わがはからいにて、ひとに念仏をもうさせそうらわばこそ、弟子にてもそうらわめ。ひとえに弥陀の御《おん》もよおしにあずかって念仏もうしそうろうひとを、わが弟子ともうすこと、きわめたる荒涼《こうりょう》のことなり。

自分の智慧・才覚で人に念仏を申させることができるのであれば「わが弟子」ともいえよう。しかし「ひとえに弥陀の御もよおしにあずかって」、ひとえに弥陀の御はたらきによって「念仏もうしそうろうひとを、わが弟子ともうすこと、きわめたる荒涼のことなり」、とんでもないことである、とおっしゃっておられます。

この中でとくに大事なことは、「ひとえに弥陀の御もよおしにあずかる」といわれていることです。これがお念仏のはたらきです。そのことは、次に「如来よりたまわりたる信心」といわれたことと同じ意《こころ》で、「ひとえに弥陀の御もよおしにあずかって」、我も人も「念仏もうしそうろう」ことをいわれたものです。「弥陀の御もよおしにあずかる」とは、外側からのはたらきではなくて、内側からのお念仏のはたらきです。

次に、

つくべき縁あればともない、はなるべき縁あればはなるることのあるをも、「師をそむきてひとにつれて念仏すれば往生すべからざるものなり」なんどいうこと、不可説なり。

師となることも弟子となることもみな御縁である、みな宿縁である。にもかかわらず、今まで居たところの師匠を離れて他の師匠のところへ行ってお念仏すれば往生することはできない、ということは言語道断である、こう仰せられています。

三、如来よりたまわりたる信心

そして次に、

如来よりたまわりたる信心を、わがものがおにとりかえさんともうすにや。かえすがえすもあるべからざることとなり。

「如来よりたまわりたる信心」、このことを親鸞聖人は法然上人から確かに聞いたと「後序」に記されています。そのことについて粗々《あらあら》申せば、親鸞聖人が法然門下におられたころ、「信心」についての論争がありました。そのころ親鸞聖人は「善信房」と名のっておられますが、ある時、親鸞聖人が「善信（親鸞）が信心も、聖人（法然）の御信心もひとつなり」といわれたところ、念仏房や勢観房という先輩達が「もってのほかである」、「聖人（法然）の御智慧才覚ひろくおわします」のに、どうして法然上人と善信房と信心が一つであろうか、と親鸞聖人を難詰したところ、親鸞聖人は、人格や行業のうえにおいては法然上人と異なるが、信心においては法然上人の信心も善信の信心も同じである、と一歩も譲られないので、「詮ずるところ聖人（法然）の御前《おんまえ》にて、自他《じた》の是非を定むべき」、どちらが真実か、その是非を聞こうではないか、ということで法然上人にその子細《しさい》を申し上げたところ、法然上人は、

源空（法然）が信心も如来よりたまわりたる信心なり。善信房の信心も如来よりたまわらせたまいたる信心なり。されば、ただひとつなり。（『歎異抄』「後序」）

とおおせられた、と「後序」に記されています。

そして歳月が過ぎて、親鸞聖人が関東におられたころ、「専修念仏のともがらの、わが弟子ひとの弟子、という相論」があった時、親鸞聖人は法然上人から「源空（法然）が信心も如来よりたまわりたる信心なり」と聞いたことを憶《おも》いおこされて、「如来よりたまわりたる信心を、わがものがおにとりかえさんともうすにや。かえすがえすもあるべからざることなり」とおっしゃったのでしょう。

「如来よりたまわりたる信心」とは「如来回向の信心」ということである。それがいつのまにか「回向」を「いただく」ことであると理解されるようになってしまいました。そのために、自分の外に在《まし》ます如来から物をいただくように、信心を「いただく」ことであると誤解されるようになりました。しかしそれでは個人的な信心になり、本来の「回向」という意味が失われます。

「回向」とは外から「いただく」ことではありません。曽我先生は「回向は（如来の）表現である」と教えられています。それは、我われの無意識界の最も深いところに在《まし》ます如来が、我われの意識のうえに、我われの行動となり、言葉となり、思いたつ意《こころ》となって内から表現されることである。それゆえに「如来回向の信心」とは、如来が信心を発起して我われの意識のうえに表現されることである。我われは信心を発起せしめ﹅ら﹅れ﹅るのである。それが「如来よりたまわりたる信心」です。

それ故に、親鸞聖人の自覚からいえば、「親鸞は弟子一人もももたずそうろう」といわれた「一人」は、如来の御弟子であるから、「弟子一人《ひとり》ももたず」ではなくて、「弟子一人《いちにん》ももたず」と読まなければならないでしょう。

その信心を「わがものがおにとりかえさん」とすることは、信心は自分が起こした信心であると思い、また自分が与えた信心であると思っているからです。それ故に「わが弟子ひとの弟子」という諍論が起こります。そのことは恥ずべきことで、「かえすがえすもあるべからざることなり」と断言されています。

四、他力自然のことわりにかなう

第六章の最後は、

自然《じねん》のことわりにあいかなわば、仏恩をもしり、また師の恩をもしるべきなり、と云々。

と結ばれています。この「自然のことわりにあいかなう」ことが第六章の最も大切なところです。「自然のことわりにあいかなう」とは、「如来よりたまわりたる信心を、わがもの」にしていたのである、その人がそれは「自力」であったと懺悔《さんげ》して他力をたのむことです。それが「自然のことわりにあいかなう」ことです。

「自然《じねん》のことわりにあいかなう」、自然とは如来の本願力である。そうせしめられる、如来の本願力の自然の道理に相応すれば、師匠も弟子も共に願力自然《がんりきじねん》の道理にかなっている。師匠が願力自然の道理にかなっていれば、弟子もその感化をうけて願力自然の道理にかなうに違いない。そうすれば自《おのずか》ら仏恩を知る。仏恩を知れば従って師の恩をも知ることもあるべきことであると仰せられた。(『選集』第六巻二〇〇頁)

「自然のことわり」とは如来の本願力にそうせしめられていることです。しかしはじめから如来の本願力によってそうせしめられていることがわかるわけではありません。「自力をすてる」(自力を転ずる)ことによって、はじめて「自然のことわりにあいかなう」、すなわち如来の本願力にそうせしめられていることを知ることができます。

しかし「自力をすてる」（自力を転ずる）ことは容易なことではありません。

そのことを「善鸞事件」をとおして考えてみるに、関東教団において「わが弟子ひとの弟子」という諍論のあったことは、「新堤《にいづつみ》の信楽坊《しんぎょうぼう》」だけではありません。関東教団で起こった「善鸞事件」が、正《まさ》しく「わが弟子ひとの弟子」という諍論を起こした事件でした。

そのことが、親鸞聖人が善鸞に宛てられた『御消息』から知ることができます。その一部を意訳して引用します。

あなた（善鸞）からお志の銭、五貫文、十一月九日に頂戴した。

さて田舎の人びとが「みなこれまで念仏してきたことは無駄なことであった」と様ざまにいっていることは、それこそかえすがえす不便《ふびん》のことにて聞こえそうらえ。（中略）あなた（善鸞）が関東へ下って、「わたしの聞いた教えこそが真実なのだ、これまで称えていた念仏はみな無駄事である」といったということで、大部《おおぶ》の中太郎を中心に集まっていた人、九十何人とかが、みなあなた（善鸞）の方につこうといって、中太郎入道を捨てたとか、聞いている。それはいったいどういう訳でそのようなことになったのだろうか。結局は信心が定まらなかったのであろう。どのようなことによって、それほどまでに多くの人達が動揺するのだろうか、不便《ふびん》のようと聞きそうろう。（建長七年十一月九日、善鸞宛書簡。『親鸞聖人御消息集』第十一通、聖典五七五頁）

この『御消息』によれば、大部の中太郎（大部の平太郎と同人か）を中心に九十何人かの人びとが集まっておられたが、それらの人びとが善鸞の方へついて行った、と記されています。「大部の中太郎」は関東教団の指導的な地位にあった人で、信仰の篤い方です。このことからも関東教団の「専修念仏のともがら」において「わが弟子ひとの弟子」という諍論があったことがうかがわれます。

その他、関東の念仏者から送られてくる御消息によって、親鸞聖人は「わが弟子ひとの弟子」という諍論で揺れ動いている関東教団の実情を知られて、心を痛めておられたことでしょう。親鸞聖人はその関東教団の姿を知られて、「もってのほかの子細《しさい》なり」、「きわめたる荒涼《こうりょう》のことなり」とおっしゃっておられます。

しかし親鸞聖人にとって「きわめたる荒涼」なる姿は、遠い関東教団だけではなかったのでしょう。親鸞聖人は「わが弟子ひとの弟子」という諍論で揺れ動いている「関東教団」を浄玻璃《じょうはり》の鏡として、ご自身の内なる強情なる「自力の信心」が投影されている姿を見出されたのでしょう。

それによって親鸞聖人は強情なる「自力の信心」を自覚されたのであるが、それは親鸞聖人に体《たい》を同じくされた法蔵菩薩が自覚されたのである。すなわち法蔵菩薩が「揺れ動いている関東教団」を浄玻璃の鏡として自らの信心が「自力の信心」であることを自覚されて、新たに信心を発起されたのであった。それが「如来の本願力」を感得することである。親鸞聖人はその如来の本願力にそうせしめられていることを身に感得して、「自然のことわりにあいかなわば」とおっしゃったのでしょう。

「自力の信心」をすてて「自然《じねん》のことわりにあいかなわば」、すなわち如来の本願力を感得したならば、おのずから「仏恩をもしり、また師の恩をもしるべきなり」。おのずから仏さまのご恩と、そのご恩を教えてくださった「師の恩」を知らずにはおられません。反対に「自然のことわり」にかなうことがなかったならば、「仏恩」も「師の恩」も知ることはできません。

大事なことはただ「自力をすてる」(自力を転ずる)こと、一つです。そうすれば自《おの》ずから「仏恩をもしり、また師の恩をもしる」ことになります。それは「ひとえに弥陀の御もよおしにあずかって」知ることであるから、こちらからあえて外の「師の恩」を知らなければならない、ということはありません。まして善知識を他人に対して押しつけることは「善知識帰命」の邪義になります。

五、蓮如上人の『御文』

一、「如来の御代官」

一応これで第六章は終わるのですが、蓮如上人の『御文《おふみ》』にも、第六章で「親鸞は弟子一人ももたずそうろう」とおっしゃったことが引用されていますので、最後に蓮如上人の『御文』について考えてみることにします。

ある人いわく、当流のこころは、門徒をばかならずわが弟子とこころえおくべく候うやらん、如来・聖人の御弟子ともうすべく候うやらん、その分別を存知せず候う。（中略）答えていわく、この不審もっとも肝要とこそ存じ候え。（中略）故聖人（親鸞聖人）のおおせには、「親鸞は弟子一人ももたず」とこそ、おおせられ候いつれ。「そのゆえは、如来の教法《きょうぼう》を、十方衆生にときききかしむるときは、ただ如来の御《おん》代官をもうしつるばかりなり。さらに親鸞めずらしき法をもひろめず、如来の教法をわれも信じ、ひとにもおしえきかしむるばかりなり。そのほかは、なにをおしえて弟子といわんぞ」とおおせられつるなり。されば、とも同行なるべきものなり。これによりて、聖人は御同朋《おんどうぼう》・御同行《おんどうぎょう》とこそかしずきておおせられけり。（『御文』一帖目第一通、聖典七六〇頁）

これは「ある人」が蓮如上人に対して、「門徒といわれる人びとは、在所の手次の住職の弟子と心得るのか、それとも如来の御弟子と心得るのか」と質問しました。それに対して蓮如上人は、その質問は「もっとも肝要である」と前置きして、「故聖人（親鸞聖人）のおおせには、親鸞は弟子一人ももたず」と仰せられたと。「故聖人（親鸞聖人）のおおせ」とは、『歎異抄』の第六章です。そこに「親鸞は弟子一人ももたず」と記されていることを蓮如上人が『御文』に引用して、門徒といわれる人びとは、手次の住職の弟子ではない、われも人もみな如来の御同朋・御同行である、と答えておられます。

その理由を次にのべて、「そのゆえは、如来の教法を、十方衆生にときかしむるときは、ただ如来の御代官をもうしつるばかりなり。さらに親鸞めずらしき法をもひろめず、如来の教法をわれも信じ、ひとにもおしえきかしむるばかりなり。そのほかは、なにをおしえて弟子といわんぞ」と親鸞聖人が仰せられた、と『御文』に書かれています。

しかしこのようなことは親鸞聖人のお聖教には見あたりません。「如来の御代官をもうしつる」という言葉は親鸞聖人の言葉ではありませんが、これは蓮如上人が『歎異抄』を読まれて、信心は「如来よりたまわりたる信心」と記されていることを蓮如上人が領解《りょうげ》されて、蓮如上人が教えを説かれるとき、「十方衆生にときかしむるときは、ただ如来の御代官をもうしつるばかりなり」と記されたのでしょう。その十方衆生の中に自分もいるのである。だから語るのも蓮如上人であるが、聞くのも蓮如上人である。そのことを「如来の御代官をもうしつるばかりなり」と記されたのでしょう。

二、御同朋・御同行

そして蓮如上人は「ある人」の質問に対して、結論として「されば、とも同行《どうぎょう》なるべきものなり。これによりて、聖人は御同朋・御同行とこそかしずきておおせられけり」と仰せになったと結ばれています。

「同朋」「同行」という言葉は『親鸞聖人御消息集』の中に二、三ありますが、親鸞聖人が「御同朋・御同行とかしずきておおせられた」ことはどこにも見出すことはできません。これも蓮如上人が『歎異抄』を読まれて、間違いなく「信心は如来よりたまわりたる信心である」と感得されて、「御《おん》」という一字を加えられて、御同朋・御同行と記されたのでしょう。

「御同朋・御同行」ということは、一人《いちにん》一人が「如来よりたまわりたる信心」を得ることによって、はじめてみな同一信心であり、「御同朋・御同行」であることを感得することができます。それ故に「如来よりたまわりたる信心」を得れば、親鸞聖人と法然上人だけが同一の信心ではありません。釈尊も七高僧も蓮如上人も、そして我われも「如来よりたまわりたる信心」を得れば、信心においては同一である。それ故にみな「御同朋・御同行」である。だから蓮如上人は、手次の住職の信心も門徒の信心も「如来よりたまわりたる信心」において同一であるが故に、ともに「御同朋・御同行」である、と結ばれたのでしょう。とくに「御《おん》」の一字は「如来の御弟子」であることをあらわす文字です。

「如来よりたまわりたる信心」の故に、蓮如上人は「御同朋・御同行」といわれたのであるが、親鸞聖人は、

同一に念仏して別の道なきがゆえに。遠く通ずるに、それ四海の内みな兄弟とするなり。（「証巻」聖典二八二頁）

と『教行信証』に記しておられます。これは「在家仏教の教団」をこのようにいわれたのでしょう。それはただ「自力」をすてれば、「如来よりたまわりたる信心」を得ることによって、歴史を超え、国を越え、出家・在家を超えて、みな「同一に念仏して別の道なき」浄土の教団に所属するものとせしめられるのである。その「浄土の教団」の中には、釈尊も七高僧も親鸞聖人も蓮如上人も在《まし》ます。そして我われもみな、その「教団」に所属せしめら

れるのである。その「浄土の教団」を開く鍵は、ただ「自力」をすてること、ひとつです。

第四章から第六章までをふりかえってみるに、第四章では自力の「聖道の慈悲」を転じたものが「浄土の慈悲」であると記され、第五章には「ただ自力をすてて」、第六章には自力をひるがえして「自然《じねん》のことわりにあいかなわば」と記されています。ただひたすらに自力を尽くして、「自力のこころ」を転ずることが一貫して記されています。「自力のこころ」は自力我執であり、それは虚偽《こぎ》の心です。その「自力のこころ」をひたすら捨てる（転ずる）ことによって、真実報土に往生する信心を得ることができます。

第七章からは、これまでの「往生の信心」を更に深めて、煩悩を転ずることによって「成仏の信心」へと、信心が高揚《こうよう》されたことを語られています。

第七章

本文

念仏者《ねんぶつしゃ》は、無碍《むげ》の一道なり。そのいわれいかんとならば、信心の行者には、天神《てんじん》・地祇《じぎ》も敬伏《きょうぶく》し、魔界・外道《げどう》も障碍《しょうげ》することなし。罪悪も業報を感ずることあたわず、諸善もおよぶことなきゆえに、無碍の一道なり、と云々。

意訳

念仏は無碍の一道である。どうしてそういえるのかと申せば、「信心の行者」には、天の神さまや地の神さまはひれ伏し、悪魔や外道も碍りとなることはない。どのような罪悪であっても業《ごう》の報いを感ずることはない、いかなる諸善もおよぶことはないのである。この故に（念仏は）「無碍の一道である」。このように仰せになりました。

一、「真の主体」の発見―『二河喩』と『歎異抄』第七章―

第四章から第六章までの三章においては、ひたすら「自力のこころ」を転ずることによって、真実報土に往生する「往生の信心」を徹底されたのであった。そのことによって親鸞聖人は、第七章に至ってはじめて、「信心の行者」といわれる「真の主体」を見出されたのであった。第七章からは「信心の行者」といわれる主体について語られています。その「信心の行者」が、これまでの「往生の信心」から「成仏の信心」へと、信心を浄化し高揚していく道行きを語られています。その道行きにおいて、「信心の行者」が「天神・地祇」や「魔界・外道」といわれる魔境を見出したのであるが、「信心の行者」はそれらの魔境を転ずることによって「無碍の一道」を感得したことが記されています。

「信心の行者」といえば、善導大師の「二河白道の喩《たと》え」（「二河喩《にがゆ》」）に記されている「行者」が憶《おも》いおこされます。すなわち「二河喩」においても、西に向かって求道する「行者」が、「群賊悪獣」や「水火二河」の魔境を見出して、ついに「すでにこの道あり、かならず度すべし」と決意する「真の主体」を見出したことが説かれています。善導大師はこの真の主体を明らかにするために「二河喩」を記されたのである。

その道行きを「二河喩」では「白道」と説かれているが、その「白道」を第七章では「無碍の一道」といわれたのだろうと思われます。このように読めば、「二河喩」は第七章の「序分」になります。また第七章は「二河喩」を背景として語られている、と読むことができます。

そこで第七章に入る前に、「二河喩」に記されていることを略説すれば、「二河喩」では、行者が西に向かって求道の旅をはじめようと思いたった時、忽然として後方から「群賊悪獣《ぐんぞくあくじゅう》」が行者を殺さんと競って来たことを見出したのであった。行者は驚いて更に前に向かって進めば（求道を深めれば）、忽然として前途を隔てている「水火二河」を見出したのだった。ただその中間《ちゅうげん》にわずか四五寸の白道を見出したのであるが、四五寸の「白道」とは極め

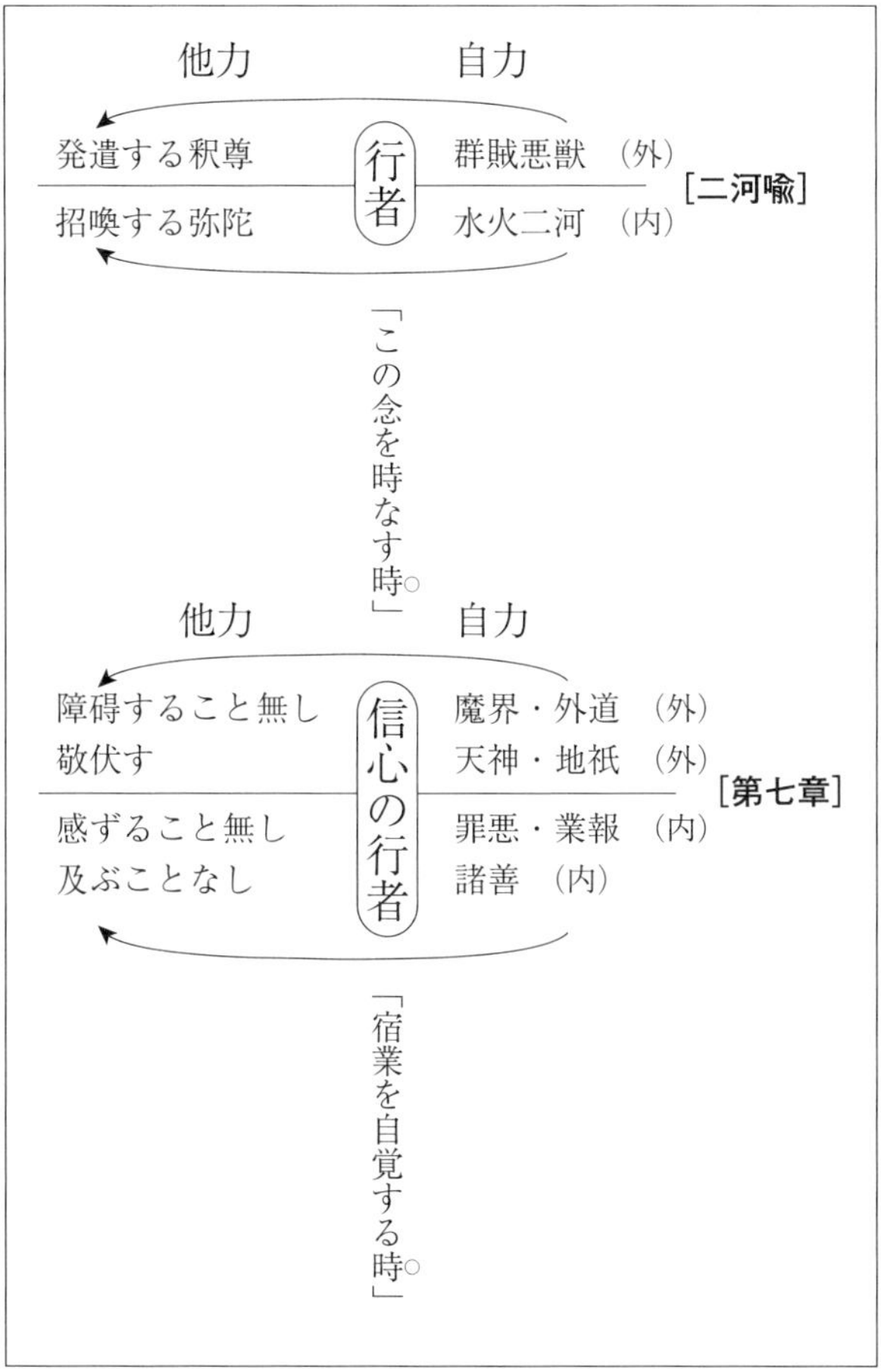

て狭小なる道で、とても歩むことができない小路であることを喩えたものである。その白道ははじめて渡る道であるから行者は前に進むか後に退くか躊躇するのであった。それで後へ回《かえ》らんとすれば群賊悪獣が漸々《ぜんぜん》に迫ってくる。南北に避け走らんとすれば悪獣毒虫が競い来たってくるのを見出して活路は全く閉じられたのであった。行者はただ死ぬことを惶怖《こうふ》する（畏怖する）ばかりである。しかし道は唯一である。止《とど》まれば死ぬ、前に進めば生きる。行者は前に向かって進む以外にない。誠に惶怖《こうふ》の生活である。惶怖するのは真の主体が明らかになっていないからである。しかし今や前途に忽然として自己心中の「水火二河」の貪《とん》瞋煩悩《じんぼうのう》を見出した時、前に進むことも、後に退くこともできなくなったのであった。ここに至って行者は、「我、今回《かえ》らばまた死せん、住《とど》まらばまた死せん、去《ゆ》かばまた死せん」（三定死《さんじょうし》）、何ともならないことに当面して自力の

「死」を覚悟したのであった。しかし行者は自己の一生を「群賊悪獣」に任せておけない、むしろこの白道を一歩進む以外にないと決意した時、「すでにこの道あり、必ず度すべし」と、自分の内に、自分を歩ませている新しい道を見出すとともに、行者は決意する「真の主体」、すなわち「自己」を感得したのだった。その時、東岸上から「仁者《きみ》、ただ決定《けつじょう》してこの道を尋ねて行け」という発遣《はっけん》の声（後から推し勧める声）と、西岸上より「汝、一心に正念《しょうねん》にして直ちに来れ」という招喚《しょうかん》の声（前から招き喚ぶ声）を聞いたのだった。その時、「四五寸の小路」だった白道は「願力の大道」に転じて、行者は白道を歩むことができた、と説かれているのである。すなわち「二河喩」は「真の主体」、すなわち「自己」が明らかになっていく道行きを記されたものである。大雑把であるが、これが「二河喩」のあらましです。

「二河喩」では行者が「真の主体」を感得したことが語られているが、この「二河喩」を背景として第七章が語られている、と読むならば、その「真の主体」を感得したことを第七章では「信心の行者」とおっしゃっている、と読むことができます。それは親鸞聖人が宿業を自覚されたことです。親鸞聖人が宿業を自覚して真の主体を感得したことを「信心の行者」とおっしゃったことが領解されます。

その「信心の行者」を感得された時、行者は次第に四つの魔境を転じたことを語られています。

（第七章）　　　　　　　　　（二河喩）

㈠「天神・地祇も敬伏し」　┐
　　　　　　　　　　　　　　群賊悪獣（外）
㈡「魔界・外道も障碍することなし」┘

㈢「罪悪も業報を感ずることあたわず」
㈣「諸善もおよぶことなし」　水火二河（内）

詳しくは本文に入って考えることにしますが、これが第七章で「無碍の一道」といわれる内容です。

更にそのことを「二河喩」をとおして考えてみれば、行者が「真の主体」を感得した時、外なる「天神・祇地」や「魔界・外道」が、「自己」を背後から「行け」と歩ませている「東岸の釈尊」、すなわち善知識であったことを感得したのでしょう。そして行者の内において、「罪悪も業報を感ずることあたわず」、「諸善もおよぶことなし」と感得したことは、「信心の行者」の自覚からいえば、諸善を求め、罪悪を恐れた自らの内なる煩悩が、むしろ内面から「来れ」と招喚《しょうかん》する「弥陀」であったことを感得して、こうおっしゃったのでしょう。

それが「無碍の一道なり」とおっしゃった内容です。

二、念仏は無碍の一道なり

一、見道と修道（信後の疑惑）

親鸞聖人がこの「無碍の一道」を感得されたことについて考えてみなければならないことがあります。それは親鸞聖人はすでに二十九歳の時に法然門下に入って本願を感得されている、ということです。この「時」を唯識学では「見道」といいます。見道とは「向こうから道が見えてくる」という意味で、求道の出発点に立った時です。

「見道」以後、親鸞聖人は在家仏教の道を歩まれるのであるが、その生涯を全うされるまでの道行きを「修道」

といいます。なぜ二十九歳のときに本願を感得してからもなお、修道の道行きを歩まれたのであろうか。それは、親鸞聖人が在家の生活をされたが故に、ご自身の内面には煩悩妄念が尽きなかったからでしょう。とくに八十余歳になって思いがけなくも善鸞事件に当面された時は、生涯において最も深い煩悩妄念を見出されたことでしょう。

そのことを『教行信証』「信巻」に、

誠に知りぬ。悲しきかな、愚禿鸞、愛欲の広海に沈没し、名利《みようり》の太山《たいせん》に迷惑して、定聚《じようじゆ》の数に入ることを喜ばず、真証の証《しよう》に近づくことを快《たの》しまざることを、恥《は》ずべし、傷《いた》むべし、（聖典二五一頁）

と記しておられることは、すでに申したところです。

在家仏教の修道を歩まれる親鸞聖人は、どこまでいっても愛欲と名利の煩悩が尽きないのである。その愛欲と名利の中にあって愛欲と名利を転じてくださる法蔵菩薩の永劫《ようこう》のご修行を内に感得して、法蔵菩薩のご修行を実践されたのが親鸞聖人の修道であり、そのことを語られたのが『歎異抄』です。したがって『歎異抄』全体は、親鸞聖人の見道をとおして修道の道行きを語られたものです。すなわち本願を感得して信を得て後も、なお信後の疑惑を見出されて、その疑惑を限りなく転じていかれる修道の生活を語られたものです。

一方、「二河喩」は善導大師が、

今更《さら》に行者のために、一つの譬喩《ひゆ》を説きて信心を守護して、もって外邪異見《げじやいけん》の難を防がん。（「信巻」聖典二一九頁）

と記されているように、すでに信心を得た行者が念々に信後の疑惑を見出して、その疑惑を転ずることによって、念々に信心を新たにされたことを記されたものです。

同じく『歎異抄』もすでに信心を得て久しい親鸞聖人の修道の道行きを記されたものです。殊《こと》に第七章以下は、「二河喩」を背景として語られたものとするならば、以下は親鸞聖人が修道の道行きを歩まれて、念々に信心を新たにされたことを記されたものといえるでしょう。

二、無碍とは「生死即涅槃」と知るなり

本文に入ります。はじめに、「念仏者、無碍の一道なり」と記されています。これを「念仏者《しゃ》は無碍の一道なり」と読むのか、「念仏は無碍の一道なり」と読むのか、どちらが本当だろうかということが古来より問題にされてきました。「念仏者」の「者」という字を、「もの」と読む場合は「念仏する者《もの》は」という意味になります。一方「者」は捨字として読まない場合があります。その場合は「念仏は」「念仏というものは」という意味になります。たった「者」の一字ですが、読み方によって意味が大きく異なってきます。一般には「念仏者《しゃ》は無碍の一道なり」「念仏する者《もの》は無碍の一道なり」と読まれています。

しかし第四章以下は「念仏のはたらき」が語られているところですから、どうしても「念仏は（念仏のはたらきというものは）無碍の一道なり」と読まなければならないように思われます。

さて「念仏は無碍の一道なり」といわれる言葉は、『歎異抄』以外には親鸞聖人のどのお聖教にも見出すことはできません。これは『歎異抄』独自の言葉だと思われます。

ただこの言葉の拠り所は、『教行信証』「行巻」に『華厳経』を引用して、

「無碍」は、いわく、生死すなわちこれ涅槃なりと知るなり。（「行巻」聖典一九四頁）

と記されているところにあります。それは生死の迷いの中にあって迷いを転ずることが「無碍」であり、そのままが涅槃である、という意味です。これが仏教のさとりであり、仏道の根幹です。

しかし我われはどうしたら「生死すなわちこれ涅槃なり」と知ることができるのであろうか。それは自力をひるがえすことによってのみ、「生死すなわちこれ涅槃なり」と知ることができます。親鸞聖人は、ただ自力をひるがえすことができるのは念仏以外にないと感得されて、「念仏は無碍の一道なり」といわれたのでしょう。

どうして念仏が無碍の一道なのか。それは念仏のみが我われの自力の迷いの底の底まで染みこんで、そして我われの迷いを転じてくださるからである。その迷いを転じてくださるはたらきが念仏である。故に「念仏は無碍の一道なり」といわれたのでしょう。

三、念仏三昧は三昧中の王三昧である

「念仏のみが無碍の一道である」、念仏のみが我われの迷いの中に沁《し》み込んで、そうしてその迷いを転じてくださるのである。だから「念仏者は無碍の一道なり」ではなくて、「念仏は（念仏というものは）無碍の一道なり」と読まなければならないのです。

その「念仏」について、曽我先生は次のように述べられています。

称名の念仏三昧は三昧中の王三昧である。これは道綽《どうしゃく》禅師の『安楽集』に仰せられてある。つまり現われた結果だけを押さえるのではなく、根本をみる、根本の原因を治す。これが念仏三昧である。念仏はあらゆる煩

悩の本《もと》を突きつめて根本を転じて下さる。（中略）真実に我々の生死の悩みの根本はどういう所にあるか。結句つまり仏の本願によって迷いの根本を明らかにして下さるのである。であるから『歎異抄』第七条のお言葉を戴いてみると、

念仏者、無碍の一道なり。（中略）魔界・外道も障碍することなし。罪悪も業報を感ずることあたわず、諸善も及ぶことなき故に無碍の一道なりと、云々。

念仏は無碍の一道であって、あらゆる煩悩妄念から妨げられない。煩悩妄念の中に、その底まで、その根底まで無碍自在に沁《し》み込み沁みわたり、煩悩妄念の根底からこれ（煩悩妄念）を仏の功徳に転ぜしめ、大慈悲心に転じて下さる。それが即ち真実信心であります。（中略）このような生死の根本の底まで念仏は沁み込むのである。人間のあらゆる煩悩妄念の、根本の心《しん》の心まで沁み込んで行く力をもち、そして悉く南無阿弥陀仏に、一切を南無阿弥陀仏に転じて下さる。（『選集』第一一巻三七六頁）

「称名の念仏三昧」とは念仏のはたらきをいわれたものです。念仏三昧とは、仏さまが流転して我われと体《たい》を同じくして（同体して）、煩悩妄念の心《しん》の心まで沁み込んでくださって、そして煩悩妄念の根底からこれ（煩悩妄念）を仏の功徳に転ぜしめ、大慈悲心に転じてくださることである。仏さまが流転して我われと体《たい》を同じくしてくださるほどの三昧はないから、「称名の念仏三昧は三昧中の王三昧である」と述べられたのでしょう。これが念仏のはたらきです。

そして仏さまが時至って、「煩悩妄念の根底からこれ（煩悩妄念）を仏の功徳に転ぜしめ、大慈悲心に転じて下さる」、「悉く一切を南無阿弥陀仏に転じて下さる」、これが念仏のはたらきです。

それ故に「念仏は無碍の一道であって、あらゆる煩悩妄念から妨げられない」、むしろ煩悩を転じて仏の功徳に

してくださいます。

四、阿耨多羅三藐三菩提

これまでは「念仏は無碍の一道なり」といわれる「念仏」について考えてきたが、次に「無碍の一道」とはどういう道であろうか。曽我先生がそのことを述べておられるところを引用して考えてみることにします。

「念仏者、無碍の一道なり」とあり、あとはその解釈である。念仏は無碍道であるとこう仰せられる。大体この「道」という字に「無碍」という意義をもつ。念仏は無上道である。阿耨多羅三藐三菩提《あのくたらさんみゃくさんぼだい》である。念仏は清浄無碍の一筋道である。清浄無碍の白道であるといわれる。「無碍の一道」とは往生道である、念仏は何ものにも障えられない、いかなる罪悪にも、いかなるものにも障害（業報）をうけない往生極楽道である。（『選集』第六巻二〇二頁）

「無碍の一道」とは、阿耨多羅三藐三菩提であり、無上道であり、それを浄土教でいえば往生極楽道であると述べられています。「阿耨多羅三藐三菩提」はインドの言葉で、それを中国では「無上道」と漢訳されました。「無上道」とは、文字からいえば「この上もない道」ということでしょうが、その内容をいえば、限りなく迷いの中にあって迷いを転じて求道心を浄化し高揚して、仏に成る道を歩む、という意味です。その道を歩むことを無碍道といいます。

その道を第七章では「念仏は無碍の一道なり」といわれています。その念仏は迷いの中にあって迷いを転じてくださるから、「念仏は何ものにも障えられない、いかなる罪悪にも、いかなるものにも障害（業報）をうけない往生極楽道」である。だから「無碍の一道」といい、「無上道」とは、名詞であるとともに「限りなく道を歩む」というはたらきをあらわす動詞です。

五、信心の行者

次に、

そのいわれいかんとならば、信心の行者には、天神・地祇も敬伏《きようぶく》し、

と記されています。ここで「信心の行者には」といわれていることについて考えてみるに、はじめに「念仏は無碍の一道なり」といって念仏の法をあげて、次に「信心の行者には」と機をおっしゃっておられることに留意せしめられます。「念仏の行者には」といっても差し支えないけれども、あえて「信心の行者には」と機をおっしゃったのは、親鸞聖人は宿業を自覚して真の主体を感得されたからでしょう。法は「念仏は無碍の一道」であるが、その法が「衆生の宿業」を自覚して機として可発《かほつ》した（スパークした）、その機を親鸞聖人が感得されて「信心の行者には」といわれたのでしょう。

六、群賊悪獣が転じて諸仏となる

親鸞聖人が「信心の行者」を感得された時、

信心の行者には、天神・地祇も敬伏《きようぶく》し、魔界・外道も障碍《しようげ》することなし。

と、感得されたのであった。

まず「信心の行者には、天神・地祇も敬伏し」といわれたことについて考えてみます。

親鸞聖人は「善鸞」を浄玻璃の鏡とされたとき、そのことを「二河喩」でいえば、善鸞とは我が「群賊悪獣」の姿であると自覚されたのである。それで更に求道を深めれば、それは我が内なる「水火二河」の貪瞋煩悩《とんじんぼんのう》であった。そのことを見出されて、死ぬことを惶怖《こうふ》（畏怖《いふ》）されたのだった。惶怖するのは真の主体が明らかでないからである。

ここに至って「三定死《さんじょうし》」に当面して、自力の「死」を覚悟して「地獄に堕ちてどんな天罰を受けてもかまわない」と決意した時、決意する「自己」、すなわち「真の主体」を感得されたのであった。それが「信心の行者」です。

群賊悪獣はこの「信心の行者」の気魄《きはく》を感じて、敬伏した（敬いひれ伏した）のである。そのことを親鸞聖人が身に感じて、「信心の行者には、天神・地祇も敬伏し」といわれたのでしょう。

次に「魔界・外道も障碍《しょうげ》することなし」といわれているが、これも親鸞聖人が宿業を自覚して「信心の行者」を感得された時、「魔界・外道も障碍することなし」とおっしゃったのでしょう。

我々が本能（宿業本能）に眼《まなこ》を開くと、この世界にも魔界あり外道あり。地獄・餓鬼・畜生それみな外道である。魔界は阿修羅道《あしゅらどう》・天上などに魔王・魔界がある。こういうものであって、これ等のものは禍《わざわ》いをなす。人間は禍いを封じ、祟《たた》りを逃れるために祀《まつ》る。お祭りせぬと祟るから御神酒《おみき》をあげてご機嫌をとる。併し「信心の行者」（宿業を自覚した人）にはその魔界・外道も障碍することなし。魔界・外道はみな宿業本能の中に働いている働きである。宿業本能の中に働いている妄境である。(中略)「信心の行者」には魔界・外道は手も足も出ぬ。我々は宿業を知らして頂けば、その中に天神・地祇も魔界・外道もまします。仏の本願も宿業の中にある。宿業の中に念仏の本願がまします故に、信心の人に天地の神も力を与えて下さる。魔界・外道は障碍しないから祟りをうけない。(『選集』第六巻二〇六～二〇七頁)

「魔界・外道も障碍することなし」とは、「魔界・外道」に障碍されたものが「魔界・外道」を転じて、「魔界・外道も障碍することなし」といわれたのである。その「魔界・外道」とは何か。「地獄・餓鬼・畜生それみな外道である。魔界は阿修羅道・天上などに魔王・魔界がある」と述べられているが、これは親鸞聖人が善鸞事件を背景として「魔界・外道」とおっしゃったものとすれば、「魔界・外道」とは「善鸞」を浄玻璃鏡《じょうはりきょう》としてご自身をそう自覚されたのでしょう。そうすれば「魔界・外道」は親鸞聖人が自覚された外なる姿です。それは「二河喩《にがゆ》」でいえば「群賊悪獣」です。

しかし今の文中には「我われが本能に眼を開くと」と述べられています。それは宿業を自覚して「信心の行者」を感得したことである。「信心の行者」を感得するまでは「魔界」は禍いをなすものであり、いつも恐れて魔界に障碍されます。その魔界・外道に障碍されてきたものが、「本能に眼を開けば」、すなわち宿業を自覚して「信心の行者」を感得すれば、「魔界・外道も障碍することなし」。そうすれば「魔界・外道は手も足も出ぬ。我々は宿業を知らして頂けば、その中に天神・地祇《じぎ》も魔界・外道もまします。仏の本願も宿業の中にある。宿業の中に念仏の本願がまします故に、信心の人に天地の神も力を与えて下さる。魔界・外道は障碍しないから祟《たた》りをうけない」ことになります。

更にそのことを「二河喩」に照らしてみれば、「天神・地祇」「魔界・外道」は、「信心の行者」の自覚からいえば、「去《ゆ》け」と行者の背後から発遣《はっけん》する（推し進める）諸仏の声でしょう。

七、煩悩が転じて招喚の声となる

次に、

罪悪も業報を感ずることあたわず、諸善もおよぶことなきゆえに。

と記されています。これは「信心の行者」を感得された時、この一念に、罪悪も業報を感ずることがない、念仏はいかなる諸善も及ぶことはない、と感得されたことをいわれたものです。

まず「罪悪も業報を感ずることあたわず」と感得されたことについて、曽我先生は次のように述べられています。

「罪悪も業報を感ずることあたわず」。罪悪は業因、業報は業果である。（しかし宿業を自覚すれば）罪悪の業因もまた、（業果の）業報を感ずることが出来ない。ここに因果感応、因は果を感じ、果は因に応ずる。（中略）「信心の行者」には罪悪も業報を感ずることがない。凡《すべ》てをみな、罪悪を業報として宿業にまかせば、業報としての一つの圧迫を感じない（罪悪も業報を感ずることがない）。（『選集』第六巻二一〇頁）

「罪悪も業報を感ずることあたわず」とは、罪悪感によって業報を感じて深く悩んだ人が「罪悪も業報を感ずることあたわず」といわれたのである。業報を感じたことのない人には「罪悪も業報を感ずることあたわず」ということができません。

そのことを善鸞事件のうえで考えてみれば、親鸞聖人は我が子善鸞について、深くご自身の「罪悪」を感じられたことはいうまでもありません。そして「罪悪」を感ずれば、煩悩妄念に悩まされ、必ず「業報」を感じます。これは因果応報のならいです。

ところが親鸞聖人が「信心の行者」を感得された時、すなわち地獄に堕ちてどんな天罰を受けてもかまわない、と宿業を感得された時、「罪悪も業報を感ずることあたわず」と感得されたのであった。

どうして罪悪感によって業報を感じて悩んだ人が「罪悪も業報を感ずることあたわず」ということができたのだろうか。それはすでに親鸞聖人に体《たい》を同じくされた法蔵菩薩が、親鸞聖人の罪業を我が罪業としてご自身に引き受けて、親鸞聖人と一緒に悩んでくださったからであった。そしてその法蔵菩薩が自らの罪悪を自覚されて、その罪悪を転換して「機」を感得された時、親鸞聖人は宿業を自覚せしめられて、「信心の行者」を感得されたのであった。その「信心の行者」を感得することができた一念においてふりかえりみれば、これまで嘖《さいな》まれてきた罪悪は業報（罪障）を感ずることがないのみならず、むしろこれまでの罪悪がことごとく転じて功徳となるのである。すなわちこれまでの業報（罪障）に悩んできた煩悩が転換されて、かえって内から招喚する本願の声となるのである。

そのことを『高僧和讃』には、

罪障功徳の体《たい》となる　　こおりとみずのごとくにて
こおりおおきにみずおおし　　さわりおおきに徳おおし（聖典四九三頁）

と記されていますが、第七章ではそのことを「無碍の一道」といわれたのでしょう。このことは第九章で詳しく考えていくことにします。

最後に「諸善もおよぶことなきゆえに」と記されていることであるが、これは念仏には「諸善もおよぶこと」がない、という意味です。しかし、はじめから「念仏は諸善もおよぶことがない」というわけではありません。行者

（親鸞聖人）は諸善を尽くされたのであるが、諸善に行き詰まることによって念仏を感得したのであった。その念仏を感得することができた一念に立ってみれば、念仏には「諸善もおよぶことなきゆえに」と感得されたのでしょう。諸善を尽くさないものには行き詰まることもないし、念仏を感得することもできません。念仏には「諸善もおよぶことなき」こともわかりません。

「諸善」とは自力作善《さぜん》で、自力を尽くして善を作《な》すことです。親鸞聖人は善鸞事件にかかわって、善鸞および関東の念仏教団について、あらゆる「諸善」を尽くされたことでしょう。それは我われのうかがい知るところではありませんが、「諸善」を尽くす主体は親鸞聖人であるが、親鸞聖人に体《たい》を同じくされた法蔵菩薩である。その法蔵菩薩が自力の「諸善」を尽くして、そして「諸善」に行き詰まって、ついに自力無効を知った時、その時が他力のはじまり、すなわち招喚《しょうかん》の声が聞こえる時であり、念仏を感得する時です。念仏を感得すれば、これまでなしてきた自力の「諸善」がことごとく強烈に活きて、無限の生命を得ることになります。そうすれば諸善のすべてが悉く念仏の内容となって、その念仏が「信心の行者」を内より招喚する声となります。

そのことを「諸善もおよぶことなきゆえに」、念仏にはいかなる諸善もおよぶことはない、と語られたのでしょう。

第七章は宿業を自覚された親鸞聖人が、「信心の行者」を感得することによって、発遣《はっけん》の声と招喚《しょうかん》の声を聞いて「無碍の一道」を歩みだしたことを語られた章です。すなわち「信心の行者」は「念仏は無碍の一道」を体験して「白道」を歩みはじめたのであった。

しかしなお自力に執着する我執が残るのである。親鸞聖人はその残る我執を見出されたのである。そしてその限りない我執を限りなく転じていくことを、章を改めて述べられています。そのことを第八章に入って考えていくことにします。

第八章

本文

念仏は行者のために、非行《ひぎょう》・非善《ひぜん》なり。わがはからいにて行ずるにあらざれば、非行という。わがはからいにてつくる善にもあらざれば、非善という。ひとえに他力にして、自力をはなれたるゆえに、行者のためには非行・非善なり、と云々。

意訳

念仏は、（信心の）行者からいえば、非行であり、非善である。（念仏は）我がはからいで行ずるのでないから非行という。我がはからいでつくる善でもないから非善という。（念仏は）ひとえに他力にあって、自力を離れたものであるから、（信心の）行者からいえば、非行であり、非善である。このように仰せになりました。

一、念仏は行者のために、非行・非善なり

第七章では「念仏は無碍の一道なり」と、念仏のはたらきを語られたのであるが、とくに「信心の行者」という機をとおして、念仏のはたらきが「無碍の一道」であることを語られたのであった。

第八章は、その念仏を感得した「信心の行者」からいえば、「念仏は行者のために、非行・非善なり」といわれ

ているところです。この「行者」とは第七章で親鸞聖人が感得された「信心の行者」です。

第八章は短い一章であるが、はじめに「念仏は行者のために、非行・非善なり」と記して、更にその理由を明らかにして、

わがはからいにて行ずるにあらざれば、非行という。わがはからいにてつくる善にもあらざれば、非善という。

といわれ、更に重ねて、

ひとえに他力にして、自力をはなれたるゆえに。

と、極力、行者の自力のはからいを否定しておられます。そして最後に、

行者のためには非行・非善なり、と云々。

と結んでおられます。

このようにみれば、第八章は始めから最後まで、ひたすら行者の自力を否定する言葉で一貫しています。一言も肯定される言葉がありません。そのことで憶《おも》いおこされることは、法然上人が「念仏は不回向の行である」といわれていることです。これは法の立場にたって、念仏は行者の自力の行ではない、と我われ人間の自力の行を否定されたのである。そのことを親鸞聖人が「行者」という機の立場にたって、「念仏は行者のために、非行・非善なり」とおっしゃったのではないか、と思われます。

なぜ、ことさらに行者の自力を否定されるのだろうか。

そのことを考えてみるに、第七章では「信心の行者」が、「二河喩」でいえば「発遣《はっけん》の声」と「招喚《しょうかん》の声」を聞いて「無碍の一道」を歩みだしたのであるが、しかしその「信心の行者」の機について更に内観すれば、信心を得

てもなお行者の「自力の心」が残るのである。その自力の心とは無意識的な我執であり、それは無意識的に仏智を疑惑する情《こころ》です。この無意識的な自力の心、すなわち疑惑する情《こころ》（疑情）を否定するために、改めて「わがはからいにて行ずるにあらざれば、非行という。わがはからいにてつくる善にもあらざれば、非善という」と、行者の自力の心を徹底的に否定されるのである。

親鸞聖人は次の第九章で、この無意識的な自力我執が心の深いところにあることを見出して、「親鸞もこの不審ありつる」と唯円に語っておられます。「ありつる」とは現在も「ありつる」のです。信心を得た後にも無意識的な自力我執がどうしても残るのです。

そのことを「二河喩」では、信心を得た「行者」が「すでにこの道あり、必ず度すべし」と決意して白道を歩むのであるが、

あるいは行くこと一分《ぶ》二分《ぶ》するに、東の岸の群賊《ぐんぞく》等喚《よば》うて言わく、「仁者《きみ》、回《かえ》り来れ。この道嶮悪《けんあく》なり。過ぐることを得《え》じ。必ず死せんこと疑わず。我等すべて悪心あってあい向うことなし」と。（「信巻」聖典二二〇頁）

と、東岸の群賊悪獣が「仁者、回り来れ」、「帰って来い」と呼び返しています。しかし行者は呼び返す声を聞かずに、振り切って前進した、と説かれています。「仁者、回り来れ」と呼び返す群賊悪獣を、親鸞聖人は「定散《じょうさん》自力の心《しん》」（『愚禿抄』聖典四五三頁）に喩《たと》えたのである、といわれています。それは要するに自己の内なる「自力我執の心」を喩えられたものです。

その「二河喩」の御意《おこころ》を承けて、第八章では、すでに信心を得た行者がなお自らの内に残っている無意識的な自力我執の心を見出して、その自力我執の心を徹底的に否定されるのである。自力我執を否定するとは、自力我執を転ずることです。それは「信心の行者」が真《まこと》の「信心の行者」になるために、限りなく自力我執を見出して自力我

執を転じられるのである。それはすなわち成仏への信心を徹底するためです。

二、ま（真）はさてあらん

これまで親鸞聖人は「善鸞事件」をとおして、無意識的な自力我執の心を見出されたことを申してきましたが、そのことは決して善鸞事件だけではありません。そのことを伝える恵信尼《えしんに》さまの御消息があります。

その一つは聖人、四十二歳のときの出来事で、北越流罪から放免されて、現在の群馬県、上野国《こうずけのくに》佐貫《さぬき》というところで『浄土三部経』を千回読むということを決意なさったのである。どういう動機でそのようなことを決意されたのかわかりませんが、四・五日して、それは自力我執の心であったと反省されて、止《や》めてしまわれた、と記されていることです（『恵信尼消息』第五通。聖典六二〇頁参照）。

もう一つは聖人の五十九歳のときで、それから十八年後の出来事です。寛喜三年四月四日、昼ごろから風邪心地で、夕暮れどきには床に臥すようになって、だんだんひどくなる。誰もよせつけずに、腰も膝《ひざ》もさわらせずに、ただ一人で聖人は黙ってやすんでおられる。奥さまの恵信尼さまが心配されて、聖人の身体《からだ》にさわると火のように熱い。聖人はだれにも一言《ひとこと》もいわずに、ただ黙ってその病気に耐えておられた。

それから八日たった四月十一日の暁《あかつき》に、「ま（真）はさてあらん」、真実はそうであったのか、と聖人がつぶやかれたので、恵信尼さまは、熱病のためにうわごとを申されたのかと、聖人に申しあげると、「いや、それはうわごとではない。床に臥してから二日目より、『無量寿経』がひっきりなしに休むひまなく読まれてくる。たまたま眼をつむると、その『無量寿経』の文字が一字も残らずに、はっきりと見えてくる」とおっしゃられた、という。そして「よくよく反省してみると、じつは十七・八年の昔に」、――それは上野国佐貫《こうずけのくにさぬき》のことであるが、「南無阿弥陀仏のほかにはなにの不足があるかと、三部経を千回読誦《どくじゅ》することを中止したはずであるのに、あれからすでに十七・八年もたっておる。にもかかわらずまだ自分の心の奥底に自力我執の心が残っていたのか。我執の心はまことに底が深い……」。そのように聖人が思いかえした後は、もはや経典の文字が見えなくなって、やがて快方に向われた（『恵信尼消息』第五通。聖典六一九頁～六二〇頁参照）、と記されています。

そこで聖人が「ま（真）はさてあらん」とつぶやかれたことに一言もコメントがついていないが、それは推察するに、親鸞聖人の心の深いところに自力我執の心を見出された、その驚きを「ま（真）はさてあらん」、真実はそうであったのか、とおっしゃったのでしょう。

この『恵信尼消息』によって、親鸞聖人が四十二歳から五十九歳まで、ご自身の心の深いところにある自力我執の心を見出されて、その自力我執を転じられた一端を伺い知ることができるのであるが、その後も親鸞聖人は、「信心の行者」が真の「信心の行者」になるために、聖人の内なる無意識的な自力我執を見出して、成仏への信心を徹底されたに違いありません。その自力我執の最大なるものを見出されたのが、いわゆる善鸞事件であった、と思われます。

親鸞聖人は自力我執の心を見出して、「わがはからいにて行ずるにあらざれば、非行という。わがはからいにてつくる善にもあらざれば、非善という」と、我執を否定しておられるが、我執を否定するのは、親鸞聖人に体《たい》を同じくされた（同体された）法蔵菩薩です。その法蔵菩薩が限りなく無意識的な我執を見出して（自覚して）、その我執を転じられるのである。

この無意識的な我執は、信心に対する我執ではなくて、信心における一層深い疑情《ぎじょう》（疑いの情《こころ》）である。法蔵菩薩はその信心における深い疑情を限りなく見出して転じられるのである。

親鸞聖人は自己の内面にその法蔵菩薩の永劫《ようこう》のご修行を身に感得されて、「念仏は行者のために、非行・非善なり」とおっしゃったのでしょう。

そして「わがはからいにて行ずるにあらざれば、非行という。わがはからいにてつくる善にもあらざれば、非善という」とは、「わがはからいにて」行じ、「わがはからいにて」善を実践して、善を尽くした法蔵菩薩が、自力の「わがはからい」に行き詰まって、全く自力無効を知って、無意識的な我執が捨てられた時、はじめて「わがはからいにて行ずるにあらざれば、非行という。わがはからいにてつくる善にもあらざれば、非善という」と感得されたのである。

第八章は法蔵菩薩の修道（永劫の修行）が語られています。だから第八章ははじめから最後まで行者の自力を否定する言葉で一貫しています。これは法蔵菩薩がいよいよ真《まこと》の「信心の行者」になる、すなわち仏に成る道行きを徹底されるからです。

だから「念仏は行者のために、非行・非善なり」といわれることは、単に「行者の行」「行者の善」を否定しただけではありません。法蔵菩薩が「行者の行」「行者の善」を実践して、「行者の行」「行者の善」を転じていく修道の積極的なはたらきをあらわして、「念仏は行者のために、非行・非善なり」といわれたのである。それが念仏のはたらきです。

そして次に、親鸞聖人が自力我執を見出して、その自力我執を転じていかれることを、「唯円」を前にして、具体的に、しかも積極的に語られたのが第九章です。

第九章

本文

（第一段）「念仏もうしそうらえども、踊躍歓喜《ゆやくかんぎ》のこころおろそかにそうろうこと、またいそぎ浄土へまいりたきこころのそうらわぬは、いかにとそうろうべきことにてそうろうやらん」と、もうしいれてそうらいしかば、「親鸞もこの不審ありつるに、唯円房おなじこころにてありけり。**（第二段）**よくよく案じみれば、天におどり地におどるほどによろこぶべきことをよろこばぬにて、いよいよ往生は一定とおもいたもうべきなり。よろこぶべきこころをおさえてよろこばせざるは、煩悩の所為《しょい》なり。しかるに仏かねてしろしめして、煩悩具足の凡夫とおおせられたることなれば、他力の悲願はかくのごときのわれらがためなりけり、としられて、いよいよたのもしくおぼゆるなり。**（第三段）**また浄土へいそぎまいりたきこころのなくて、いささか所労《しょろう》のこともあれば、死なんずるやらんとこころぼそくおぼゆることも、煩悩の所為《しょい》なり。久遠劫《くおんごう》よりいままで流転《るてん》せる苦悩の旧里《きゅうり》はすてがたく、いまだうまれざる安養《あんにょう》の浄土はこいしからずそうろうこと、まことによくよく煩悩の興盛《こうじょう》にそうろうにこそ。なごりおしくおもえども、娑婆の縁つきてちからなくしておわるときに、かの土へはまいるべきなり。いそぎまいりたきこころなきものを、ことにあわれみたもうなり。これにつけてこそ、いよいよ大悲大願はたのもしく、往生は決定《けつじょう》と存じそうらえ。**（第四段）**踊躍歓喜のこころもあり、いそぎ浄土へもまいりたくそうらわんには、煩悩のなきやらんと、あやしくそうらいなまし」、と云々。

意訳

（第一段）「（このごろは）念仏申しても、（かつて経験したように）㈠おどりあがるような歓喜《よろこび》の心が切実に感じられなくなりました。㈡また急いで浄土に往生したいという意欲も起こってこなくなりました。どうしたらよいのでしょうか」と、（私《唯円》が親鸞聖人に恐るおそる）お尋ねしたところ、「親鸞も（かねてより）このような不審（審《つまび》らかでなかったこと）を（現在も）持っているのであるが、唯円房よ、今お前が思い悩んでいる姿こそ、この親鸞が（かねてより）持っていた不審であった（ことを今こそはっきりと知ることができたのだ）。**（第二段）**［㈠について］よくよく（仏さまの本願のお意《こころ》を）案じてみれば、天に踊《おど》り地に躍《おど》るほどに喜ぶべきことを喜ばれないからこそ、いよいよ往生は間違いない、と欲《おも》うべきである。（なぜなら）喜ぶべきこころをおさえて喜ばせないものがあったのだ、それは煩悩であった（その煩悩が自分の裡《うち》にあったことを、唯円房の悩む姿を見て、今はじめてはっきりと知ることができた）。しかし（そのことを知ることができた今、過去をふりかえってみれば）この煩悩は、（私が煩悩によって悩んでいると思っているような個人的な煩悩ではない）仏さまが（浄玻璃《じょうはり》の鏡の前に立って「衆生」を自覚された時、衆生の罪は我が罪《仏さまの罪》であると、衆生の全責任を引き受けてくださって）仏自《みずか》らを「煩悩具足の凡夫」と知《し》ろしめられた（自覚された）、その「仏さまの煩悩」なのだ。そのことを（煩悩に悩んでいる唯円房を観て）今はっきりと知ることができたのである。他力の悲願はかくのごとき（個人的な思いで悩んでいると思っている我われを救うために）我われに体《たい》を同じくして発《おこ》してくださったのである。それは大悲の本願であることを「今」こそ明らかに知ることができて、いよいよ頼もしく思われるではないか。

（第三段）［㈡について］また（唯円よ、お前は「急いで浄土に往生したいという意欲も起こってこなくなった」というが、八十歳を過ぎた今、私にも）急いで浄土に往生したいという意欲がなくて、ちょっとした病気をすると死ぬのではなかろうかと心細く思うこともあるのだ。これ（このような不審が起こってくること）も煩悩の所為であった（ことを今、はっきりと知ることができたのである。ふりかえってみれば、我われは）遠い過去から今日《こんにち》まで（生まれかわり死にかわりして）流転してきた苦悩の娑婆世界に執着して、まだ生まれたことのない安養《あんにょう》の浄土が恋しいと思えない（急いで浄土へ往生したいと思えない）ことも（煩悩の所為だったのだ。これによっても）、よくよく煩悩の興盛《こうじょう》（煩悩が興って盛ん）なことが知られるのである。（その煩悩が興盛だからこそ）なごり惜しく（自力我執の心に）執着しても、この娑婆の縁が尽きて力なくして（自力の心の）命が尽きる時に、（興盛なる煩悩が転じられて、我われは平生《へいぜい》に）安養《あんにょう》の浄土に生まれることができるのである。（このように仏さまが）急いで浄土へ往生したいという意欲が起こらない（煩悩の興盛な）ものを、殊《こと》に深い悲しみをもって（体《たい》を同じくして、久遠の昔から）あわれんでくださっていた（ことを知らなければならない）のである。このこと（仏さまが、殊《こと》に煩悩の興盛な我われをあわれんでくださっていたこと）を思うからこそ、（我われは）いよいよ仏さまの大悲大願が頼もしく、往生は間違いないと欲《おも》うべきである。**（第四段）**（もし自分の力で感動することができて）踊躍歓喜《ゆやくかんぎ》のこころもあり、（自分の力で）急いで浄土に往生したいと意欲することができるならば、（その人は）煩悩のない人であろうと、かえって疑わしく思えるではないか。（念仏は決して私たちを踊躍歓喜《ゆやくかんぎ》させるものではない。むしろ我われは煩悩の本当の意味《仏さまの煩悩》を知ることによって、仏さまの大悲大願の御意《おこころ》をいよいよたのもしく思えるのである）」。このように仰せになりました。

一、第九章の大綱―仏煩悩の発見―

本文に入る前に第九章全体の大綱を考えてみることにします。
第九章はやや長い章ですが、繰り返して読めば四段に分けることができると思われます。

【第一段について】 第一段では、唯円が親鸞聖人に二つの悩みを告白しています。

念仏もうしそうらえども、
㈠踊躍歓喜のこころ（歓喜《よろこび》）おろそかにそうろうこと。
㈡またいそぎ浄土へまいりたきこころ（意欲）のそうらわぬ。

この二つの悩みを告白して、「いかにとそうろうべきことにてそうろうやらん」、どうしたらよろしいのでしょうか、と親鸞聖人に尋ねました。

この悩みは唯円の自力我執から起こってくる悩みですが、唯円にはそのことがわかりません。しかし親鸞聖人は、唯円の悩みは自力我執から起こってくる悩みであることを知っておられたので、その「唯円」を浄玻璃鏡《じょうはりきょう》としてご自身の内にある「自力我執」を見出されて、「親鸞もこの不審ありつるに、唯円房おなじこころにてありけり」とおっしゃったのが第一段です。

いったい「この不審」とは何でしょうか。この「不審」とは「自力我執」であるが、それは「煩悩」であったことを第二段・第三段で語っておられます。

つまるところ第一段は、親鸞聖人が「唯円」の問いによって、ご自身の内なる「不審」を見出されたことを語られたところです。それはすなわち親鸞聖人が改めて信心を感得されたことです。

【第二段について】第一段で親鸞聖人は自らの内面に「この不審」を見出して、新たに信心を感得されたのである。しかしこの信心は単なる信心ではなくて、本願に裏づけられた真実信心である。そのことを明らかにするために、第二段・第三段で「（本願を）よくよく案ずれば」と、信心の由《よ》ってきたるところを内に求めて、「他力の悲願」（第二段）、「大悲大願」（第三段）といわれる本願を感得されたのであった。

第二段ははじめに、「よくよく案じみれば、天におどり地におどるほどによろこぶべきことをよろこばぬにて、いよいよ往生は一定とおもいたもうべきなり」と、第二段の結論を語っておられます。これは結論です。次に、どうしてその結論を得ることができたのか、そのことを「よくよく案じみれば」と、「不審」が起こってくる根源を内に求められて、それは「煩悩の所為」であったと感得されたのだった。その「煩悩」は、仏さまが久遠《くおん》の昔から親鸞聖人に同体して「仏かねてしろしめ」られた「煩悩」です。すなわち仏が自覚された「煩悩」です。しかもその煩悩は「深くして底なき」の煩悩です。その「深くして底なき」煩悩となってまで、親鸞聖人を「かねてしろしめして」くださった法蔵菩薩の「他力の悲願（本願）」を自己の内に感得されて、「いよいよたのもしくおぼゆるなり」とおっしゃっておられます。

このようにみれば、第二段は親鸞聖人が第一段で信心を得ることができたところから、更にその信心の由って来たる根源を「よくよく案じみ」られて、本願を感得されたことを語られた一段である、といえます。

［第三段について］ 第三段は、第一段で唯円が尋ねた第二の問い、(二)「またいそぎ浄土へまいりたきこころのそうらわぬは、いかにとそうろうべきことにてそうろうやらん」という問いに対して、親鸞聖人の所感を述べられたところです。親鸞聖人は唯円の悩みが、唯円の自力我執から起こってくる悩みであることを知っておられるので、聖人はその自力我執で悩んでいる「唯円」を浄玻璃の鏡として、自己の内なる「自力我執」の強情なることを自覚されたのであった。その自力我執は「煩悩」であったことを見出されて「煩悩の所為なり」と述べておられます。しかも老齢になってもなお「浄土へいそぎまいりたきこころ」が起こってこないのは、その煩悩がよくよく興盛《こうじよう》なるのである。だから「久遠劫《くおんごう》よりいままで流転せる苦悩の旧里《きゆうり》はすてがたく、いまだうまれざる安養の浄土はこいしからずそうろうこと、まことによくよく煩悩の興盛にそうろう」と自覚されたのであった。これは煩悩が絶えることがないことをおっしゃったものです。

こうおっしゃるところに、『歎異抄』の親鸞聖人は『教行信証』の親鸞聖人とは異なって、いかにも「凡人」としての親鸞聖人が感じられて、在家仏教の面目が感じられます。

しかるに「まことによくよく煩悩の興盛」なることを見出された親鸞聖人は、その興盛なる煩悩を転じてくださる仏さまの大悲が絶えないことを内に感得して、「これにつけてこそ、いよいよ大悲大願（本願）はたのもしく、往生は決定と存じそうらえ」と語られたのであった。

［第四段について］ 第四段は、第一段の唯円の二つの問いに対して、聖人が結んでおられるところです。

したがってこの段（第三段）は第二段と同じく、大悲大願（本願）を感得されたことを述べられた一段です。

［第九章の科段］
第一段——信を述べる
第二段——願を明かす
第三段——願を明かす
第四段——結論

第九章の全体を表にすると、次のようになります。

唯円の**悩み**	**［第一段］**「念仏もうしそうらえども、 問㈠踊躍《ゆやく》歓喜《かんぎ》のこころおろそかにそうろうこと、
親鸞聖人が**不審**を感得す（外）	「親鸞もこの**不審**《ふしん》ありつるに、唯円房おなじこころにてありけり。 **［第二段―一］** よくよく案じみれば、 ㈠天におどり地におどるほどによろこぶべきことをよろこばぬにて（**不審**）、いよいよ往生は一定《いちじょう》とおもいたもうべきなり。**［第二段の結論］**
親鸞聖人が**煩悩**を感得す（内）	**［第二段―二］** ㈠よろこぶべきこころをおさえてよろこばせざる（根源）は**煩悩の所為**《しょい》なり。
親鸞聖人が**本願**を感得す	**［第二段―三］** ㈠しかるに仏かねてしろしめして、煩悩具足の凡夫とおおせられたることなれば、**他力の悲願**（本願）はかくのごときのわれらがためなりけりとしられて、いよいよたのもしくおぼゆるなり。

問(二)またいそぎ浄土へまいりたきこころのそうらわぬ

……は、いかにとそうろうべきことにてそうろうやらん」と、もうしいれてそうらいしかば……、

［第三段―一］

(二)また浄土へいそぎまいりたきこころのなくて、いささか所労《しょろう》のこともあれば、死なんずるやらんとこころぼそくおぼゆる**（親鸞聖人の不審）**……

［第三段―二］

(二)……こと（の根源）も**煩悩の所為《しょい》**なり。久遠劫《くおんごう》よりいままで流転せる苦悩の旧里《きゅうり》はすてがたく、いまだうまれざる安養《あんにょう》の浄土はこいしからずそうろうこと、まことによくよく**煩悩の興盛《こうじょう》**にそうろうにこそ。なごりおしくおもえども娑婆の縁つきてちからなくしておわるときに、かの土へはまいるべきなり。

［第三段―三］

(二)いそぎまいりたきこころなきものを、ことにあわれみたもうなり。これにつけてこそ、いよいよ**大悲大願**（本願）はたのもしく、往生は決定《けつじょう》と存じそうらえ。

［第四段］　全体の結論

(一)踊躍歓喜《ゆやくかんぎ》のこころもあり**（不審がなくて）**、

(二)いそぎ浄土へもまいりたくそうらわんには**（不審がないならば）**、煩悩のなきやらんと、あやしくそうらいなまし」、と云々。

二、第一段

一、唯円の悩み

本文に入ることにします。第一段は、

「念仏もうしそうらえども、踊躍歓喜《ゆやくかんぎ》のこころおろそかにそうろうこと、またいそぎ浄土へまいりたきこころのそうらわぬは、いかにとそうろうべきことにてそうろうやらん」と、もうしいれてそうらいしかば、「親鸞もこの不審ありつるに、唯円房おなじこころにてありけり。

と述べられたところです。この第一段について、曽我先生が講述しておられるところを引用します。

唯円房が親鸞聖人にお尋ねした。『歎異抄』第九条の、「念仏もうしそうらえども、踊躍歓喜のこころおろそかにそうろうこと、またいそぎ浄土へまいりたきこころのそうらわぬは、いかにとそうろうべきことにてそうろうやらんと……」。（中略）恐らくは自力念仏だとおしかりを蒙るものでなかろうかと、恐る恐るお尋ねしたところが、親鸞聖人は、自力とも他力とも申されず、そのような問題について、自分に反省の出来るようになったお弟子の唯円房を御覧になって、心を転ずるということ、転入ということを教えて下された。（中略）「親鸞もこの不審ありつるに、唯円房おなじこころにてありけり」。唯円は全く予想に反して、「親鸞は」と仰せられると思ったのに「親鸞も」「おなじこころにてありけり」と仰せられた。これが同一信心である。忘我の状態は要するに独りよがり（の信心）である。やはり自分が勝手に都合のよいことを考えて喜んで得意になって己れを忘れる。我を忘れる状態。忘我の念仏から本当に自覚の念仏に進展（転入）すべき時節が到来した。（『講義集』第一〇巻二八頁）

はじめに、唯円が親鸞聖人に「念仏もうしそうらえども、踊躍歓喜のこころおろそかにそうろう」と告白しています。それは唯円がかつて親鸞聖人のお話を聞いて、「天におどり地におどるほどによろこぶ」ような「踊躍歓喜のこころ」を体験したからです。踊躍歓喜を体験しない人に「踊躍歓喜のこころおろそかにそうろう」といえるはずがありません。

しかしそのような「踊躍歓喜のこころ」が次第に醒めてきた唯円は、何年か経《た》つうちに全く行き詰まりの状態に陥ったのでしょう。そして「恐らくは（それは）自力念仏だとおしかりを蒙るものでなかろうか」と恐るおそる親鸞聖人の前で自分の悩みを告白したのが、㈠「念仏もうしそうらえども、踊躍歓喜のこころおろそかにそうろうこと」、㈡「またいそぎ浄土へまいりたきこころのそうらわぬは、いかにとそうろう」という二つの問いでした。

もとより「踊躍歓喜のこころ」は「私」を立場として踊躍歓喜するのであるから、その立場は「自力のこころ」、すなわち自力我執である。自力我執を立場とすれば、ある時は踊躍歓喜するが、ある時は「踊躍歓喜のこころおろそかにそうろう」となるのである。しかし踊躍歓喜してもしなくても、どちらもが「忘我の念仏」であるが故に、自分が自力我執を立場としていることがわかりません。

ところが親鸞聖人は自力我執で悩んでいる「唯円」を浄玻璃《じょうはり》の鏡として、ご自身の内面にある「自力我執」を見出して、「親鸞もこの不審ありつるに、唯円房おなじこころにてありけり」とおっしゃっています。

ここで留意せしめられることは、「この不審ありつるに」といわれている「この不審」についてです。「この不審」とは、信前の不審ではなくて、信後の「不審」です。親鸞聖人も唯円もすでに信心を感得して久しい。しかし信心を得てもなお「不審」すなわち自力我執は残るのである。信を得て自力我執はその一瞬に滅したのであるが、滅したようで執着深く我われの心の深いところに付きまとって、信後の信仰生活を無味乾燥ならしめるものが「不審」、すなわち自力我執である。

「この不審」とは自力我執であるが、意識的な自力我執ではなくて、我われの心の奥底にひそむ無意識的な自力我執であるが故に、我われの意識ではわからないものである。親鸞聖人はこの不審を押さえて、第二段・第三段では「煩悩の所為《しょい》」といわれています。この無意識的な自力我執（煩悩）を押さえて、「親鸞もこの不審ありつる」とおっしゃったのです。「ありけり」は過去のことであるが、「ありつる」とは現在もなお自力我執が「ありつる」ことです。そのことを「唯円」によって見出された親鸞聖人は、その自力我執を転じて、「忘我の念仏」から「自覚の念仏」へと進展（転入）されました。

一方、唯円は「踊躍歓喜のこころおろそかにそうろうこと、またいそぎ浄土へまいりたきこころのそうらわぬ」と告白していますが、唯円自身は自分を悩ますものが自力我執であることがわかりません。

つまるところ、唯円はこの「自力我執」（煩悩）によって苦しんだのであるが、親鸞聖人はこの「自力我執」（煩悩）を自己の内に見出して、その「自力我執」を転じてくださる法蔵菩薩の「他力の悲願」を感得することによって、信心歓喜されたのでした。

このようにして親鸞聖人は、信後においてもなお自己の内なる自力我執（煩悩）を見出しては、その自力我執を転ずることによって信心を新たにされたのであるが、ここに「信心の行者」（第七章）を感得して修道を歩まれる親鸞聖人の面目があります。

なお、信後も残る無意識的な自力我執を生涯の課題とされた方は、我が親鸞聖人以前にはおられません。七高僧といえども、信後の自力我執を生涯の課題とされたことはありません。なぜ親鸞聖人独りが信後も残る自力我執を生涯の課題とされたのか。そのことを考えてみるに、七高僧をはじめとする親鸞聖人以前の先覚はみな出家の行者でした。それに対して親鸞聖人は、はじめて家庭をもって求道された在家の行者でした。そのために自力我執が絶えなかったのでしょう。その自力我執の最大なるものを見出された事件が「善鸞事件」であると思われます。

二、親鸞も

唯円は親鸞聖人から叱られることを覚悟して恐るおそる自分の悩みを告白したところ、

親鸞もこの不審ありつるに、唯円房おなじこころにてありけり。

こうおっしゃったと記されています。殊に「親鸞も」とおっしゃったことは、唯円は全く予想もしなかったことでしょう。「親鸞も」とおっしゃった「も」の一字は、たった一字であるが扇子の留め金の「要」のごとき重要な意味をもっています。

普通一般には、親鸞聖人が悩んでいる唯円に対して「親鸞もかねてからそのような悩みをもっていたが、唯円房よ、あなたもやはり同じ心であったのか」と、親鸞聖人が唯円に心を同じくされたのである、あるいは唯円と共感されたのである、と了解されているようです。

しかし曽我先生は、唯円と悩みを共感して「親鸞も」といわれたのではない、「同一信心」をいわれたのである、と述べられています。「同一信心」とは、親鸞聖人が「唯円」を浄玻璃《じょうはり》の鏡とされて、ご自身の「不審」すなわち親鸞聖人はそのことを「唯円房おなじこころにてありけり」といわれたのです。

しかし唯円からいえば、唯円は決して親鸞聖人と「おなじこころにてありけり」、「同一信心」であると自覚したわけではありません。唯円は親鸞聖人と信心が異なっていることをはっきりと自覚したのであった。親鸞聖人が唯円と共感されたのであるならば、唯円は親鸞聖人と信心が異なっていることを自覚することができません。

また曽我先生は、「親鸞も」、「唯円房おなじこころにてありけり」といわれたことは、親鸞聖人が「唯円」を浄玻璃の鏡として「無善唯悪の凡人」を自覚されたのである、その自覚の言葉が「親鸞も」である、といわれています。

『歎異抄』第九章は、親鸞・唯円と師弟相対して、自我の現実を曝露し、此に全く念仏者の瓔珞《ようらく》を絶《た》ちて、身を挙げて地に投じたるものである。誠に浄玻璃鏡上の親鸞聖人の面目が活躍しているではない乎《か》。今や念仏行者の栄冠を如来に返上し終れば、爰《ここ》に初めて親鸞聖人は全き「無善唯悪の凡人」とならせられたのである。かくて初めて悪人正機の本願は一切の雲晴れたのである。（『選集』第二巻二四四頁）

ここで「親鸞・唯円と師弟相対して」と述べておられるが、前にも申したように、まずはじめに親鸞聖人が「唯円」を浄玻璃の鏡とされた時、自己の内面の自力我執を見出されたのである。自力我執とは仏智を疑惑する情《こころ》です。親鸞聖人は「唯円」を観《み》られたとき、ご自身の仏智を疑惑する情が限りなく深いことを自覚されたのである。そのことを「自我の現実を曝露し、此に全く念仏者の瓔珞《ようらく》を絶《た》ちて、身を挙げて地に投じたるものである。誠に浄玻璃鏡上の親鸞聖人の面目が活躍しているではない乎」と述べておられます。「浄玻璃鏡上の親鸞聖人の面目」とは、八十余歳になってもなお仏智を疑惑する情《こころ》が残っていることを見出された親鸞聖人のことです。

そのことを「今や念仏行者の栄冠を如来に返上し終れば、爰《ここ》に初めて親鸞聖人は全き『無善唯悪の凡人』とならせられた」、と。「無善唯悪の凡人」とは単なる「凡人」ではありません。親鸞聖人はすでに信心を得ておられるのであるが、信心を得てもなお自力我執が残っているのである。この自力我執、すなわち本願を疑惑する情《こころ》が雲霧のように四天下を覆《おお》っていることに驚かれたのであった。しかもこの自力我執が次々と涌いてきて、永久に捨てられないのである。そのことがはっきりと感得できた時、これは単なる「凡夫」ではない、「無善唯悪の凡人」であると自覚して、「今や念仏行者の栄冠を如来に返上し」終わったのである、このように述べられたのでしょう。

それはあたかも太陽が出て四天下は明るくなったのであるが、雲霧が天下を覆っているかのごとく、信心を得て後もなお自力我執、すなわち煩悩は限りなく起こってくることを見出されたのであった。しかし信心を得た後は、雲霧は見出されても雲霧は転じて光となるように、あるいは塵《ちり》も光が射《さ》せば輝くように、自力我執も浄玻璃の鏡に照らされれば、念念に転じられて智慧の光となるのである。かくて自力我執、すなわち疑惑する心は念念に転じられることによって久遠《くおん》永久の宗教になることが明らかになったのである。

そして、「自力我執が残って永久に捨てることができない」ことが明らかになって、久遠永久の宗教が開かれてきたことを、「かくて初めて悪人正機の本願は一切の雲晴れたのである」と述べられたのでしょう。

親鸞聖人は「唯円」を浄玻璃の鏡として自己の内なる無意識的な「自力我執」を見出されたのであるが、それはいいかえれば、信心がフラフラと揺れ動いているのである。信心が揺れ動くのは、その信心が自力の信心だからである。なぜ親鸞聖人が自らの内に自力の信心を見出されたのであろうか。そのことを考えてみるに、それは推測するに「善鸞事件」に当面されることによって、ご自身の心の奥底に自力我執を見出されたからでしょう。そのことを親鸞聖人は唯円の問いを「縁」として、自己の内に自力我執を立場とした「自力の信心」を見出されて信心を新たにされたのでした。そこに修道の道行きを歩んでおられる、在家仏教の行者としての親鸞聖人を憶《おも》わずにはおられません。

しかし「凡夫」を自覚されたのは親鸞聖人だけではありません。「親鸞・唯円と師弟相対して」浄玻璃鏡前に立たれて「自我の現実を曝露」されたと、曽我先生は述べられています。これは、まずはじめに「無善唯悪の凡人」を自覚されたのは親鸞聖人であるが、その親鸞聖人を目の前にした唯円は、「親鸞聖人」を浄玻璃の鏡として、唯円がはじめて親鸞聖人の信心と異なっているのは自分自身であったと、はっきりと歎異《たんに》したのだった。そのことは「前序」で申したことですが、それが唯円の自覚です。すなわち「親鸞・唯円と師弟相対して」とは、親鸞聖人の自覚が唯円の自覚を呼び起こして、親鸞聖人と唯円が互いに「合わせ鏡」となって自覚を深められたことを述べられたのでしょう。

このように自覚が相手の自覚を呼び起こして「合わせ鏡」のごとく極まりがないことを、善導大師は「自《じ》覚《かく》・覚《かく》他《た》・覚行窮満《かくぎょうぐうまん》」と教えられています。それは自覚が他を自覚させて、そのはたらきが極まりないことを教えられたものです。これが仏教における「自覚」です。そのことを「親鸞・唯円と師弟相対して」凡夫を自覚された、と述べられたのでしょう。

第一段は唯円の「問い」によって親鸞聖人が「無善唯悪の凡人」を自覚されたのであるが、その親鸞聖人の自覚が、無自覚であった唯円の自覚を呼び起こして、唯円の「歎異のこころ」が開かれてきたのであった。

このように親鸞聖人と唯円との対話が、『歎異抄』には第九章のほかに、第二章と第十三章に記されているが、とくに第九章においては、親鸞聖人は唯円との対話をとおして、親鸞聖人ご自身の自力我執の深いことを自覚され、その自力我執を転じてくださる法蔵菩薩の「他力の悲願」を感得されて信心を新たにされたのだった。信心は独りで感得できるものではありません。必ず相手との対話によって信心を感得することができます。そして対話によって、その信心を浄化し高めていくことができます。

その意味から『歎異抄』は、『教行信証』や『正信偈』などの親鸞聖人が記されたお聖教と違って、対話によってのみ信心を感得することができ、また対話によってのみ信心を互いに浄化し高められていくことを証明されたお聖教といえるでしょう。

三、第二段

一、よくよく案じみる

第二段は、

> よくよく案じみれば、天におどり地におどるほどによろこぶべきことをよろこばぬにて、いよいよ往生は一《いち》定《じょう》とおもいたもうべきなり。よろこぶべきこころをおさえてよろこばせざるは、煩悩の所為なり。しかるに仏かねてしろしめして、煩悩具足の凡夫とおおせられたることなれば、他力の悲願はかくのごときのわれらがためなりけり、としられて、いよいよたのもしくおぼゆるなり。

と記されているところです。

最初に「天におどり地におどるほどによろこぶべきことをよろこばぬにて、いよいよ往生は一定《いちじょう》とおもいたもうべきなり」と記されていることは、第二段の結論です。しかし「天におどり地におどるほどによろこぶべきこと」を喜ばれないから、いよいよ往生は一定である、往生は間違いないと思うべきである、とはどういうことだろうか。そのことが次の「よくよく案じみれば」以下に記されています。とくにそのことを明らかにする鍵が「よくよく案じみれば」という一句にあるように思われるので、「よくよく案じみれば」と仰せられた御意《おこころ》について考えてみることにします。

親鸞聖人は何を「よくよく案じみ」られたのであろうか。曽我先生は「弥陀の五劫思惟《ごこうしゆい》の願」を「よくよく案じみ」られたのである、といわれています。

「よくよく案じみれば」。我々は「よくよく案じみれば」の前に、併《しか》し乍《なが》らという字を入れて講釈していた。一応はそうだが再応はというてみるとどうもそうではない。これは「よくよく案じみれば」は第十九条に「弥陀の五劫思惟の願をよくよく案ずれば」とある。今（第九章）は「弥陀の五劫思惟の願」という字が略されている。（『選集』第六巻二二八頁）

「よくよく案じみれば」とは「弥陀の五劫思惟の願をよくよく案じみれば」ということです。では「弥陀の五劫思惟の願」とは何かと考えてみるに、「弥陀の五劫思惟の願」とは、単に如来が衆生を救うことではありません。「如来はどこまでも如来でありたい」という願いが「弥陀の五劫思惟の願」です。そのために如来は親鸞聖人（衆生）と体《たい》を同じくして（同体して）「衆生」となって、「衆生の煩悩」を見出されたのであった。それは親鸞聖人が「衆生の煩悩」を自覚されたことです。そのことを「弥陀の五劫思惟の願をよくよく案じみれば」といわれたのでした。そして如来が「衆生の煩悩」を見出されたのであるが、そのことを親鸞聖人は「仏かねてしろしめして、煩悩具足の凡夫とおおせられたることなれば」とおっしゃっておられます。そのことは後に詳説しますが、その「煩悩」は如来が見出された（自覚された）煩悩であるから、以下は「仏の煩悩」ということにします。

親鸞聖人はその「仏の煩悩」を感得されたのであった。親鸞聖人がこの「仏の煩悩」を感得されたことが第九章の要です。またそのことがわからなかったら、長い間煩悩で苦しんできた今日《こんにち》の我われの救いはありません。また在家の生活をするものの救いもありません。親鸞聖人はその「仏の煩悩」を感得して、「天におどり地におどるほどによろこぶべきことをよろこばぬにて、いよいよ往生は一定とおもいたもうべきなり」とおっしゃったのです。

この「仏の煩悩」を見出されたことが、第二段の結論です。

二、本願の歴史観

さて親鸞聖人は「弥陀の五劫思惟の願」をよくよく案じみられて、仏の煩悩を見出されたのであった。そのことによって唯円が悩んでいたことも「お念仏の中の出来事である」と見られたのであった。

「踊躍歓喜のこゝろ、おろそかにそうろうこと、またいそぎ浄土へまいりたきこゝろのそうらわぬは、いかにとそうろうべきことにてそうろうやらん」。これみな唯円よりみれば自分がいたみ悲しんで話すのだが、これを御開山聖人よりみれば、これみなお念仏の道理である。（『選集』第六巻二二九頁）

「これみなお念仏の道理である」とは、唯円は個人的な悩みを懐いて親鸞聖人に「いたみ悲しんで話す」のであるが、親鸞聖人は、これはお念仏の中の出来事であるとご覧になったのである。だから「よくよく案じみれば」という一言がお念仏の世界を開くキーワードになります。

「よくよく案じみれば……」。併《しか》し乍《なが》らという言葉を入れないで突発的に「よくよく案じみれば」。お前は急ぎ浄土へまいりたき心がないと悲しんでいるようだが、そう捨てるところにすぐ取る。摂取がすぐ連続している。そして「よくよく案じみれば」、唯円の（個人の）自覚を越えて連続している如来我執。凡夫我執と仏我執、凡夫我執を裏附ける仏我執、即ち仏心凡心一体なる心、それを開顕なされるのである。（『選集』第六巻二二九頁）

「凡夫我執」とは、唯円が個人的に悩んでいると思っている我われ唯円の我執です。「仏我執」とは、如来が個人的に悩んでいると思っている唯円に同体された「仏の我執」です。それはすなわち「仏の煩悩」です。唯円は個人的に悩んでいると思っているが、親鸞聖人は内に「弥陀の五劫思惟の願をよくよく案じみる」ことによって、自己の内に「凡夫我執を裏附ける仏我執、即ち仏心凡心一体なる心、それを開顕なされ」たのであった。すなわち仏の本願の歴史を開顕されたのであった。

弥陀の五劫思惟の御心を「よくよく案じみれば」、「天におどり、地におどるほどに、よろこぶべきことをよろこばぬにて、いよいよ往生は一定とおもいたもうべきなり」。これは（本願の）歴史的展開である。単に我々の個人的主観の感情とそんな風に考えてはならぬ。（『選集』第六巻二三〇頁）

親鸞聖人は「唯円」を観《み》て、ご自身の内に本願の「歴史的展開」を開顕されたのであった。それはどういう本願の「歴史的展開」であろうか。それは仏さまが「個人的主観の感情」だと思っている唯円（衆生）と同体して、久《く》遠《おん》の昔から今日《こんにち》まで我われと一緒に流転して、我われと一緒に煩悩を起こして、一緒に煩悩に悩んで、そしてその煩悩を転じてくださる、そういう本願の久遠の昔からの「歴史的展開」である。それは我われの流転に同体された仏さまの本願の「歴史的展開」である。

（親鸞聖人は本願の）歴史の世界、昔、法蔵菩薩からずっと釈迦・善導・法然と伝統された伝統的精神（本願）を開顕された。だから個人の病的な神経的な感情と違い、歴史的感激であって、唯円の述べているところは所《いわ》謂《ゆる》個人的なことに関していることをのみ述べているが、それ全体が歴史に裏附けられていることを述べられた。（『選集』第六巻二三〇頁）

ここでいわれている「歴史」とは、個人的に悩んでいると思っている唯円（衆生）に即して、仏さまが久遠の昔から流転してくださった歴史です。それがそのまま、仏さまの本願の歴史です。我われは「それ全体が歴史に裏附けられている」、それを親鸞聖人が感得して「よくよく案じみれば」とおっしゃったのである。

何をお前はくだらんことをいうかとはいわず、「親鸞もこの不審ありつるに、唯円房おなじこゝろにてありけり」と、やはり自分も凡夫の一人として、「親鸞もこの不審ありつるに、唯円房おなじこゝろにてありけり」。「つる」は現在。「けり」は過去、「つる」の現在。その現在はずっと前から連続している現在である。御開山聖人は「親鸞もこの不審ありつるに」、そうだがそれだけではない、それには歴史的背景がある。（中略）これは歴史的事実、歴史的感情。歴史的事実のみが具体的である。個人的感情は妄念である。個人的感情も歴史に裏附けられたとき真実である。どんな偉いことをいうても歴史的事実を離れては妄念妄想である。（『選集』第六巻二三〇頁）

仏さまのご苦労を離れては、「どんな偉いことをいうても妄念妄想である」。それは、どれほどすばらしい宗教的な体験を語っても個人的な「妄想」に過ぎない。しかし「私」が個人的に悩んできたと思っていた過去も、仏さまの本願の「歴史に裏附けられ」た悩みであったと感得したときは、「妄想」が「真実」に転じられるのである。

だから歴史的事実を離れて個人的感情というものがあると思うたら、それは定散《じようさん》二心（自力の信心）となる。

唯円自身は個人的のことと思って恐る恐る話しているが、これは御開山様より見れば単なる個人的な出来事ではなく、阿弥陀如来の本願の歴史の中にある出来事であると、背景をはっきり見て、「よくよく案じみれば」と話されたのである。それでなければ誤魔化《ごまか》しか病的な神経家の繰り言《くごと》にすぎない。これを神経家の繰り言にするか、これを公明正大の仏法の道理にするかは読む人の自覚による。「よくよく案じみれば」は「弥陀の五劫思惟の願をよくよく案ずれば」である。（『選集』第六巻二三一頁）

三、仏さまの煩悩

一、因位の法蔵菩薩

以上は「よくよく案ずれば」とおっしゃったことについて考えてきたが、次に、

よろこぶべきこころをおさえてよろこばせざるは、煩悩の所為《しょい》なり。しかるに仏かねてしろしめして、煩悩具足の凡夫とおおせられたることなれば、他力の悲願はかくのごときのわれらがためなりけり、としられて、いよいよたのもしくおぼゆるなり。

と仰せられています。

まず「よろこぶべきこころをおさえてよろこばせざるは、煩悩の所為《しょい》なり」。これは親鸞聖人が第一段で「唯円」を観られてご自身の内なる「不審」を自覚されたのだった。第二段ではこの「不審」を押えて「煩悩の所為」といわれたのである。

次にその「煩悩」について、

㈠「しかるに仏かねてしろしめして、煩悩具足の凡夫とおおせられたる」とおっしゃっておられるから、かねてより「煩悩具足の凡夫」を知ろしめす仏さまが在《まし》ますわけです。それは一体どういう仏さまであろうか。

㈡そしてその仏さまがかねてより知ろしめられた「煩悩」とはどういう「煩悩」であろうか。

㈢また、その仏さまが知ろしめられた「煩悩」を、我われはどうして信知することができるのであろうか。

このような問題が起こってきます。

はじめに、㈠「仏かねてしろしめして、煩悩具足の凡夫とおおせられた」仏さまとは、どういう仏さまであろうか。そのことについて、

私は『歎異鈔』の第九条の「しかるに仏かねてしろしめして煩悩具足の凡夫とおおせられたることなれば、他力の悲願はかくの如きの我等がためなりけりとしられてたのもしくおぼゆるなり」と云う文章を想い出すのであるが、この「仏かねてしろしめす」とは因位法蔵菩薩の願心を指す言であり、すなわち根本阿頼耶《あらや》の中に知ることである。（『選集』第四巻二九頁）

「因位法蔵菩薩」とは、久遠《くおん》の昔から親鸞聖人に同体された仏さまが「唯円」を浄玻璃《じょうはり》の鏡として「衆生」を自覚し、「衆生」となられた仏さまである。その仏さまが「衆生」を自覚されて、「仏かねてしろしめして煩悩具足の凡夫」とおっしゃったのである。

ただここで留意せしめられることは、仏さまが外から我われを「煩悩具足の凡夫」とおっしゃったのではなくて、親鸞聖人に体《たい》を同じくして（同体して）「凡夫」となられた法蔵菩薩が自らを「煩悩具足の凡夫」とおっしゃった

のである。仏が仏自らを「煩悩具足の凡夫」と知ろしめして、そうおっしゃったのである。

その「仏かねてしろしめして煩悩具足の凡夫とおおせられた」仏さまとは、因位の法蔵菩薩です。だから「仏かねてしろしめす、とは因位法蔵菩薩の願心を指す言である」といわれているが、その「因位法蔵菩薩の願心」を、曽我先生は「根本阿頼耶《あらや》の中に知る」と記されています。

曽我先生の仏教には「法蔵菩薩は阿頼耶識《あらやしき》なり」というキーワードが一貫しています。それで「『仏かねてしろしめす』とは因位法蔵菩薩の願心を指す言《ことば》であり、すなわち根本阿頼耶の中に知ることである」と記されたのである。それは因位法蔵菩薩という仏さまを、我われは無意識界の最も深い「阿頼耶識《あらやしき》」として知ることができる、と記されたものです。すなわち法蔵菩薩という仏さまは、我われの外ではない、我われの内にすでに体《たい》を同じくして、我われの無意識界の最も深い「阿頼耶識」として実在してくださっていて、寝ても覚めても我われのことを久遠《くおん》の昔から案じてくださっていたことを知ることができる、と記されたものです。

これが、㈠「仏かねてしろしめして、煩悩具足の凡夫とおおせられた」仏さまとは、どういう仏さまであるのか、という問いの結論です。

二、迷界の生活を潤す煩悩

では㈡「仏かねてしろしめして、煩悩具足の凡夫とおおせられたる」、その「煩悩具足の凡夫」とはどういう「凡夫」だろうか。その「煩悩」とはどういう煩悩であろうか。そのことを、

彼（親鸞聖人）がその本願を念想する時（「よくよく『弥陀の五劫思惟の願を』案じみれば」）、その願心の中に存在する衆生とは何であるか。それは果して個人意識の内容たる衆生であろうか。更に明かに言わば、世の中に

果して「煩悩具足の凡夫」なる者が一人でも居るであろうか。我等は日常の個々の行為に就てはその悪を知ることが出来ないといわない。しかしそれは決してその衷心《ちゅうしん》から「煩悩具足の凡夫」という名のりではない。是は極めて深重《じんじゅう》なる自証（仏さまの自覚）の告白であるべきものであって、軽々しく口に現わるべきものではなく、真に悪の自証《じしょう》（仏さまの「悪人」の自覚）を離れて悪人がある筈がない。（『選集』第四巻二九頁）

すなわち「煩悩具足の凡夫」とは我われ人間が知るような軽々しいものではない。親鸞聖人と体《たい》を同じくして（同体して）因位の法蔵菩薩となられた仏さまが、我われ衆生の罪の全責任を引き受けて懺悔《さんげ》されたことを「煩悩具足の凡夫」といわれたのである。それが、仏さまが自覚された「悪人」です。だからこれは仏さまの「極めて深《じん》重《じゅう》なる自証の告白」といわれています。

「自証」とは、前にも申したように「如来はどこまでも如来でありたい」と、如来が如来であることを自証、自らを証明されることです、それが如来の本願です。そのために如来は親鸞聖人（衆生）に同体して、煩悩の底の底まで沁みこんで「悪人」を自覚されたのである。それが「悪の自証」である。その時の驚きと深い悲しみを「仏かねてしろしめして煩悩具足の凡夫」と仰せられたのであるが、そのことを今は仏の「自証の告白」と記されています。

ここで一言補足すれば、我われが軽々しくいっているところの煩悩を「分別起《ふんべつき》の煩悩」といいます。それは人間の煩悩であり、外からの縁によって「分別」「はからい」を引き起こす煩悩です。それに対して「仏かねてしろしめ」られた煩悩を「倶生起《くしょうき》の煩悩」といいます。それは我われが本来的に持って生まれてきた煩悩で、仏教学の辞書によれば「生まれながらにして自然に起こる本能的な煩悩」と記されているが、その煩悩はまた「迷界の生をうるおす」（法藏館『仏教学辞典』四一五頁）煩悩であると説明されています。したがって「分別起の煩悩」と「倶《く》生起《しょうき》の煩悩」とは、煩悩が違うことに注意せしめられます。しかしこの二つの煩悩は、全く別の煩悩であるかといえばそうではなくて、我われ人間の「分別起の煩悩」の底にあって、「分別起の煩悩」を裏づけている煩悩が「倶生起の煩悩」です。その「倶生起の煩悩」を第九章では「仏かねてしろしめして、煩悩具足の凡夫」と仰せられたのです。

親鸞聖人はご自身の内に「煩悩」を見出されたのであるが、その煩悩は「倶生起の煩悩」です。その「倶生起の煩悩」を見出されて、「よろこぶべきこころをおさえてよろこばせざるは、煩悩の所為なり」とおっしゃったのである。そして法蔵菩薩はその煩悩を見出されて、その煩悩を転じられたことを親鸞聖人が身に感得されて、「しかるに仏かねてしろしめして、煩悩具足の凡夫とおおせられたることなれば、他力の悲願はかくのごときのわれらがためなりけり、としられて、いよいよたのもしくおぼゆるなり」とおっしゃっておられます。

仏さまはその「仏の煩悩」を見出されて「煩悩具足の凡夫」と感得されたのであるが、その煩悩を転じられたことを、

我等衆生が受胎《じゅたい》の一刹那（仏さまが「煩悩具足の凡夫」すなわち「衆生」を自覚される一刹那）の意識として、わが父母たるべき両性に於て強烈なる貪愛《とんない》と瞋憎《しんぞう》との倒想《とうそう》を起すと共にその生《せい》を結ぶ（仏さまが「衆生」を自覚す）と、印度の聖典に示されてあるが、（中略）茲《ここ》に総報果体《そうほうかたい》（「衆生」すなわち「煩悩具足の凡夫」）として、所謂現識《げんしき》（現行識）としての阿頼耶識《あらやしき》の内面が遺憾なく描写せられてあるように思われる。（『選集』第四巻二九頁）

と記されています。

ふりかえってみれば、我われは外に助かる道を求めて長い間もがき苦しんできたのだった。しかし仏さまも我わ

れの内に体《たい》を同じくして法蔵菩薩となって、我われの悩みを我が悩み（仏さまの悩み）であると引き受けて、仏さまも苦しみを共にして煩悩を起こされたのであった。

そして仏さまが「煩悩具足の凡夫」を自覚されたのであるが、その自覚の一刹那を「我等衆生が受胎の一刹那の意識」と記されています。「我等衆生が」とは、我われ人間のことではなくて、「衆生」を自覚された仏さま（法蔵菩薩）が「我等衆生」といわれたのです。

そして仏さまも我われに即して煩悩を起こされたことを、「わが父母たるべき両性に於て強烈なる貪愛《とんない》と瞋憎《しんぞう》との倒想《とうそう》を起す」と記されています。これは仏さまが煩悩を起こされたことです。そして「その生を結ぶ」とは、仏さまが「衆生」を自覚されたこと、すなわち「煩悩具足の凡夫」を自覚されたことです。それは親鸞聖人も「煩悩具足の凡夫」を自覚せしめられたことです。その一刹那の意識を、第九章では「仏かねてしろしめして、煩悩具足の凡夫」とおっしゃったのであった。そのことを「茲《ここ》に総報果体《そうほうかたい》として、所謂現識（現行識《げんぎょうしき》）としての阿頼耶識《あらやしき》の内面が遺憾なく描写せられてあるように思われる」と記されています。

その「衆生」、すなわち「煩悩具足の凡夫」を自覚された「阿頼耶識」（すなわち法蔵菩薩）の「自証（自覚）」について、

> 実に阿頼耶《あらや》（すなわち法蔵菩薩）こそは、その一面は根本無明に執蔵せられたる虚妄《こもう》の意識（すなわち「衆生」）であると共に、その裡《うち》に大自証（仏の自覚）の光を孕《はら》んでいるのである。（『選集』第四巻三〇頁）

法蔵菩薩をここでは「阿頼耶」と記されています。その「阿頼耶（法蔵菩薩）」が御自《おんみずか》らを「衆生」すなわち「煩悩具足の凡夫」と自覚されたのであるが、それは仏さまが「根本無明」を自覚されたことです。根本無明とは我われ人間の無明ではなくて、我われと同体された仏さまが自覚された無明を根本無明といいます。すなわち我われの

無明の底の底まで染みこんでくださる仏さまの無明を根本無明といいます。そのことを「一面は根本無明に執蔵《しゅうぞう》せられたる虚妄《こもう》の意識である」と記されているが、「その裡《うち》に（虚妄の意識の裡に）大自証（仏の自覚）の光を孕《はら》んでいるのである」。「光を孕んでいる」とは、根本無明の裡にあってその無明を自覚して、その無明を転じられるはたらきを「孕んでいる」ことです。そういう無明が仏さまの根本無明であり、それが「仏の煩悩」です。

その仏さまの根本無明の裡《うち》にあって無明を自覚する、その「光を孕んでいる」ことについて、その無自覚なるは後験《こうけん》の習性であって、その自証《じしょう》の光は先験《せんけん》の本性《ほんしょう》である。後験《こうけん》の習性は無始の妄想（「煩悩具足の凡夫」）であって、そこに一点の光も現われない。その習性の無明（「煩悩具足の凡夫」）の裡《うち》に在って幻のように輝く理想の光は（先験の如来の）自証の応現《おうげん》であって、畢竟《ひっきょう》亦無明の範囲を出でない。（『選集』第四巻三〇頁）

「その無自覚なるは後験の習性である」とは、我われが「無自覚なる」ことではなくて、仏さまが無自覚なる我われと同体して「無自覚なる衆生」となられたのである。なぜならば我われは内にそのような仏さまが在《まし》ますことを知らず、外ばかりをキョロキョロと眺めながら右往左往して、無自覚のまま今日《こんにち》まできたのであった。だから仏さまも今日《こんにち》までその無自覚なる我われに同体されて、「無自覚なる衆生」となってくださっていたのであった。このことを「無自覚なるは後験の習性」と記されています。

だからこそ我われに同体された仏さまの根本無明は「一点の光も現われない」無明の闇であるが、その闇の裡《うち》にあって「幻のように輝く理想の光」がある。その光とは「如来はどこまでも如来でありたい」と自証される本願の光である。その本願の光が「先験の本性」といわれるものである。しかしその「先験の本性」もまた闇の中にあって「畢竟《ひっきょう》亦無明の範囲を出でない」のである。それは何故であるか。それは我われの煩悩が永久に尽きないが故に、仏さまも「畢竟亦無明の範囲を出でない」のである。そして我われが煩悩を起こせば仏さまも煩悩を起こして、そしてその煩悩を転じられるのである。

したがって永遠に「無明の範囲を出《い》でない」闇の中に在《まし》ます仏さまと、我われ人間が踊躍歓喜して「天におどり地におどるほどによろこぶ」ような個人的な光明とは全く次元が異なるのであるが、仏さまと我われとの関係を次に記しておられます。

かゝる始覚《しかく》の個人的抽象的光明に沈迷《ちんめい》して、それを真実光明だと想うものは自性唯心《じしょうゆいしん》（独りよがり）の徒《ともが》らである。それの背面には底知れぬ無始の黒闇の長夜があり、而もそれはそれが所依（よりどころ）なる無始の闇夜を云何《いかに》して照破《しょうは》し得よう。この根本無明（仏の無明）こそは、個人的小自証（個人的な自覚）の所依であって、個人的自覚の識《しき》とは厳密にその位次《くらい》を異にし、それ（根本無明）は唯絶対意志（自証する如来の本願）の本有《ほんう》の絶対智（如来の絶対智）の知るべき所である。（『選集』第四巻三〇頁）

「かゝる始覚の個人的抽象的光明に沈迷して、それを真実光明だと想うもの」とは、たとえば唯円がはじめて信を得たとき、「天におどり地におどるほどによろこぶ」ことを体験して「それを真実光明だと想う」たことである。それは「自性唯心《じしょうゆいしん》（独りよがり）の徒《ともが》らである。

このように「自性唯心（独りよがり）の徒ら」である我われ人間の個人的な小自覚と、仏さまの大自覚とは全く位を異にするのである。しかしその仏さまの大自覚と我われ人間の個人的な小自覚は、関係のないものであるかといえばそうではなくて、仏さまの大自覚は我われが無明を自覚する個人的な小自覚の所依（よりどころ）となってくださっているのである。だから「それの背面には底知れぬ無始の黒闇の長夜」があるのである。

その「底知れぬ無始の黒闇の長夜」とは仏さまのみが知ろしめす根本無明である。そのことを「本有《ほんう》の絶対智の知るべき所」と記されています。「絶対智」とは仏さまが「底知れぬ無始の黒闇の長夜」の中にあって自らの「無始の黒闇の長夜」を自覚された、仏さまの智慧の光明です。

以上が、㈡仏が知ろしめられた「煩悩具足の凡夫」、仏が知ろしめられた「煩悩」とはどういう煩悩だろうか、という問題の結論です。

三、他力の悲願

では、㈢その「絶対智」、すなわち如来の知ろしめられた智慧を、我われはどうして感得することができるのだろうか。

しかしこの如来の絶対智は無明に翻対《ほんたい》（対立）するものではなく、それ（無明）と無碍《むげ》にして念相の形なき不可思議の光明である。実に根本無明を内に照し、闇の裡《うち》に在りて自らの本願を証知する（自証する）ところの念仏三昧である。実に「称名（念仏三昧）は能く衆生一切の無明を破り、能く衆生一切の志願を満《み》つ」る本願力回向の大行と名《なづ》けらるる。念仏は個人的の智慧才覚を超越して、義なきを義とする先験《せんけん》（如来の自証の本願）の大行である。それ（念仏）は全く個人の経験に入り来らない。個人的経験に入り来れば、最早《もはや》その本性を転変せられて自力善根となってしまう。

我々は根本無明の裡《うち》に在って、而も自らの本願を念じて静かに無明を照知しつゝある法蔵菩薩の願意を偲ぶものである。（『選集』第四巻三〇頁）

如来の絶対智と我われの個人的な自覚とは、位は全く異なるが、如来は我われの迷いの底の底まで沁み込んで根本無明となって、「底知れぬ無始の黒闇の長夜《ぢようや》」となってくださったのであった。そしてその底知れぬ無始《むし》の無明を転じて「絶対智」、すなわち信心の智慧を感得されたのであった。それが「如来の絶対智」といわれるものです。

その「如来の絶対智」は我われの無明と対立するものではなくて、我われの無明と「無碍《むげ》にして念相の形なき不可思議の光明である」、それは「実に根本無明を内に照し、闇の裡《うち》に在りて自らの本願を証知する（自証する）ところの念仏三昧」である。その念仏三昧によって、仏さまの根本無明と我われの無明と無碍であるが故に、仏さまが「煩悩具足の凡夫」と自覚されたことによって、無自覚なる我われは「煩悩具足の凡夫」と自覚せしめられるのである。それが「念仏三昧」であり、念仏のはたらきです。

最後に「我々は根本無明の裡に在って、而も自らの本願を念じて静かに無明を照知しつゝ、ある法蔵菩薩の願意を偲ぶものである」と記されているが、それは我われが煩悩を起こすたびに我われに同体された仏さまも煩悩を起こして、そして「根本無明の裡に在って」無明煩悩を照知しつつ、限りなく無明煩悩を転じられるのである。その「法蔵菩薩の願意を偲ぶものである」。

仏さまが我われに体《たい》を同じくして（同体して）、煩悩を起こして「煩悩具足の凡夫」を自覚してくださることがなかったならば、我われは永遠に仏さまに接することができないのである。また仏さまも自《みずか》らが仏であることを自《じ》証《しょう》されることができないのである。すなわち仏さまが煩悩を起こされることは、煩悩を起こしてその煩悩を転ずることによって、「如来はどこまでも如来でありたい」と自証されるのであるが、親鸞聖人はその仏さま（法蔵菩薩）の願意を偲ばれて、

　他力の悲願はかくのごときのわれらがためなりけりとしられて、いよいよたのもしくおぼゆるなり。

と仰せられたのでした。

これが、㈢如来の知ろしめられた智慧を我われはどうして感得することができるのか、という問題の結論です。

四、第三段

一、興盛なる煩悩

第三段は、

また浄土へいそぎまいりたきこころのなくて、いささか所労《しょろう》のこともあれば、死なんずるやらんとこころぼそくおぼゆることも、煩悩の所為なり。久遠劫《くおんごう》よりいままで流転せる苦悩の旧里《きゅうり》はすてがたく、いまだうまれざる安養の浄土はこいしからずそうろうこと、まことによくよく煩悩の興盛《こうじょう》にそうろうにこそ。なごりおしくおもえども、娑婆の縁つきてちからなくしておわるときに、かの土へはまいるべきなり。いそぎまいりたきこころなきものを、ことにあわれみたもうなり。これにつけてこそ、いよいよ大悲大願はたのもしく、往生は決《けっ》定《じょう》と存じそうらえ。

と記されているところです。

初めにも申したように、第一段で唯円が親鸞聖人に二つの悩みを告白しています。その第二の悩みは、㈡「またいそぎ浄土へまいりたきこころのそうらわぬは、いかにとそうろうべきことにてそうろうやらん」という悩みです。この唯円の悩みを浄玻璃《じょうはり》の鏡として、親鸞聖人がご自身の「不審」を見出されたことを語られたのが第三段です。

親鸞聖人は「また浄土へいそぎまいりたきこころのなくて、いささか所労のこともあれば、死なんずるやらんとこころぼそくおぼゆることも、煩悩の所為なり」とおっしゃっておられます。意訳すれば、「唯円よ、お前は『いそいで浄土に往生したいという思いが起こってこなくなった』というが、八十歳を過ぎた私にもいそいで浄土に往生したいというこころがなくて、ちょっとした病気をすると死ぬのではなかろうかと心細く思われることもあるのだが、これも煩悩のなせるわざである」という意味になります。これは親鸞聖人が八十三、四歳ころになってもなお、「浄土へいそぎまいりたきこころ」が起こってこないという「不審」を述べられたものです。殊に「いささか所労のこともあれば、死なんずるやらんとこころぼそくおぼゆる」と述べておられることは、老境の親鸞聖人の所感でしょう。このように語られるところに、「凡人」としての老親鸞聖人、あるいは在家の求道者としての親鸞聖人の面目が偲ばれます。

しかし親鸞聖人がそうおっしゃっておられる眼目はそのことにあるのではなくて、八十三、四歳の老境になってもなお、「浄土へいそぎまいりたきこころ」が起こってこない「不審」、すなわち「煩悩」を見出されたところにあります。そのことを「いささか所労のこともあれば、死なんずるやらんとこころぼそくおぼゆることも、煩悩の所為なり」と語られています。これは推察するに、親鸞聖人が「善鸞事件」の渦中にあって、悩んでいる「唯円」の姿を観《み》て、ご自身の煩悩を自覚されてこのように述べられたもの、と思われます。この煩悩も倶生起《くしょうき》の煩悩、すなわち仏が自覚された煩悩です。

さて第一段で唯円が告白している第二の悩みは、今も申したように「またいそぎ浄土へまいりたきこころのそうらわぬは」という悩みです。この唯円の告白に対して親鸞聖人は「また浄土へいそぎまいりたきこころのなくて」とおっしゃっていますから、親鸞聖人がおっしゃったことと唯円の告白とはよく似ています。いかにも親鸞聖人が唯円に共感してこのようにおっしゃったかのように思われます。しかし前にも申したごとく、決して親鸞聖人は唯円に共感されたのではありません。親鸞聖人が「唯円」を観て、八十余歳になってもなお煩悩が興盛《こうじょう》（興《おこ》って盛ん）であって、煩悩が絶えないことを見出されて「また浄土へいそぎまいりたきこころのなくて」とおっしゃったものである、と了解すべきです。

すなわち親鸞聖人にとって「唯円」はご自身の象徴であって、親鸞聖人は「唯円」を浄玻璃の鏡として、自力我執の煩悩は永遠に絶えることがないことを見極められたのが第三段です。第二段は自力我執の煩悩が「深くして底なき」ことを感得されたのに対して、第三段は自力我執の煩悩が八十余歳になっても限りなく続いて、ついに尽きることがないことを見極められたのであった。それ故にその自力我執の煩悩を限りなく転じてくださる大悲大願を感得して、「いよいよ大悲大願はたのもしく、往生は決定《けつじょう》」とおっしゃっておられます。それは親鸞聖人が感得されたのであるが、親鸞聖人に体《たい》を同じくされた法蔵菩薩が永劫のご修行されることを身に感得してそうおっしゃったのである。そのことを語られたのが第九章です。

しかしそのことは、第七章からの展開を見なければわからないことです。すなわち第七章で「信心の行者」を感得された親鸞聖人が、第八章をとおして限りなく無意識の底にある自力我執の煩悩を転じて、成仏の道行きを徹底されたのであるが、第九章では若い「唯円」を前にして、なお自力我執の煩悩の興盛《こうじょう》なることを見出されたのであった。そして、ついにその自力我執の煩悩が永遠に無くならないことを自覚して「また浄土へいそぎまいりたきこころのなくて」とおっしゃったことが了解されてきます。

二、苦悩の旧里はすてがたく、案養の浄土はこいしからず

問題は「煩悩」です。その「煩悩」が八十余歳になってもなお興盛《こうじょう》なことを自覚されて、久遠劫《くおんごう》よりいままで流転せる苦悩の旧里《きゅうり》はすてがたく、いまだうまれざる安養の浄土はこいしからずそうろうこと、まことによくよく煩悩の興盛にそうろうにこそ。

と、述懐されています。意訳すれば「ふりかえってみれば、我われは遠い過去から今日《こんにち》まで、生まれかわり死にかわりして流転してきた「苦悩の旧里（娑婆世界）」に執着して、八十余歳になってもまだ生まれたことのない安養の浄土が恋しいと思えないことも煩悩の所為である。これによってもよくよく煩悩（自力我執）の興盛なことが知られるのである」という意味になります。これは煩悩が限りなく続いて絶えないことを自覚して、こうおっしゃったのである。すなわち自力我執の心が廃《すた》らないことを自覚して、こうおっしゃったのである。

そして「いまだうまれざる安養の浄土はこいしからずそうろうこと、まことによくよく煩悩の興盛《こうじょう》にそうろう」といわれているが、安養の浄土が恋しいと思えないのは、自力我執の煩悩が興盛であるからである、ということをおっしゃったのである。

「いまだうまれざる安養の浄土」とは、文字だけを読めば「未だ生まれたことのない安養の浄土」ということで、いかにも未来の浄土のように思われますが、「安養の浄土」とは単に未来の浄土ではない。自力我執の煩悩が転じられたところに直ちに開かれる浄土が「安養の浄土」である。それは本当の「現在」の浄土です。

次に、

なごりおしくおもえども、娑婆の縁つきてちからなくしておわるときに、かの土へはまいるべきなり。

これは八十三、四歳の老境の親鸞聖人が、まもなく死ぬであろうことをこのように述べられたものである、と思われます。しかしよくよく読んでみれば、これは肉体の命が終わる時ではない、自力我執が終わる時を「娑婆の縁つきてちからなくしておわる」と述べられたのである。そうすれば「娑婆の縁つきて」とは「自力我執がつきて」、その自力我執が「ちからなくしておわるとき」と読めてきます。その時に自力我執が転じられたところが「かの土」、すなわち「安養の浄土」です。その自力我執が転じられた信の一念に立ってふりかえってみれば、自力我執の「過去」がそのまま本願の歴史の世界として甦ってきた、それが「かの土」です。それはすなわち「苦悩の旧里」が「安養の浄土」に転ずることです。

「まいるべきなり」とは如来の勅命です。自力我執が終わった時に、直ちに「かの土へはまいるべきなり」、真実報土に生まれることができるのだ、という信の一念をおっしゃったのである。

そして第三段の最後に、

いそぎまいりたきこころなきものを、ことにあわれみたもうなり。

と述べられています。「いそぎまいりたきこころなきもの」とは、自力我執が旺盛なもの、「よくよく煩悩の興盛《こうじょう》」なもの、ということです。これは恐らく「善鸞事件」に当面された親鸞聖人ご自身の述懐でしょう。そのように「よくよく煩悩の興盛」で、「いそぎまいりたきこころなきものを、ことにあわれみたもうなり」。「ことに」とは、仏さまが自力我執が強く「まことによくよく煩悩の興盛」なるものに体《たい》を同じくして（同体して）、「久遠劫よりいままで流転して」下さったのだった。その者を、「ことに」悲しみをもってあわれんでくださる御意《おこころ》を親鸞聖人が感得されてこのように述べられたのでしょう。

そして「まことによくよく煩悩の興盛」なものこそを奮い立たせてくださる、その仏さまの本願を身に感得して、

これにつけてこそ、いよいよ大悲大願はたのもしく、往生は決定《けつじょう》と存じそうらえ。

往生は間違いないと思いなさい、と述べておられるのである。「往生は決定と存じそうらえ」、往生は間違いないと思いなさい、とは親鸞聖人が唯円にいわれた言葉であるが、それは親鸞聖人が仏さまから聞かれた勅命を唯円にこう語られたのでしょう。

我われは唯円のように、自分が悩んでいたと思っていたが、「弥陀の五劫思惟の願」をよくよく案じてみれば、五劫の間、仏さまが「いそぎまいりたきこころなきものを、ことにあわれみ」たまいて、久遠の昔から案じてくださっていたのであった。我われはその仏さまの血涙《けつるい》が滲んだご苦労の万分の一でも感ずることがなければ、弥陀の本願は虚しいことになります。

五、第四段

一、煩悩の興盛なるものこそ往生できる

第四段は、

踊躍歓喜《ゆやくかんぎ》のこころもあり、いそぎ浄土へもまいりたくそうらわんには、煩悩のなきやらんと、あやしくそうらいなまし」、と云々。

と記されているところで、第九章全体のまとめです。

これまで繰り返して申したことですが、唯円は第一段で㈠「念仏もうしそうらえども、踊躍歓喜のこころおろそかにそうろう」、㈡「いそぎ浄土へまいりたきこころのそうらわぬ」という二つの悩みを親鸞聖人に告白しました。その唯円の二つの問いに対して、第四段で「踊躍歓喜のこころもあり、いそぎ浄土へもまいりたくそうらわんには、煩悩のなきやらんと、あやしくそうらいなまし」と締めくくっておられます。

「踊躍歓喜のこころもあり、いそぎ浄土へもまいりたくそうらわん」とは、そのことを第八章の言葉でいえば、「わがはからいにて行ずる」ことができると思い、「わがはからいにてつくる善」で往生できると思っていることです。それは、わがはからいで善き者になって往生しようとつくろうことです。それは自力の心であるから、法蔵菩薩の本願もご修行も無用である。たとえ自力の心で方便化土へ往生できたとしても、その人は煩悩のない人であり、したがって往生も「あやしくそうらいなまし」となるのではないか。親鸞聖人はむしろ煩悩が興盛《こうじょう》であればこそ、「いよいよ大悲大願はたのもしく、往生は決定と存じそうらえ」、往生をとぐることは間違いない、と仰せられたのであった。これが第九章全体の帰結です。

二、法蔵菩薩は煩悩を起こす

このように読めば、第九章は「煩悩」が中心のテーマとなっていることがわかります。唯円は煩悩（自力我執）によって悩み、親鸞聖人は煩悩（自力我執）を見出して信心歓喜されたのでした。そこで第九章を終えるにあたり、最後に、親鸞聖人が見出された「仏の煩悩」、すなわち仏が自覚された煩悩について考えてみることにします。

親鸞聖人が感得された仏さまは、阿弥陀さまの因位、法蔵菩薩です。その法蔵菩薩は、親鸞聖人と体《たい》を同じくして（同体して）、「煩悩具足の凡夫」を自覚されたのであるが、その法蔵菩薩は「煩悩」によって汚されたのかといえば、すこしも汚されないで、むしろ「煩悩」を見出してその煩悩を転ずることによって、いよいよ仏が仏であることを自証されます。

そういう仏さまの自証の道行きを、『唯識論』には「菩薩の修道」と説かれ、『大経』では「法蔵菩薩の永劫修行」と説かれています。その菩薩が見出された煩悩とはどういう煩悩であろうか。

> 修道の煩悩は無染《むせん》のものなり（法蔵菩薩が修行して見出された煩悩は、念念に煩悩を転ずるが故に、煩悩の汚れに染まらないものである）。（『選集』第一巻四六六頁）

これは修道される菩薩の「煩悩」について記されたものです。そして、

> 彼（法蔵菩薩）は必ず知りて方《まさ》に煩悩を起す、知らずして起すに非ず。従ってこの煩悩は、自身の中において苦を生ずること能《あた》わず。彼（法蔵菩薩）は是の如き煩悩の生起《しょうき》によりて（その煩悩を転じて）有情界《うじょうかい》（我われ人間界）の苦の因を断ぜしむ。（『選集』第一巻四六六頁）

「彼（法蔵菩薩）は必ず知りて方《まさ》に煩悩を起す、知らずして起すに非ず」とは、仏はどこまでも真の仏でありたいと、仏さまが真の仏さまであることを自証するために衆生と体《たい》を同じくして（同体して）、我われが煩悩を起こせば仏さまも煩悩を起こされるのである。そしてその「煩悩」を転じられることによって、仏さま御自らが救済されるのであるが、仏さまは自らが救済されることをとおして、いよいよ仏が真に仏であることを自証されるのである。それが法蔵菩薩のご修行（菩薩の修道）です。

「従ってこの煩悩は、自身の中において苦を生ずること能《あた》わず」です。そこが、唯円が苦しんだ人間の煩悩（分別起の煩悩）と、煩悩が違うところです。親鸞聖人が見出された煩悩は、唯円が苦しんだ人間の煩悩に同体された

仏さまの煩悩、すなわち仏さまが自覚された煩悩であるが故に、我われ人間の煩悩とは位が異なります。

「彼（法蔵菩薩）は是の如き煩悩の生起《しょうき》によりて（その煩悩を転じて）有情界（我われ人間界）の苦の因を断ぜしむ」。我われ人間は煩悩を生起することも、煩悩を断ずることもできません。否、煩悩すらもわからないが、「如来はどこまでも如来でありたい」と自証される仏さま、すなわち法蔵菩薩は、我われと同体して我われが煩悩を起こせば、あえて自《みずか》ら「煩悩を起こして」、浄玻璃鏡の前に立って「煩悩」を照らし出して、その「煩悩」を転ずることによって自らの願心を浄化し高揚されます。それが菩薩の修道であり、それが法蔵菩薩の永遠の往生の道行きです。

永遠の往生の道行きとは、我われの煩悩は限りないものであるから、法蔵菩薩が煩悩を起こされることも限りがありません。それ故に法蔵菩薩のご修行は「永劫修行《ようこうしゆぎよう》」といわれるのであるが、その永劫のご修行によって、「彼（法蔵菩薩）は是の如き煩悩の生起《しょうき》によりて（その煩悩を転じて）有情界（我われ人間界）の苦の因を断ぜしむ」。我われの煩悩はいたずらにただ悩むだけであるが、仏さまの煩悩は我われ人間の「苦の因を断ぜしむ」る力ある煩悩です。だから仏さまの煩悩、すなわち倶生起《くしょうき》の煩悩は「迷界の生をうるおす」煩悩である、と辞書に記されているのでしょう。

我われ有情界の人間は、その法蔵菩薩の永劫のご修行を憶念することによって、煩悩を断ずることなくして、煩悩のまま往生せしめられるのである。親鸞聖人も法蔵菩薩のご修行を憶念されて、往生せしめられたのである。

我われはこれまで「煩悩」といえば、文字どおり我われを「煩《わずら》わせ悩ませるもの」であり、久しい間、煩悩に苦しんできたのであった。しかし、我われに同体したもう「仏の煩悩」を感得すれば、煩悩そのものが光り輝いて、我われは往生せしめられるのである。もし我われに煩悩がなければ、我われに同体された仏さまは煩悩を起こすことも、煩悩を転ずることもありません。したがって我われは往生せしめられることもありません。

だから親鸞聖人は第九章の最後に、「踊躍歓喜のこころもあり、いそぎ浄土へもまいりたくそうらわんには、煩悩のなきやらんと、あやしくそうらいなまし」とおっしゃったのでした。

この第四段の親鸞聖人のお言葉を、唯円は何と聞いたのであろうか。唯円の言葉は一言も記されていません。唯円は煩悩がなくなって踊躍歓喜することが信心を得ることだと思っていたのであるが、一言も記されていないところに、唯円は親鸞聖人の信心と大いに異なっていることを知らしめられて、「沈黙」している姿が憶《おも》い起こされます。しかしこの「大いなる沈黙」がこの『歎異抄』を書かしめたのでしょう。

第十章

本文

「念仏には無義《むぎ》をもって義とす。不可称・不可説・不可思議のゆえに」とおおせそうらいき。

そもそもかの御在生《ございしょう》のむかし、おなじこころざしにして、あゆみを遼遠《りょうおん》の洛陽にはげまし、信をひとつにして心を当来《とうらい》の報土にかけしともがらは、同時に御意趣《ごいしゅ》をうけたまわりしかども、そのひとびとにともないて念仏もうさるる老若《ろうにゃく》、そのかずをしらずおわしますなかに、上人（親鸞聖人）のおおせにあらざる異義どもを、近来はおおくおおせられおうてそうろうよし、つたえうけたまわる。いわれなき条々の子細のこと。

意訳

「念仏というものには、（自力の心で念仏する人の、その自力の心《義》を転じて如来の《義》とするはたらきがある。それ故に）義無きを義とするのである（自力のはからいを転じて如来の御《おん》はからいとするのである）。（その如来の御はからいは、我われのはからいでは）称《はか》ることも、説くことも、思いはかることもできない不可思議なものである」、このように仰せになりました。

（ふりかえってみれば）そもそも親鸞聖人がまだご在世のころは、同じこころざしをもって（関東から）遼遠《りょうおん》の（遠い道のりを経て）洛陽《らくよう》（京の都）まで歩みをはこび、ともどもに信心をひとつにして、必ず当来《とうらい》の報土（本願の浄土）に生まれるのだと思い立った人びとは、みな一緒になって（親鸞聖人から本願他力の）ご意趣《いしゅ》を

（聴聞して）うけたまわったのであった。けれども近ごろは、それらの人びと（直接に親鸞聖人からご意趣をうけたまわった人びと）に、ただつき従って念仏申される人びと（孫弟子にあたる人びと）が数多くおられる中には、親鸞聖人の仰せではない異義（自力の信心）をいっておられる方が沢山おられる、と伝え聞いている。それら根拠のない異義（自力の信心）について、その子細を（ここに主なもの八か条ほど）取りあげて記《しる》してみよう。

一、念仏には

第十章は、はじめに、

「念仏には無義をもって義とす。不可称・不可説・不可思議のゆえに」とおおせそうらいき。

と記されています。これは第一章から第九章までをまとめてこのように記されたものと思われます。

まず、冒頭に「念仏には」と記されていることを考えてみることにします。「念仏は、無義をもって義とす」ではなくて、「念仏には無義をもって義とす」と記されています。親鸞聖人はなぜ「念仏は」ではなくて、「念仏には」とおっしゃったのだろうか。

一般にこのことを、「念仏は、人間のはからいがないことをもって本義とする」、あるいは「念仏というものは、我われ人間のはからいでは理解できないものである」と意訳されているようです。しかしこれらは念仏の「解釈」であって、「念仏には」と記された意《こころ》が表されていないように思われます。

念仏は我われ人間の方からは「理解できないものである」ことはいうまでもないことであるが、「念仏には」といわれたのは、仏さまが我われと体《たい》を同じくして、仏さまも「自力のはからい」を起こして、そうして我われの自力のはからいを限りなく転じてくださるはたらきがある、ということを親鸞聖人が体験されてそういわれたのでしょう。我われは一度《ひとたび》は信心を得て、その一刹那に我われの自力のはからいは無くなるのであるが、次の刹那にまた自力のはからいが復活するのである。それでまた信を得て自力のはからいが滅せられても、なお自力のはからいが残って、自力のはからいが永遠に絶えないのである。そのことを親鸞聖人は第九章で「まことによくよく煩悩の興《こう》盛《じょう》にそうろう」と述懐されています。その煩悩（自力のはからい）を念々に転じてくださる念仏のはたらきを感得体験されて、第十章には「念仏には無義をもって義とす」といわれたのでしょう。

二、無義をもって義とす

次に、「無義をもって義とす」とおっしゃっておられることについて、です。「無義《むぎ》をもって義とす」とは、「義なきを義とす」と訓《よ》みますが、そのことを曽我先生は、

「義なきを義とす」。「義」とははからいである。上の「義」（「義なき」の「義」）は人間のはからい、凡夫のはからい、凡夫の智慧が上の方の「義」である。下の方の「義」は字は同じであるが、これは仏智、如来の御《おん》はからいである。（中略）人間の智慧、人間の分別の智慧を離れたところ（転じられたところ）に、そこに如来の御はからいが始めて顕れ、そこに如来の御はからいに帰入し、御はからいを明かに感得する。（『選集』第六巻二四二頁）

「無義をもって義とす」といわれる上の義は人間のはからい、下の義は如来の御《おん》はからい。それで「無義をもって義とす」とは、上の人間のはからいが転じられたところに下の如来の御はからいが顕れてくる、という意味です。

そのことによって我われは如来の御はからいに帰入することができます。

しかし我われは、念仏のはたらきによって一時は人間のはからいが転じられて、如来の御はからいを感得することができるのであるが、我われはなお、その如来の御はからいに執着する心が残るのである。そのことを曽我先生は、

我々はその如来の御はからいを「私」して自分のはからいの如く考えている。だから本当の如来の本願の念仏に於て、人間のはからい、人間の智慧を超えて、始めて如来の御《おん》はからいに帰入することが出来る。（『選集』第六巻二四二頁）

と述べられています。「人間の智慧を超えて」とは、「人間の智慧を転じて」ということです。「始めて如来の御はからいに帰入する」とは、念々に新しく「人間の智慧」を転じて「如来の御はからいに帰入する」ことです。

しかし「本当の如来の本願の念仏に於て、人間のはからい、人間の智慧を超えて、始めて如来の御はからいに帰入することが出来る」とはどういうことであろうか。どうして我われは人間のはからいを超えることができるのであろうか。そのことを考えてみるに、我われに体《たい》を同じくされた仏さまは、我われがはからいを起こせば仏さまも「人間のはからい」を起こして、そうして「人間のはからい」に行き詰まって「人間のはからい」を転じてくださる。だから我われははじめて人間のはからいを転ずることができます。それが念仏のはたらきです。その念仏のはたらきを「本当の如来の本願の念仏に於て」と述べられたのでしょう。

上の「義」は人間のはからい、下の方の「義」は如来の御《おん》はからい、同じ「義」という字だけれども、上の「義」と下の「義」とは体《たい》が違う。体が違うといえば違うが、併しそこには矢張り必然の深い関係がある。初めから人間のはからいの無いものなら、如来のはからいは出て来ない。人間が自力のはからいを捨てて如来の

御はからいに帰入するのは、人間にはからいがあればこそ、自力のはからいが無効だという事を知らしめて貰《もろ》うた時、そこに本当に広大甚深の仏の御はからいというものの光があらわれて来るからで、法然上人が「義なきを義とすとしるべし」と仰せられたのは、その点を仰せられたのである。（『講義集』第一巻八頁）

だから「人間のはからい」と「如来の御はからい」は「必然の深い関係」があって、「人間のはからい」が転じられたことによって「如来の御はからい」を感得することができます。その「必然の関係」とは、仏さまが我われ人間のはからいと体を同じくされることです。

そのことを「初めから人間のはからいの無いものなら、如来のはからいは出て来ない」、「人間にはからいがあればこそ、自力のはからいが無効だという事を知らしめて貰うた時、そこに本当に広大甚深の仏の御はからいというものの光があらわれて来る」と述べておられます。従来より仏教では「人間のはからい」は否定されてきたが、今の文中において、はじめから「人間のはからい」を否定すれば「如来の御はからい」に遇うことはできない、「人間のはからい」が大切である、と述べられていることに留意せしめられます。

すなわち「無義」とは、一般には「我われ人間のはからいを超えたものである」、あるいは「我われ人間のはからいが雑ざらないものである」といわれているが、単に我われ人間の「義（はからい）が無い」ということではありません。我われ人間のはからいには限りがないから、仏さまが限りなく人間のはからいと体《たい》を同じくしてその「はからい」を転じられることである。そのことを「無義」といわれたのである。

三、不可称・不可説・不可思議

次に、「不可称・不可説・不可思議のゆえに」と記されていることについて、です。いったい「不可称・不可説・不可思議のゆえに」とはどういうことであろうか。

何を以て「無義をもって義とす」といえば、「不可称・不可説・不可思議のゆえに」。あらゆる人間の分別を超えて（転ぜられて）不可称・不可説・不可思議、つまり法爾自然《ほうにじねん》である。如来の御はからいは、全く我々人間の絶対に予期すべからざるものである。たゞ如来の願心に感動する、これを感応道交という。この感応道交によってその時に感知せしめられる。（『選集』第六巻二四三頁）

「不可称・不可説・不可思議」とは、「無義をもって義とす」る念仏のはたらきをいわれたものであるが、しかしはじめから念仏が「不可称・不可説・不可思議」であり、「全く我々人間の絶対に予期すべからざるもの」である、というのではありません。「不可称」の「称」とは「はかる」という意《こころ》であって、自力で称《はか》らったものが「不可称」といわれ、人間のはからいで説いてきたものが「不可説」といわれ、人間のはからいで思議してきたものが「不可思議」といわれたのである。単に我われ人間の方から念仏は「不可思議」であるといわれたのではなくて、親鸞聖人は仏さまが衆生の自力のはからいを見出して、三度《みたび》自力のはからいを「不可」と否定して転じてくださった、その「如来の願心」を感得して「不可称・不可説・不可思議のゆえに」といわれたのでしょう。

四、「如来の御はからい」の実践

我われはたとえ千万分の一でも「如来の願心」を感得せしめられるならば、「如来の御《おん》はからい」を実践せずにはおられません。そのことを次のように述べられています。

他力の信心は「義なきを義とする」のであると申しましたが、退《たい》一歩するところにやはり「義」（如来の御はからい）ということがある。義なきを義とするのであるが、ただ仏の慈悲を信ずるというだけにとどまらず、仏の慈悲を真実に身に頂くと、身に実行する。心にただありがとうと思うのでなく、我々がそれを身に実行する。身に実行してゆくと、実行ということで義（如来の御はからい）ということができる。始めて義という。

（『大経』の）「三毒段・五悪段」（聖典五七～七九頁）に「義」という文字がしばしばあらわれている。親鸞は自分の信心を述べる時は「義なきを義とする」というが、その無義の信心によってこの人生に処してゆくとなると「義」（如来の御はからい）ということがある。三毒段・五悪段に義ということが特に強調されている。これを唯だ俗諦門《ぞくたいもん》（娑婆）などというが、俗諦門ということは浅薄なことではない。（『仏とは』六四頁）

「退一歩する」とは、仏が菩薩となることである。我われはその菩薩の御意を感得して実践することが、「無義の信心によってこの人生に処してゆく」ことです。そうすれば「心にただありがとう」と思うだけではなくて、我われはその願心を千分の一でも万分の一でも実践せずにはおられません。そうでなければ、これまでしばしば阿弥陀さまが我われに体を同じくして法蔵菩薩となってくださったことを申してきましたが、その阿弥陀さまのご苦労が虚《むな》しくなります。また親鸞聖人がその本願を明らかにされたことが虚しいことになります。

その如来の願心を釈尊が実践されたことを『大経』「下巻」に説かれています。とくに「下巻」の「三毒段・五悪段」は、釈尊が「上巻」で本願とご修行を説かれたことを、現実界の日常生活において具体的に実践されたことが説かれているところです。だから「三毒段・五悪段」は「唯だ俗諦門《ぞくたいもん》などというが、俗諦門ということは浅薄なことではない」のです。俗諦門とは我われが日常生活を「場」として「如来の御はからい」を実践するところです。

如来大悲の恩徳は　身を粉にしても報ずべし
師主知識の恩徳も　ほねをくだきても謝すべし（『正像末和讃』聖典五〇五頁）

「身を粉にしても報ずべし」「ほねをくだきても謝すべし」、これが「如来の御はからい」の実践です。

第十章は最後に、「念仏には無義をもって義とす。不可称・不可説・不可思議のゆえに」と記されて、次に、「とおおせそうらいき」と記されています。これは誰が「おおせそうらいき」かというと、これは法然上人の仰せです。そのことは『末燈鈔』（聖典六〇二頁・六〇五頁）や『御消息』等（聖典五八九頁・五九三頁）にしばしば法然上人から「無義をもて義とす」と承った、と記されていることからわかることです。ただそれらの『末燈鈔』『御消息集』などを読めば、法然上人は「他力には義なきを義とすとしるべし」といわれた、と記されています。「念仏には義なきを義とすとしるべし」と記されているわけではありません。しかし第十章で「念仏には」と記されていることは、唯円が親鸞聖人との対話をとおして「念仏には無義をもって義とす」と感得したのでしょう。

次に、最後に「と、おおせそうらいき」と記されているのは第十章だけではありません。第三章にも「と、おおせそうらいき」と記されています。

第三章で「おおせそうらいき」といわれ、第十章で再び「おおせそうらいき」といわれていること、そのことを推察するに、第一章から第三章までを結んで、第三章で「これらのことは法然上人から聞いたことである」といわれたのかもしれません。また第四章から第九章までを結んで、第十章で、これらは法然上人が「無義をもって義とす」と仰せられたことを記したのである、といわれたものかもしれません。あるいは『歎異抄』全体は法然上人から聞いたことである、だから第一章から第九章までを結んで、総じて「無義をもって義とす」という法然上人の仰せが貫かれている、といわれたのかもしれません。

推察するに、「師訓編」全体を考えてみれば、第一章で全体の総論を記され、第二章から第九章まで各論を記し、第十章で第一章から第九章までをまとめられて、総じて「無義をもって義とす」といわれたように思われます。

五、親鸞聖人が信仰された仏さま

「師訓編」を終えるにあたって、粗々《あらあら》、第一章から第九章までをふりかえってみれば、まずはじめに第一章で親鸞聖人は法然上人を憶念されて、「念仏もうさんとおもいたつこころのおこるとき」を感得されました。それは本願成就の「とき」を記されたものです。その本願成就を出立点として、第二章ではまず「地獄は一定《いちじょう》すみか」といわれる「仏国土」、すなわち「弘誓《ぐぜい》の仏地《ぶつじ》（宿業の大地）」に樹《た》たれました。そして第三章では「いわんや悪人をや」と、親鸞聖人に体《たい》を同じくされた「仏」を感得されました。第四章以下は、その「仏」が正《まさ》しく「法蔵菩薩」となってお念仏を実践されたことを身に感得して語っておられます。

いずれの章を読んでも、久遠《くおん》の昔より阿弥陀さまが親鸞聖人（衆生）と体を同じくして法蔵菩薩となって、親鸞聖人（衆生）の自力のはからいを転じてくださることが記されています。しかしどれほど転じても、なお自力のはからいが残るのである。第十章では、念仏には、その残った自力のはからいを限りなく転じてくださるはたらきがあることを「無義をもって義とす」といわれて、「師訓編」全体の最後の締めくくりとされたのでしょう。よって我われは、ゆうゆうと「自力のはからい」を尽くして、「如来の御はからい」を実践していくことができます。

このように「師訓編」全体をふりかえってみれば、第一章から第十章まで一貫して、因位の法蔵菩薩の修道（ご修行）を語られていることを直感せしめられるのである。その因位の法蔵菩薩の修道は、そのまま阿弥陀さまがいよいよ阿弥陀さまであることを自証される純一なる本願の一道である。

その「阿弥陀」の名は、一応は正覚果上の阿弥陀仏といわれるが、阿弥陀仏は単に我われの拝む対象としている正覚の仏さまではありません。つねに正覚から因位の菩薩となって、拝んでいる我われの煩悩の底の底まで染みこんで、そうして我われを奮い立たせてくださる仏さまです。そういう仏さまを「阿弥陀仏」といいます。

その正覚から因位へ向かう阿弥陀仏の歩みを、『歎異抄』全体から見れば、第一章の「念仏もうさんとおもいたつこころのおこるとき」が本願成就であり、それはすなわち正覚の名のりです。その正覚のさとりが出立点となって歩まれたのであるが、次第に闇の自覚を深められて、最後に到達されたところは第九章で、「仏かねてしろしめして、煩悩具足の凡夫」といわれる根本無明であった。それは光から闇の自覚を深められる歩みであるが、それはいいかえれば、仏の正覚のさとりから因位の菩薩の歩みであった。その歩みのままが、「阿弥陀仏」といわれる仏さまの歩みです。

この「阿弥陀仏」が、親鸞聖人の信仰された仏さまです。親鸞聖人は善鸞事件を縁として、その「阿弥陀仏」の本願に救済されたのでした。

六、『歎異抄』全体からみた第十章

第十章は第一章から第九章までの「師訓編《しくんへん》」をまとめて、後編の「異義八か条」を開く接点となっている章です。とくに第十章の「念仏には無義をもって義とす。不可称・不可説・不可思議のゆえに、とおおせそうらいき」と記されているところまでは、第一章から第九章までの「師訓編」をまとめて記されたものです。

次に「そもそもかの御在生《ございしょう》のむかし」と記されているところからは、下の「異義八か条」の序分で「中序」ともいわれているところです。だから第十章は『歎異抄』全体からみれば、承上起下《じょうじょうきげ》の章（上を承け下を起こす章）といわれて、上の「師訓編」を承けて、下の「異義八か条」を起こす位置にある、といわれています。

そこで唯円がなぜ下の「異義八か条」を記したのかと考えてみると、上の「念仏には無義をもって義とす」といわれた「如来の御はからい」を承けて、その「如来の御《おん》はからい」を起こして「如来の御はからい」を実践したことを記したのが後編の「異義八か条」だろうと思われます。したがって後編は古来より「歎異編《たんにへん》」といわれているが、「歎異編」というよりも「実践編」と読む方が意にかなっているように思われます。

七、「中序」

次に第十章は「中序」が記されています。「中序」は「異義八か条」の「序分」です。「前序」と「後序」の中間にあるので「中序」と呼ばれています。

そもそもかの御在生《ございしょう》のむかし、おなじこころざしにして、あゆみを遼遠《りょうおん》の洛陽にはげまし、信をひとつにして心を当来《とうらい》の報土にかけしともがらは、同時に御意趣《ごいしゅ》をうけたまわりしかども、そのひとびとにともないて念仏もうさるる老若、そのかずをしらずおわしますなかに、上人（親鸞聖人）のおおせにあらざる異義どもを、近来はおおくおおせられおうてそうろうよし、つたえうけたまわる。いわれなき条々の子細のこと。

以上が「中序」ですが、「中序」についてはすでに「前序」に意訳して申したので、その意訳などをとおして読んでいただければ了解されることだろうと思われます。

同じことですが、『歎異抄聴記』にも「中序」について述べられているので引用してみました。

「そもそもかの御在生のむかし、おなじこ、ろざしにして」（中略）洛陽たる京都に歩みをはげましおうて、身命《しんみょう》をかえりみざるほど十余か国の境を越えて、京都まで互に励まし励まして、聞法のために京都と関東との間を往復した。これを思い出して記したのである。これは先日も申したように、「おなじこ、ろざしにして、あゆみを遼遠の洛陽にはげまし、信をひとつにして、心を当来の報土にかけしともがら」、この中に『歎異抄』を編纂した人があるに違いない。（中略）一心を当来の報土にかけて、しっかりと願い求めるともがらは、同時に京都にのぼって御師匠様より如来本願の御意趣を承り、如来本願は何のための本願かといえば、如来の本願は信心為本である。信心為本は何のためかといえば、「罪悪深重《じんじゅう》・煩悩熾盛《しじょう》の衆生をたすけんが為の本願」である。されば善を求めず悪を恐れず、現在に正定聚《しょうじょうじゅ》に住す。

これは聖人の直弟子の人が聖人より直々に御意趣を承ったものである。（中略）

併しその人々に伴う人は聖人よりは孫弟子になる。直門《じきもん》の人は聖人より教えをうけたが、その人々に伴《ともな》われひき連れられてお念仏を申す孫弟子の人々と聖人との関係は間接的である。「老若、そのかずをしらず」、その数無数である、どれだけいたか分らぬ。（中略）「そのかずをしらずおわしますなかに」、その孫弟子の中に異義をいい出す人が出て来た。（中略）「上人の仰せにあらざる異義どもを、近来は多く仰せられあうてそうろうよし」と、あちらにもこちらにも異義が起る。異義が盛んであることは然し浄土真宗の盛んな反証である。異義が盛んになるとご正意《しょうい》が廃れることもあるが、異義が盛んであることはご正意が起ることを逆に証明している。

（中略）

「いわれなき条々の子細のこと」。異義をあげてみると沢山の箇条に並べることが出来る。その条々子細の異義の内容は多くあるが、その中、主要なもの八か条のみを検討して、聖人のご正意とどこが違うか吟味して、聖人のご正意を及ばずながら明かにしてゆきたいというのである。だから第十条は承上《じょうじょう》起下《きげ》（上を承け下を起こす）という位置をしめていると思う。（『選集』第六巻二四〇～二四八頁）

「異義が盛んであることは然し浄土真宗の盛んな反証である」とは、自力の信心が盛んであればあるほど、自力の信心が翻《ひるがえ》されて（転じられて）「浄土真宗の盛んな反証である」と述べられたものです。したがって後編の「異義八か条」は、限りなく自力をひるがえして、ご正意を起こすことを記された、大切な意味を持っています。

あとがき

今年、平成二十三年は親鸞聖人七百五十回忌の年に当たり、東西本願寺では御遠忌法要が勤められる。また今年は、故曽我量深先生がご入滅されて四十年目の年に当たる。この記念すべき年に小著が刊行されることは何よりの慶びである。

愛知県三河の一隅、岡崎市順行寺様において「歎異抄を聞く会」が誕生したのは平成十九年五月であった。その集いは今もなお続いている。小著は、その「歎異抄を聞く会」が誕生したときから平成二十一年十二月までの二年六か月、毎月一回、『歎異抄』前編の「師訓編」を講述した聞き書きを、後ほど修正し加筆したものである。

その「歎異抄を聞く会」と並行しつつ、真宗大谷派岡崎教区教化委員会主催の「同朋講座」においても、約三年間にわたって毎月『歎異抄』を聞く集いがある。その集いは毎月百人前後の大勢の集いであるが、今もなお続いている。両講座とも、曽我量深先生の教えをとおして『歎異抄』を味読する集いであるから、「同朋講座」で講述したことも小著に合わせて掲載した。

小著のタイトル、『歎異抄の真実』について一言したい。『歎異抄』を講じはじめたとき、『歎異抄』の背景には善鸞事件があるのでないか、と直感したのであったが、その直感は講ずるにしたがって次第に「間違いない」と確信するに至った。もちろんこのことは必然的な関係があると断定できることではないが、『歎異抄』は親鸞聖人が善鸞事件を縁として、改めて信心を新たにされて、阿弥陀さま（法蔵菩薩）の願意を感得されたことを語られたのが「師訓編」であると読めば、『歎異抄』はリアルに読めてくるのである。そこで「『歎異抄』を読むにあたって」において述べたことであるが、『歎異抄』は善鸞事件を縁として、改めて本願の真実を感得されたことを語られたのである。そのことを聞いた唯円が、二十数年後に「先師の口伝」として編集したのが『歎異抄』である。そういう読み方もできるのではないか。そういう前提に立って『歎異抄』を講じ、また小著を『歎異抄の真実』と題したのである。

しかし『歎異抄の真実』と題したのはそれだけではない。善鸞事件を縁として親鸞聖人が「在家仏教」をはっきりと立証されたのである、そのことを記したのが『歎異抄』である、と確信したからである。現代、「在家仏教」といえば、言い古されて安易に考えられて、その精神は大いに誤解されているように思われるが、親鸞聖人七百五十回忌を迎えるにあたって、もう一度親鸞聖人が「在家仏教」を明らかにされた源にさかのぼって、改めて「在家仏教の精神」を明らかにしなければ、浄土真宗は存在意味を失うと思うのである。ことに善鸞事件は、単に七百五十年前の事件ではなくて、現代の在家の生活をするものの「闇」を象徴している事件でないか、と思う。小著がその「闇」を照らす燈炬《とうこ》（ともしび）になれば、と念じて止まない。

つぎに、小著に「曽我量深に聴く親鸞の教え」というサブタイトルがついていることについて一言したい。『歎異抄』について曽我先生にはすでに『歎異抄聴記』（六十七歳のときの講述）という一つのまとまった大著がある。しかし先生には、それに先だって二十七、八歳のお若いころから晩年まで、『歎異抄』について思索してそれを執筆され、あるいは講述されたものが数多くある。そこで小著は主に『歎異抄聴記』に依りつつも、お若いときから晩年まで、執筆あるいは講述されたものを読みながら、改めて『歎異抄』を読み直して、有縁の方に聞いていただいたものである。それらの先生の著述をとおして『歎異抄』を読み直してみれば、自分自身を忘れて、親鸞聖人、唯円法師の血脈が伝わってくるのを覚えること、しばしばであった。そしてその血脈の鼓動が胸底から伝わってきて、その度ごとに、これまでの自分の『歎異抄』に対する了解を根本的に転換せしめられたのであった。

もとより私ごとき真宗学徒でないものが、曽我先生から教えられたことをとおして『歎異抄』を講ずることは、私の分をはるかに超えたことである。それにもかかわらず「曽我量深に聴く親鸞の教え」と題したのは、私事になって恐縮であるが、あるご縁によって、私の二十三歳のころから三十歳にかけて、曽我先生の八十九歳から九十六歳までの約七年余りにわたって、直接に先生のお話を聞く機会を賜った。先生の御宅に泊めていただいて、お座敷で愚問を吐いて汗顔の思いをしたことも、今は懐かしく憶いおこされてくるのである。そのころの先生のお話は、弱冠二十歳代の私にはとても了解することができなかったが、先生はそのような者にも全身で説法獅子吼《ししく》してくださって、なぜかしら心がときめいたことを、今も憶いおこすのである。

そのときはなぜ心がときめくのかわからなかったが、それから四十数年を経た今、憶いおこせば、先生はいつも個人的な主観でお話されなかった。先生は主観・客観を超えて、法蔵菩薩の真主観、すなわち仏さまの言葉で、「である」、「となっているのである」と、断定してお話してくださったのであった。それは、仏が先生をして語らしめているのであるが、その仏の言葉を聞くのも先生であった。語るのも曽我先生、聞くのも曽我先生である。だから先生からいぶきが伝わってきたのである、ということをようやく了解できるようになった。

小著を読み返してみれば、処々で「である」と断定しているのは、その時に思わず、私の思いを超えて、法蔵菩薩の真主観を感得してそう申したのかもしれないと思い、あえてそのままにしておいた。「です」調と「である」

調とが混在しているようで読みにくいかもしれないが、そこは読み流してほしいと思う。

そして先生がご入滅されたのは昭和四十六年六月であった。今から数えてみれば、すでに四十年前のことになる。ふりかえってみれば、それ以来、もう一度あの心がときめくようなものに触れたいと思って、先生が書き残された著述を、読まない日は殆どなかった、と断言してもよいほどにガムシャラに読んでいたことを憶いおこすのである。もちろん内容を理解して読んでいたわけではない。ただわけもなく読んでいたのであるが、そのうちに次第にわかるようになったのかといえば、むしろ反対で、どれほど読もうとしても読めなくなったのであった。ついに一度は読むことを断念したのであるが、『二河白道の喩《たと》え』の「三定死《さんじょうし》」のごとく、断念することもできず、さりとて読むこともできず、じっとしていることもできない悶々とした年月が十数年も続いたのであった。

そしてようやく「時」を得て、ある時、ただガムシャラに読んでいたことは「自力の心」であった、それ故にどれほど読んでも先生の御意《おこころ》にふれることができなかったことがはっきりわかった時、先生がご在世のころに全身で教えてくださっていたことの一端が、ようやく「なるほど」と身にうなずけてきたのだった。今、その時のことをふりかえってみれば、その「時」が自力の終わりであると同時に、生涯においてはじめて他力を感得することができた発端であったことを憶うのである。

そのよろこびを私一人だけのよろこびとするのはもったいないことと思い、「歎異抄を聞く会」および「同朋講座」で改めて曽我先生に教えられたことの一端を聞いていただいている次第である。

小著は、はじめに記したように平成二十一年十二月に「師訓編」を講じ終わったのであるが、その後、平成二十二年の十二月までの約一年間、聞き書きをしたものを検討するために、「歎異抄を聞く会」のメンバーである本多仁美さん、山岡清子さん、藤原猶真君、本間崇君の四氏に、再々にわたって集まっていただいた。そして曽我先生に導かれつつ、聞き書きを検討する度ごとに、本書に新たな生命を与えて下さったのであった。親鸞聖人は唯円との対話によって信を新たにされたのであるが、それと同じく四氏との対話によって、互いに信を新たにして高めることができた集いであった。そのことによって小著ができたのである。四氏に篤くお礼を申し上げる次第である。

「まえがき」を長谷正當先生（京都大学名誉教授）にお願いしたところ、快くお引き受けいただき、過分のお言葉をいただいた。身に余る光栄である。また表紙の絵は本多仁美さんが小著の内容にふさわしいようにと画いていただいたものである。合わせて篤くお礼を申し上げる次第である。

最後になるが、本書の出版に際して、法藏館の前編集長、戸城三千代さんには、無理なことをお願いしてご迷惑をおかけした。また編集部の満田みずさんには、いろいろと有意義な提案をいただいた。こころより御礼を申したい。

なお小著の『歎異抄』のテキストは、東本願寺出版部から刊行されている『歎異抄』を用いた。ただし読みやすいように句読点を改め、一部、読み方を変えた箇所があることを断っておきたい。

平成二十三年一月

親鸞聖人七百五十回御遠忌を目前にして

小林光麿

小林光麿（こばやし　みつまろ）
1943年１月、滋賀県近江八幡市に生まれる。大谷大学大学院修士課程修了（社会学専攻）。現在、真宗大谷派眞念寺（滋賀県近江八幡市）住職。
著書　『曽我量深先生に聞く――韋提希の救い』（真宗大谷派岡崎教区坊守会）、『日本における、親鸞から曽我量深までの真宗の伝承』（韓国嶺南大学校）ほか。

歎異抄の真実
―曽我量深に聴く親鸞の教え―

二〇一一年三月二五日　初版第一刷発行

著　者　小林光麿
発行者　西村明高
発行所　株式会社　法藏館
京都市下京区正面通烏丸東入
郵便番号　六〇〇-八一五三
電話　〇七五-三四三-〇〇三〇（編集）
　　　〇七五-三四三-五六五六（営業）

装幀者　山崎　登
印刷　立生株式会社・製本　清水製本所

ISBN 978-4-8318-8703-0 C0015